九州文库

高校社会主义核心价值观教育评价研究

隋芳莉 著

九州出版社
JIUZHOUPRESS

图书在版编目（CIP）数据

高校社会主义核心价值观教育评价研究／隋芳莉著
. －－北京：九州出版社，2022.12
ISBN 978-7-5225-1223-5

Ⅰ.①高… Ⅱ.①隋… Ⅲ.①社会主义核心价值观—
中国—教育研究—高等学校 Ⅳ.①D616

中国版本图书馆 CIP 数据核字（2022）第 224702 号

高校社会主义核心价值观教育评价研究

作　　者　隋芳莉　著
责任编辑　高美平
出版发行　九州出版社
地　　址　北京市西城区阜外大街甲 35 号（100037）
发行电话　（010）68992190/3/5/6
网　　址　www.jiuzhoupress.com
印　　刷　唐山才智印刷有限公司
开　　本　710 毫米×1000 毫米　16 开
印　　张　17
字　　数　287 千字
版　　次　2023 年 5 月第 1 版
印　　次　2023 年 5 月第 1 次印刷
书　　号　ISBN 978-7-5225-1223-5
定　　价　95.00 元

目 录
CONTENTS

第一章

绪 论

第一节 研究背景

习近平总书记把培育和践行社会主义核心价值观（简称核心价值观）作为凝魂聚气、强基固本的基础工程。深入开展高校社会主义核心价值观教育评价（简称高校价值观教育评价），积极探索培育和践行的有效路径，是应对世情、国情、党情，特别是高校发展出现的重大变化的迫切需要。

一、世情：意识形态话语权竞争日趋激烈

当今世界正处在前所未有的大发展、大变革、大动荡时期，全球化、多极化、现代化和信息化推动不同思想文化、价值观念的交流、交融、交锋。中美贸易战的同时西方敌对势力加紧对我国意识形态渗透，"中国威胁论""中国崩溃论"等抹黑中国、丑化中国的论调甚嚣尘上。我国与西方国家意识形态话语权的争夺、文化软实力的角逐越来越激烈，价值观较量呈现出新景象。高校处于思想文化和信息交流的前沿，随着现代传播技术的迅猛发展，各种外来思想文化对高校学生形成全天候、全方位的影响态势，"社会主义核心价值观不去占领，其他价值观就去占领"。正如习近平总书记在庆祝改革开放 40 周年的大会上强调的，"信仰、信念、信心，任何时候都至关重要"[1]。探索增强高校价值观教育实效的路径，提高高校价值观教育质量，进而提高文化软实力，增强中国特色社会主义文化自信，巩固马克思主义意识形态领导地位，成为高等教育一项迫切的任务。

---

[1] 习近平：《在庆祝改革开放 40 周年大会上的讲话》，《人民日报》2018 年 12 月 19 日，第 2 版。

二、国情：社会转型期价值认同出现危机

随着社会转型的深入，人们的思想观念发生深刻变化，人们的价值取向呈现出多元、多样、多变的新特点，与此同时一些领域各种脱轨现象时有发生，如经济领域诚信问题、政治领域腐败问题、社会领域失序问题、文化领域虚无问题、生态领域环境恶化等问题，客观上影响了人们对主流价值观的认同。大学生正处于思想价值观念塑造的重要时期，容易受到各种外在环境的影响，个别学生出现价值取向功利化、责任意识淡漠化、价值认知和行为脱节，价值观教育的实效性大打折扣。大学生认同并践行核心价值观不仅关乎自身的成长成才，更关乎社会主义现代化强国目标和中华民族伟大复兴重任的实现。把握高校社会主义核心价值观教育（简称高校价值观教育）的整体状况和践行效果，进而采取措施提升高校学生对核心价值观的认知、认同、践行，促进大学生全面发展，是当前亟待完成的使命。

三、党情：党的十九大报告将坚持社会主义核心价值体系纳入基本方略

党的十八大以来，党中央高度重视核心价值观建设工作。2012 年 11 月 15 日党的十八届一中全会上、2013 年 8 月 19 日全国宣传思想工作会议上、2013 年 12 月 30 日主持中央政治局第十二次集体学习、2014 年 2 月 24 日主持中央政治局第十三次集体学习、2014 年 5 月 4 日与北京大学师生座谈会、2016 年 12 月 8 日全国高校思想政治工作会议、2017 年 10 月 18 日党的十九大、2018 年 8 月 31 日全国宣传思想工作会议、2018 年 9 月 10 日全国教育大会、2018 年 12 月 18 日庆祝改革开放 40 周年大会等许多场合，习近平总书记多次深入阐述核心价值观的诸多重要问题、重要思想，成为习近平治国理政的新理念。党的十九大报告中，习近平总书记指出坚持社会主义核心价值体系，构成新时代坚持和发展中国特色社会主义的基本方略之一。由此可见，核心价值观建设，是当前党和国家的迫切任务。它是实现国家团结、凝聚社会共识的基本途径，是构筑中国精神、增强四个自信、提升国家文化软实力的迫切需要。通过高校价值观教育评价，揭示高校价值观教育的重要地位和意义，探索增强培育和践行实效的对策，是贯彻以习近平同志为核心的党中央执政理念的重要举措。

四、高校：肩负"立德树人"的根本任务

高校肩负立德树人的重大使命，其立"德"的关键就是立社会主义核心价值观。青年是祖国的未来、民族的希望，也是我们党的未来和希望。高校必须

站在国家发展、民族振兴、培养德智体美劳全面发展的合格建设者和接班人的高度,实施好核心价值观教育。当前各高校对核心价值观教育重视程度日益提高,并采取一系列措施提升广大师生对核心价值观的认知、认同和践行。但仍存在一些不足,如教育主体弱化,教育机制碎片化,教育方式方法单一化,网络、文化、活动等教育载体开发不够。通过高校价值观教育评价发现当前高校价值观教育中存在的不足和问题,剖析实效不强的原因,探索增强实效的对策,是当前高校价值观教育亟待完成的任务,也是落实立德树人根本任务的基本要求和必由之路。

第二节 研究意义

评价研究是高校价值观教育研究的重要组成部分,是加强和改进高校价值观教育工作的重要手段,对增强高校价值观教育实效,具有重要的理论意义和现实意义。

一、理论意义

本研究以习近平新时代中国特色社会主义思想为指导,立足高校实际情况,阐释高校价值观教育评价的概念和基本理论框架,明晰高校价值观教育评价的理论基础和现实依据,具有重要的理论价值。

(一) 科学确立高校价值观教育的地位

高校价值观教育评价研究既揭示了高校价值观教育的价值,也强化了人们对开展培育和践行活动重要意义的认识。当党政机关、各级领导、人民群众都深刻地理解和认识到教育的重要意义和地位时,它也就能如同"经济工作、文化工作以及科学技术工作等的价值一样,得到社会公正的评价与承认"[①]。加强对高校价值观教育评价的研究,高校价值观教育的意义得到客观、公正的反映,能够改变相关领导和部门对培育和践行活动"说起来重要,做起来次要,忙起来不要"的做法,也能够从根本上改变社会上对培育和践行核心价值观活动的轻视态度,进而促使社会主义核心价值观转化为人们的价值认同和自觉追求。

(二) 拓展高校价值观教育研究视野

高校的培育和践行核心价值观活动紧锣密鼓地开展,有关文章汗牛充栋,

---

① 王茂胜:《思想政治教育评价论》,中国社会科学出版社,2006,第9页。

然而这项教育活动的意义是什么？教育目标和任务是否落到了实处？是否内化为高校学生的价值追求，外化为大学生的行为自觉？教育方法是否科学合理？高校价值观教育评价研究亟待展开。通过高校价值观教育评价研究，厘清评价的基本概念、功能和原则，梳理价值观教育评价的思想渊源、理论基础和现实依据，运用教育统计和测量学、心理学、社会学等相关学科理论与方法，探求评价指标体系的构成，既能丰富高校价值观教育研究的内容，扩展研究的理论增长点，又能推动高校价值观教育理论体系的发展与完善。

（三）推动高校价值观教育研究的科学化

科学化就是按照科学态度、科学方法、科学程序来行事。高校价值观教育科学化就是克服以往高校价值观教育研究依靠主观思辨与经验描述的不足，排除主观性的干扰因素，合规律（事实判断）与合目的（价值判断）的统一。它既是价值观教育活动发展的归宿，又是评价活动逻辑展开的起点。国外的一些社会科学研究之所以能够有突破性的进展，一个重要原因就是他们最后都善于把自己的研究建立在评价的基础上，以科学的事实数据为根据。高校价值观教育评价研究使培育活动建立在科学事实基础之上，通过运用教育统计和测量学、模糊数学、计算机技术等相关科学理论与方法，将感性认识上升到理性认识，实现研究的科学化。

二、现实意义

本研究通过社会调查、统计分析、运用计算机软件等方法构建起高校价值观教育评价指标体系，并在黑龙江部分高校开展价值观教育效果评价的应用研究，探索高校价值观教育评价长效机制，具有极强的现实指向。

（一）有助于为提升高校价值观教育实效提供思路

高校价值观教育实效性就是通过价值观教育大学生认知、认同、践行社会主义核心价值观的程度和实际效果。高校价值观教育评价研究是高校价值观教育研究的一个必不可少的内容，其研究成果有助于形成对高校价值观教育活动的外在推动力，对于思想政治教育工作者及时掌握教育动态、驾驭教育过程、调节教育方案、优化教育结构、保证教育目标的实现具有重要意义。同时高校教育评价研究推动评价活动的开展，这会对价值观教育对象的价值判断和价值倾向产生影响，形成更为深远持久的内在驱动力，进而增强教育活动的实效性。此外，高校价值观教育评价研究能够及时发现高校价值观教育工作中存在的薄弱环节和问题，帮助相关教育部门和行政部门的领导者和工作者，及时调整策略，采取有效措施，高效率、高标准地完成培育任务，从而提高教育的实效性。

（二）有助于为高校价值观教育主管部门提供合理化建议

高校价值观教育具有的重要理论和现实意义，也是思想政治教育的核心内容，但当前高校价值观教育面临着诸多困境，如"社会思潮产生的多元文化对高校价值观教育实施成效产生影响、社会转型时期产生的各种脱轨现象对高校价值观教育效果产生影响、新媒体的兴起使不良信息获取更为容易，进而对高校价值观教育功能产生影响"①。因此必须转变思路，改革和创新核心价值观教育手段、方式和方法。通过高校价值观教育评价研究，推动建立科学的高校价值观教育评价机制和高校价值观教育评价指标体系，探究科学的评价标准、方法与程序，及时实施高校价值观教育评价，能够为改革创新提供科学的依据，推动改革的深入进行。本研究运用教育学、心理学、计算机科学、统计学理论与方法，对高校价值观教育进行实证分析与研究，其研究结果可以为价值观教育主管部门在管理实践中提供理论依据和合理化建议。

第三节　研究现状

自从党的十八大提出"三个倡导"，特别是习近平总书记对核心价值观培育和践行做出系列重要论述，2013 年 12 月中共中央办公厅印发《关于培育和践行社会主义核心价值观的意见》（以下简称《意见》）之后，核心价值观研究形成一些新的理论生长点和着力点。学者们对高校价值观教育研究给予重点关注，取得了不少研究成果。为了更好地厘清研究的学理脉络，为后续研究奠定坚实的基础，有必要梳理高校价值观教育、思想政治教育评价等相关研究成果。笔者从国内、国外两个方面梳理相关研究成果。

一、国内研究现状

近年来，社会主义核心价值观已成为学术界关注的热点和焦点问题。特别是 2014 年、2015 年围绕习近平总书记的论述和《意见》，学界深层阐发高校价值观教育的重要意义，深入研究高校价值观教育的理论问题，深化扩展高校培育和践行的长效机制和有效路径，掀起一股研究的热潮。

---

① 陈铭彬：《再论高校社会主义核心价值观教育的价值、困境与对策》，《西南民族大学学报》（人文社会科学版）2015 年第 5 期。

（一）高校社会主义核心价值观教育相关问题研究现状

根据表 1.1 统计数据可知，从 2009 年 1 月 1 日到 2019 年 1 月 2 日，中国知网以"高校（或大学生）社会主义核心价值观"为篇名的文献达到 3504 篇，特别是习近平总书记做出重要论述之后，高校价值观的研究呈现"井喷"的状态，研究集中在高校价值观教育的重要意义、大学生价值观现状、培育和践行路径对策等几个方面。

表 1.1　中国知网高校社会主义核心价值观研究文献统计表

单位：篇

年份	2009年	2010年	2011年	2012年	2013年	2014年	2015年	2016年	2017年	2018年	总计
文献	30	46	53	56	143	369	811	839	681	476	3504
核心期刊	4	12	12	9	22	58	127	112	55	54	465
CSSCI	3	5	5	8	9	37	45	63	43	45	263
硕博士论文	0	3	2	2	5	2	24	24	20	7	89

1. 高校社会主义核心价值观教育研究现状

高校价值观教育研究集中体现在教育重要性、现状、原因和路径对策三个方面。

（1）高校价值观教育重要性基本观点

学者们对高校价值观教育的重要意义达成了一致，普遍认为高校是培育和践行核心价值观的重要阵地。从国家层面，它是一个关系国家安全的重大战略，关系到中华民族伟大复兴和中国梦的实现。从社会层面，它是建设和谐社会和小康社会的需要。陈钦华指出加强大学生核心价值观教育，"既可促进我国社会主义和谐文化建设的进程，又可使大学生更加适应社会发展，真正成为构建社会主义和谐社会的生力军"。[①] 从大学生个人层面，它是大学生全面发展的需要。鄢新萍指出："社会主义核心价值观不仅能够在道德层面引领大学生价值观教育，还在国家观、人民观、科学观、集体观、职业道德观、利益观、法治观、

[①]　陈钦华：《论大学生社会主义核心价值观的培育》，《黑龙江高教研究》2013 年第 7 期。

人生观等多个方面为大学生价值观教育提供导向作用。"①

（2）高校价值观教育现状及其原因研究

研究高校价值观的学者非常关注目前大学生价值观教育的现状、存在的问题和产生问题的原因。许多学者结合大学生的实际展开了相应的调查研究，分析了大学生价值观的现状及其原因，大部分学者的调查显示当代大学生价值观的主流是积极健康向上的，对核心价值观教育的认可度较高，主流是好的，但仍需进一步加强教育和培养，存在马克思主义信仰淡化、价值取向功利、责任意识淡漠、知行矛盾突出等问题。也有学者对当代青年价值观的现状提出了比较尖锐的看法，罗敏指出："当前大学生对社会主义核心价值观的了解程度并不理想，当代青年崇尚自由、思想独立、追求多样化，具有鲜明的时代特征，但对社会主义核心价值观了解却不深入。"②

学者们从不同视角分析了影响培育和践行实效的原因。王维国从时空境遇全面而又深刻地分析了当前价值观宣传教育面临的主要障碍，主要表现在："社会转型面临价值标准困惑、市场经济带来价值多元现实、信息技术颠覆价值传播秩序、利益失衡消解核心价值影响、权力失控动摇核心价值认同。"③ 宋金玲、张迪认为新时代影响成效的主要原因是对核心价值观的认知度不足，归属感不强，信仰不够坚定④。此外，高校思想政治教育传统模式的影响，大学生"90后"、独生子女特征的作用也势必给培育造成负面影响。⑤

（3）高校价值观教育路径和对策研究

高校价值观教育路径是研究者最为关注的问题，研究成果颇为丰富，大部分学者都是从发挥思政课主阵地作用、加强高校师资队伍建设、营造良好的校园文化环境、开展广泛的主题实践活动、借力网络传播的新途径、强化体制机制建设等几个方面培育。一些学者提出创新性的认识，谭宇提出"高校社会主义核心价值观教育思维方式要实现从科学思维向价值思维、线性思维向非线性

① 鄢新萍：《以社会主义核心价值观引领大学生价值观教育的意义及路径选择》，《学校党建与思想教育》2013年第18期。
② 罗敏，王振涛：《当代青年社会主义核心价值观态度分析》，《中国青年社会科学》2015年第4期。
③ 王国维，马天瑜：《当前社会主义核心价值观宣传教育面临的主要障碍》，《理论导刊》2013年第3期。
④ 宋金玲，张迪：《新时代培育和践行社会主义核心价值观的有效策略研究》，《北京交通大学》（社会科学版）2018年第2期。
⑤ 宋海琼：《近年来大学生社会主义核心价值观培育研究述评》，《辽宁师范大学学报》（社会科学版）2015年第4期。

思维、单维思维向多维思维、结果思维向过程思维、封闭思维向开放思维的转换和调适"①。王华敏、周双双认为提升价值观教育实效的关键是发挥大学生群体的主体性，举措要发挥教育者的主导性，增强外部动力；搭建丰富平台，畅通参与渠道；制定科学制度，加强制度保障；优化校园环境，激发行动自觉；强化自我教育，提升内生动力②。

2. 高校社会主义核心价值观教育研究特点

学者们在价值观教育的意义、时空境遇、现状原因及对策路径研究中取得了丰富的研究成果。这些成果对于推动高校价值观培育和践行具有重要的指导意义，研究呈现以下特点。

（1）研究视角逐渐扩展

随着研究的深入，学界开始尝试从不同的学科视野探讨和研究大学生价值观教育问题。如邹韶清提出"将大数据嵌入青年社会主义核心价值观的培育之中"③，靳玉军提出"高校应利用隐性课程进行社会主义核心价值观教育"④，王嫣探究了教育生态学视野下的大学生价值观教育并提出构建良好的大学生价值观教育的生态系统⑤。韩同友等人在责任伦理语境下理性地探讨大学生价值观的培育，提出要坚持辩证思维，从人本、资源、效益、责任等伦理向度，对培育进行理性分析。⑥ 王惠从心理学视角探讨大学生接受核心价值观的"纠正式教育方法"、质疑式接受、认同和固化核心价值体系的教育方法⑦。黎庶乐研究了后现代主义思潮影响下的大学生核心价值观的培育⑧。潘婉莹研究了政治

---

① 谭宇：《高校社会主义核心价值观教育思维方式的转换与调适》，《学校党建与思想教育》2016 年第 9 期。

② 王华敏，周双双：《主体性发挥与社会主义核心价值观教育的内在逻辑——基于大学生群体的教育研究》，《重庆大学学报》（社会科学版）2018 年第 1 期。

③ 邹韶清：《论大数据嵌入青年社会主义核心价值观培育的战略契合及思维变革》，《马克思主义研究》2015 年第 6 期。

④ 靳玉军，刘飒：《高校应利用隐性课程进行社会主义核心价值观教育》，《西南师范大学学报》（自然科学版）2015 年第 2 期。

⑤ 王嫣：《教育生态学视野下的大学生社会主义核心价值观教育研究》，《学术探索》2015 年第 1 期。

⑥ 韩同友，于建业：《责任伦理视阈下大学生社会主义核心价值观的培育》，《西南民族大学学报》（人文社会科学版）2016 年第 11 期。

⑦ 王惠，韦东雪：《大学生社会主义核心价值体系接受过程的阶段划分及教育方法探微》，《学校党建与思想教育》（高教版）2014 第 13 期。

⑧ 黎庶乐：《后现代主义思潮影响下大学生社会主义核心价值观的培育》，《学术交流》2013 年第 5 期。

社会化视域下大学生核心价值观培育①。

（2）研究的实证色彩增强

通过分析近五年的研究成果可以看出，目前学者的研究重点已经从理论层面向实践层面转化。邓斌调查研究了大学生核心价值观认知模式，认为女大学生、文科生、研究生、低年级本科生等对核心价值观具有更积极的认知态度②。朱俊奇等人调查了 35 所高校 5000 名学生价值观教育的影响因素及模式创新，研究表明作为价值观教育载体的高校思政课学习效果受多重因素影响③。马娟实证调查了广东省 30 所高校价值观的传播及影响力，结果显示大学生对核心价值观的提出赞同度高，内涵认知度不高，核心价值观在高校的传播缺乏吸引力和影响力，效果不佳④。涂亚峰等人调查了江苏省用核心价值观引领知识教育现状，认为在专业课、通识课特别是理工农医专业课中核心价值观引领知识教育原则未得到重视和落实⑤。

（3）呈现分层次分类研究趋势

很多学者开始分层次研究大学生中不同群体的价值观教育。肖国芳研究高校拔尖创新人才培养中核心价值观培育⑥。陈颜等人研究民族高校核心价值观认同教育模式⑦。李光胜研究了高职学生价值观教育的制约因素⑧。司文超研究了内地高校港澳台学生价值观认同教育现状⑨。

---

① 潘婉莹：《政治社会化视域下大学生社会主义核心价值观教育培育》，《思想理论教育导刊》2018 年第 6 期。

② 邓斌，罗亚莉：《大学生社会主义核心价值观认知模式调查研究》，《社会主义核心价值观研究》2016 年第 5 期。

③ 朱俊奇，田甜：《社会主义核心价值观教育的影响因素及模式创新研究——基于 35 所高校 5000 名学生"思政课"学习意愿的调查分析》，《思想政治教育研究》2017 年第 3 期。

④ 马娟：《社会主义核心价值观在高校大学生中的传播及影响力——基于对广东省 30 所高校大学生的实证调查》，《思想政治教育研究》2017 年第 2 期。

⑤ 涂亚峰，刘波，袁久红：《用社会主义核心价值观引领知识教育——基于对江苏高校现状的调查研究与对策分析》，《江苏高教》2018 年第 6 期。

⑥ 肖国芳，彭术连：《高校拔尖创新人才培养中的社会主义核心价值观培育》，《学术论坛》2015 年 5 期。

⑦ 陈颜，张志坚，陈金龙：《民族高校大学生社会主义核心价值观教育认同模式研究》，《西南民族大学学报》（人文社会科学版）2013 年 10 期。

⑧ 李光胜：《高职大学生社会主义核心价值观教育的制约因素》，《继续教育研究》2016 年第 11 期。

⑨ 司文超：《内地高校港澳台学生社会主义核心价值观认同教育现状分析》，《学校党建与思想教育》2017 年第 20 期。

（4）社会主义核心价值观教育落细落实等具体研究增加

在培育和践行的路径上一些学者开始关注将核心价值观落细落实，房正提出要注重"典型引领"和"底线约束"①。吴翼泽分析了感恩文化对大学生价值观养成的路径，要以感恩文化为载体使核心价值观在大学生中"内化"②。陈晶在对江苏省高校新浪官方微博基础数据调查的基础上，提出"高校应有效运营官方微博，通过增设核心价值观专题板块，借助中国传统文化传播核心价值观念等途径传承社会主义核心价值观"。③

3. 高校社会主义核心价值观教育研究方向展望

目前学界对高校价值观教育问题进行了丰富而有益的探索，取得了许多成果，但目前的研究重复多、创新少，有影响、有深度的研究并不多见，今后的研究应在以下几个方面加强。

学科视野有待进一步扩大，应逐渐探索具有"中国立场、世界眼光、问题意识、学术思维、科技整合基本特征的研究范式"。④ 目前较少采用经济学、社会学、教育学、心理学的学科视野进行研究，今后的研究不能囿于分析现状、查找问题、给出对策的三段式模式，要进一步扩展视野，开展多学科的交叉研究，大胆地借鉴其他学科的研究方法和理论知识，从而为深入推进价值观教育奠定坚实的基础。

实证研究的质量和水平有待进一步提高。虽然一些学者开始从价值观教育的现状出发，调查大学生认同和践行的情况、境遇和困境并分析原因找出对策，但研究仍然停留在较低的水平上，只是以某一所或几所高校为样本，并不具有代表性；调查的内容大多比较简单和单一，不能反映大学生核心价值观教育的全貌；调查结论只是做了简单的定量处理得出，说服力不强。

个别研究开始呼吁价值观教育的评价研究，但都未深入展开。目前学界对核心价值观教育评价并未给予足够的重视和关注。只是个别作者在研究的结论部分提出缺少价值观教育评价机制，应健全价值观教育的评价机制等。笔者也

---

① 房正：《高校培育和践行社会主义核心价值观要注重"典型引领"和"底线约束"》，《学校党建与思想教育》（高教版）2014 年 11 期。

② 吴翼泽：《感恩文化对大学生价值观养成的路径分析——以浙江财经大学为例》，《学校党建与思想教育》2015 年。

③ 陈晶：《基于大学生社会主义核心价值观培育的高校官方微博运行效用研究——以江苏省高校新浪官方微博为例》，《河南工业大学学报》（社会科学版）2014 年第 4 期。

④ 沈壮海：《文化软实力及其价值之轴》，中华书局，2013，第 346-347 页。

正是基于这一发现，才将高校价值观教育评价为研究的方向。今后不仅要进一步拓展研究视野，开展多学科的交叉研究，还要综合运用心理学、教育学、社会学、传播学、文化学等相关理论开展研究，为核心价值观培育和践行奠定坚实的理论基础，把大学生核心价值观教育置于国家发展的大格局中，从不同视角切入，丰富研究内容。

（二）教育评价和思想政治教育评价相关研究现状

从根源上说，社会主义核心价值观教育评价属于教育评价和思想政治教育评价的一个组成部分，有必要对教育评价和思想政治教育评价相关研究成果进行梳理，为后续研究提供理论支撑和方法论指导。

1. 教育评价研究现状

随着教育改革的深入推进，教育事业的迅速发展，教育评价成为教育研究的重要领域，已成为现代教育研究的三大课题（基础理论研究、教育发展研究、教育评价研究）之一。梳理教育评价的研究领域、基本观点、发展趋势，对于高校价值观教育评价研究具有重要的启发和借鉴意义。

（1）教育评价研究概况

现代教育评价理论研究经历了三个发展阶段：间续发展阶段（1900—1977），理论积累阶段（1978—1985），持续发展阶段（1985年以后）。我国教育评价研究领域权威的学者及其著作有：陈玉琨的《教育评估的理论和技术》（广东高等教育出版社），《教育评价学》（人民教育出版社），王斌华《学生评价：夯实双基与培养能力》（上海教育出版社），武书连《中国大学评价》（中国统计出版社）等。我国教育评价研究近十几年来发展迅速，知识结构不断扩展，但自身领域的理论创新成果较少。

（2）教育评价研究主要成果

近20年学者们对教育评价的本质、价值取向、标准、方法等进行了较为深入的探讨。

第一，教育评价的内涵研究。教育评价的内涵不断丰富和发展。最早提出"教育评价"概念的泰勒认为教育评价是实现教育目标的过程。20世纪以来教育评价领域经历了"测验时期""评价时期""考评时期"。"考评"更加"关注获得判断依据的过程，关注进行判断之后的反思和改进过程"[1]，正如有的学

---

[1] 王萍，高凌飚：《"教育评价"概念变化溯源》，《华南师范大学学报》（社会科学版）2009年第4期。

者认为"今后的评价会反复碰到：决策性评价（教育质量监测）；认定性评价（教育质量管理、鉴定性评价），再一个是服务性评价（诊断、甄别还有教学育人服务）"①。

第二，教育评价的价值研究。教育评价是对教育的价值做出判断的过程，许多学者认识到厘清教育评价涉及的价值问题是其研究的一个重要方面。有学者对教育评价的本体价值进行思考，认为"在价值取向多元时代，教育评价应具有科学、公正和发展三种基本价值。应通过准确定位教育评价、尊重教育评价的多元价值、提升教育评价的专业品性深化教育评价价值属性的认识"②。有学者认为"当前有必要以'育人为本'的价值取向为核心，兼顾学术取向、社会取向和人本取向的价值诉求，形成一个以'育人为本'为核心价值标准的价值圈层"③。

第三，教育评价标准研究。评价标准集中体现了教育评价的价值取向和价值观念，对此学者们以不同的视角进行了探讨。有学者从方法论的角度对教育目标评价、"增值评价""最优基准"评价、"自身进步"评价、"顾客满意"评价、绩效评价、"组织质量"评价标准的优势和不足进行探讨。④ 有学者认为"基于功利取向的应试教育之所以愈演愈烈，其背后是教育评价失去了理性。实施素质教育，需要促进教育评价的理性回归。从忠诚度、控制度、亲和度、愉悦度、激发性和自发性等六个维度，尝试构建一个引领教育健康发展的质性评价模型"⑤。

第四，教育评价的对策、方法研究。学者们针对当前教育中存在的问题对教育评价的制度、路径、方法等进行了探索。有学者认为："市场经济条件下传统教育评价制度的弊端毕现，需要通过构建政府、学校、市场三位一体的教育评价结构来适应利益主体多元的发展趋势，利用综合性评价与个体性评价方式

---

① 张勇：《中国教育评价改革与国际教育评价发展趋势——兼谈国内教育评价改革经验》，《基础教育论坛》2017 年第 27 期。
② 朱丽，赵汉华：《我们需要什么样的教育评价》，《教育测量与评价》（理论版）2015 年第 6 期。
③ 周廷勇，李庆丰：《高等教育评价的价值问题探究》，《国家教育行政学院学报》2011年第 2 期。
④ 陈平辉：《现代教育评价方法的研究》，《东华理工学院学报》（社会科学版）2004 年第 3 期。
⑤ 王道荣：《教育评价的理性回归与"六维度质性模型"的建构》，《教学与管理》（理论版）2017 年第 2 期。

来改变教育资源分配的不公，以教育制度的发展功能代替选拔功能，从绩效性评价向过程性评价过渡。"① 有学者"从实然和应然相结合的角度，以教育评价是什么，为什么进行教育评价以及如何开展教育评价的思路，提出教育评价应该实现评价的科学化、专业化、评价主体多元化以及评价的真实化"。② 还有学者借助 CiteSpace 可视化分析软件，对 WoS 数据库 1996—2016 年 9445 篇高等教育评价的文献进行了计量分析，提出我国高等教育"应以大质量观为导向，构建高等教育评价体系和专业化成长路径；遵循学科内在的逻辑体系与要素关系，实现评价方法的优势融合；构建基于生存论视域的评价目标"③。

（3）教育评价研究述评

我国教育评价研究取得了长足的进步，建立起我国教育评价的理论体系，评价理念越来越与国际接轨，研究的主题越来越丰富，评价的主体越来越多元化，评价方法越来越强调定性和定量方法的结合，评价的教育性和发展性功能日益得到重视，为教育的可持续发展提供有力支撑。今后，应加强教育评价基础理论研究，为教育评价活动提供理论指南；加强教育评价方法和手段的研究，为教育评价实践的开展提供方法论支撑；加强教育质量保障体系与机制的研究，为教育评价功能的发挥提供制度保障；加强国外教育评价理论本土化的研究，拓宽我国教育评价的理论视野和理论格局。

2. 思想政治教育评价研究现状

思想政治教育评价是思想政治教育过程的重要环节，是加强和改进大学生思想政治工作的重要手段。高校思想政治教育评价研究经历了三个发展阶段：起步阶段（1978—1993）；系统发展阶段（1994—2003）；全面推进阶段（2004年至今）。在思想政治教育领域，评价研究取得了丰富的成果。

（1）思想政治教育评价研究概况

以主题词"思想政治教育评价"（含"思想政治教育测评"或"思想政治教育评估"）在 CNKI 数据库进行检索，从 2009 年 1 月 1 日到 2019 年 1 月 2 日，共检出 3999 篇文献。分布情况如下表：

---

① 姜昕：《我国教育评价制度存在的问题及改进建议》，《教学与管理》（理论版）2017 年第 9 期。

② 陈莉欣，王丽：《教育评价的思考——以实然和应然相结合的角度》，《教育教学论坛》2017 年第 2 期。

③ 宋璞，李战国：《国际高等教育评价研究之演进、前沿及其启思》，《黑龙江高教研究》2018 年第 1 期。

表 1.2　高校思想政治教育评价研究文献统计

单位：篇

年份	2009年	2010年	2011年	2012年	2013年	2014年	2015年	2016年	2017年	2018年	总计
文献	210	332	334	430	428	443	393	468	480	390	3999
核心期刊	40	39	34	30	31	33	31	25	26	50	349
CSSCI	23	26	24	22	22	20	23	15	31	46	259
硕博士论文（题名）	0	2	1	3	0	1	2	0	1	0	11

　　通过表 1.2 可以发现，高校思想政治教育评价研究呈现稳中有升的趋势。研究的领域集中在：理论层面的评价内涵、原则、标准、方法、比较研究等；实践层面的困境与出路、质量测评、具体领域应用等。

　　高校思想政治教育评价研究的权威学者有：张耀灿（华中师范大学）、冯刚（北京师范大学）、沈壮海（武汉大学）、王立仁（东北师范大学）、王茂胜（华中师范大学）等。研究的代表性著作有：秦尚海的《高校德育评估论》（中国社会科学出版社）、王茂胜的《思想政治教育评价论》（中国社会科学出版社）、张凤华的《高校思想政治理论课'05 方案'实施及测评的实证研究》（中国社会科学出版社）、张耀灿的《高校思想政治理论课教育教学质量监测体系研究》（经济科学出版社）等。值得指出的是由冯刚担任首席专家的 2017 年度国家社科基金教育学重大项目"高校思想政治工作质量评价"立项成功并取得一系列研究成果，如《高校思想政治教育工作质量评价的基本原则》（赵静，《思想教育研究》2018 年第 2 期），《改革开放以来高校思想政治教育质量评价的回顾与思考》（冯刚，《教学与研究》2018 年第 3 期）。该项目的进展，必定推动高校思想政治教育评价研究更加深入和具体。

　　（2）高校思想政治教育评价研究成果

　　对研究成果进行梳理之前，需要对相关概念做如下说明：以往的研究中学界往往混同使用"思想政治教育评价""思想政治教育评估""德育评估""思想政治教育测评""思想政治教育质量评价"等相关术语，上述表述有一定区别，"评价"侧重价值判断，"评估"侧重定性模糊估计，"测评"侧重定量分析，"质量评价"侧重对整体性能的价值判断，但并没有本质上的差异，各种表述的交集远远大于区别，为更好地系统地梳理以往研究成果，下文梳理时包括以上各种表述。

第一，内涵和一般理论研究。内涵研究是研究的最基础理论问题之一。学者们对思想政治教育评价的内涵基本达成一致，大都认为思想政治教育评价是一种价值判断。但"对什么进行价值判断"却存在较大的差别。有的认为是对"思想政治教育过程及其实际效果"①，有的认为是对"思想政治工作实施状况和成效"②，有的认为是对"受教育者的思想品德形成和发展变化及构成其变化的诸种要素"③。概念界定的不同在某种程度上决定了评价范围的不同。

思想政治教育评价的原则是对思想政治教育评价具有普遍意义的客观规律的认识，是评价工作的指导思想和评价过程必须遵循的基本要求。有的认为应遵循"人文性、科学性、时代性、导向性"④；有的认为应坚持"评价机制上的内部机制与外部机制、评价方法上的定性分析与定量分析、评价标准的绝对性与相对性、评价过程的动态与静态、评价的系统性与专门性相结合"⑤。

思想政治教育评价的标准是进行价值判断的规定和尺度，许多学者从宏观视角阐释评价标准，有的持"单一标准论"，认为思想政治教育评价以实践的社会效果为标准⑥；有的持"双重标准论"，认为最高标准（人类的实践活动）和具体标准一起构成思想政治教育评估的标准体系⑦；有学者认为从整体性、隐蔽性和长期性特征出发，思想政治教育效果应坚持以思想政治教育是否实现社会整合、是否实现社会激励、是否实现社会发展功能为评价标准⑧。这些标准大多是抽象宏观的，标准过于模糊而难以操作和执行，因而无法衡量出现实中

---

① 张耀灿，郑永廷，吴潜涛，等：《现代思想政治教育学》，人民出版社，2006，第 346 页。
② 刘秋圃：《高校德育评估科学化的思考》，《武汉理工大学学报》（社会科学版）2003 年第 4 期。
③ 项久雨：《论思想政治教育价值评价的特点及其功能》，《学校党建与思想教育（中）》2004 年第 3 期。
④ 李春华：《论构建现代思想政治教育评价体系的基本原则》，《学校党建与思想教育：理论（中旬）》2011 年第 11 期。
⑤ 李守可：《大学生思想政治教育评价体系的反思与构建》，《四川理工学院学报》（社会科学版）2011 年第 5 期。
⑥ 张耀灿，陈万柏：《思想政治教育学原理》，高等教育出版社，2001，第 230 页。
⑦ 刘新庚：《现代思想政治教育方法论》，人民出版社，2006，第 359 页。
⑧ 华为国，任小艳：《思想政治教育效果评价标准的理性审视》，《思想教育研究》2013 年第 8 期。

的教育效果。因此，理论界应对评价标准继续探索。

思想政治教育评价功能是思想政治教育评价所具有的效能，或者说是评价所能发挥的积极作用。有的学者认为思想政治教育评价具有"判断、预测、选择、导向四个基本功能，信息反馈功能、诊断功能、激励功能、教育功能等功能只是基本功能的扩展和延伸"①；有学者认为"反馈信息并及时对思想政治教育进行有效的控制和调整，优化思想政治教育过程是思想政治教育价值评价的基本功能，此外它还具有判断功能、鉴定功能、激发功能、调节功能"。②

第二，思想政治教育评价的依据。依据探讨的是"何以可能"的问题，学者们从思想渊源、理论基础和现实依据等不同层面进行了探讨。

中国古代没有思想政治教育评价的概念和理论，但"德才兼备"一直是中国古代教育和选人的重要标准。有学者系统整理了我国教育评估史，发现其中不乏思想教育评价思想；有学者整理与发掘了我国古代道德教育中的评估思想，如先秦时期，儒家将"仁"作为道德评价的根本，墨家提出了"三表法"的评价标准、辩论查实法和行为与效果相结合的评价方法，道家提出了"无为"、与世无争的道德生活准则③。

有学者探讨了马克思主义经典作家和中国共产党领导集体关于思想政治教育评价的思想，认为"马克思主义理论体系中包含丰富的思想政治教育评价思想，对于搞好高校思想政治理论课教育教学测评具有根本性的指导价值"④。学者们还总结了中国化马克思主义德育评估思想，如毛泽东始终把德育放在首位，提出了德育目标和德育内容，为高校德育评价提供重要借鉴；邓小平的"三个有利于标准"其内在的蕴含的标准原则，对德育评估标准的确定具有借鉴意义⑤。有学者认为，马列主义经典作家、中国共产党领导集体关于思想政治教育评价的思想是高校思想政治理论教育教学测评的理论基础⑥。有学者认为，价值学说、实践唯物主义可知论和教育构建主义等理论，是评价的理论基础⑦。

---

① 王茂胜：《思想政治教育评价论》，中国社会科学出版社，2006，第47页。
② 刘晓华：《思想政治教育价值评价的特点与功能》，《学习与实践》2007年第9期。
③ 秦尚海：《高校德育评估论》，中国社会科学出版社，2006，第35—62页。
④ 张耀灿：《高校思想政治理论课教育教学质量监测体系研究》，经济科学出版社，2014，第40页。
⑤ 赵祖地：《高校德育评估研究》，博士学位论文，南京师范大学，2014，第63—66页。
⑥ 张耀灿：《高校思想政治理论课教育教学质量监测体系研究》，经济科学出版社，2014，第39页。
⑦ 刘晓双：《论大学生思想政治教育评价的理论基础》，《辽宁师范大学学报》（社会科学版）2008年第2期。

此外，一些学者开展了思想政治教育评价的实践探索。值得一提的是学者张耀灿在主持哲学社会科学研究重大课题"高校思想政治理论课教育教学测评体系研究"基础之上编写的专著《高校思想政治理论课教育教学质量监测体系研究》，定位在思想政治理论课教育教学质量监测上，为跟踪教育教学质量提供了一套起主导作用的、对教育主管部门和高校教师均方便实用的工具。该课题以发展性评价为主线，以学生学习效果为逻辑中心，构建在立体多元评价系统中能发挥主导作用的、"以需求者为本位""以学评教"的高校思想政治理论课教育教学质量监测体系。① 这是一部将思想政治教育评价的重要组成部分——思想政治理论课教育教学评价理论和实践推进到一个新高度的重要著作，为学者们今后的研究提供了重要思路。

第三，评价指标体系研究。评价指标体系是研究的核心和难点问题。学者们对评价指标的关注日益增多，形成了丰富的成果。

针对评价指标体系构建的原则，有的学者认为"必须坚持整体性原则、客观性原则和可测性原则"；有的学者认为应遵循"导向性、辩证性、科学性、人本性、可控性原则"；有的学者提出要坚持"一致性、可测性、互斥性、完备性"②。在思想政治教育评价指标体系内容设计上，有学者构建了思想政治教育实效性测评的矩阵模式，同时从内容维度（思想观念的认同、政治观念的认同、道德规范的认同）和层次维度（价值认知、价值认同和价值践履）两个维度加以测评③；有学者认为"在大思政观的视野下，大学生思想政治教育测评指标可以分为指导思想、组织建设及发挥、制度建设及执行、工作实施、工作效果以及特色工作 6 个一级指标、13 个二级指标、33 个具体观测点"④。在思想政治教育评价中，建立的评价指标体系越全面、越系统，就越具有权威性、科学性。评价指标体系的构建与实施方法上，有学者阐释了指标权重配置的基本方法有经验确定法、德尔菲法、比较确定法⑤；有的学者认为可以借鉴"社会心理学

---

① 张耀灿：《高校思想政治理论课教育教学质量监测体系研究》，经济科学出版社，2014，第 4 页。
② 乔永忠：《论思想政治教育绩效评价及其指标体系建构》，《法制与社会》2007 年第 5 期。
③ 蒋蓉，代礼忠：《大学生思想政治教育实效性的测评研究》，《重庆大学学报》（社会科学版）2012 年第 4 期。
④ 王琪，邹芳莲：《大学生思想政治教育测评体系研究——以大思政为视野》，《南昌航空大学学报》（社会科学版）2011 年第 4 期。
⑤ 王茂胜：《思想政治教育评价论》，中国社会科学出版社，2006，第 132-138 页。

的态度量表测量技术"①。

总体来看，思想政治教育评价指标体系的研究和探索，尽管存在指标体系设计不成熟、权威性不够等问题，但总体上朝着科学化和规范化的方向发展，为思想政治教育评价研究由理论走向实践奠定了坚实的基础。

第四，思想政治教育评价应用研究。思想政治教育评价基础理论研究发展的同时，具体的评价应用研究方面也在同步发展。有学者"以发展性评价为主线，以学生学习效果为中心，构建'以需求者为本位''以学评教'的高校思想政治理论课教育教学质量监测体系。针对四门课程，组织了三次测试，形成完整的高校思想政治理论课研究成果"②。有学者"运用大数据技术，构建起思想政治教育大数据动态评价系统，利用大数据在电子科技大学对学生思想状况、价值取向、日常生活等层面进行系统性、可视化测评，其技术成果已经向全国40余所高校推广"③。这些研究和探索，为高校思想政治教育评价积累了丰富的经验，也为思想政治教育工作创新提供启发和帮助。

（3）思想政治教育研究述评

梳理思想政治教育评价研究成果，发现其研究存在以下问题：概念表述和使用的混乱问题，如将评价体系与评价指标体系、评价路径与评价机制、评价标准与评价指标混为一谈。"指标困境"和"方法困境"：指标设计缺乏全面性和严密性；权重设计主观性、随意性大；评价一般方法研究成果多，但缺乏可操作性，定性与定量方法分析很难结合④。基本理论研究成果缺失，如思想政治教育评价的本质与规律、评价价值研究、评价的主体和客体、评价机制研究、评价效益等。比较和借鉴研究不够，多学科的融合度不高。实证研究局限在经验做法及模式的介绍，某一实验情况的描述与推介。研究呈现碎片化，创造性分析整合转化研究少。

今后的研究应着重解决以下问题：首先，厘清思想政治教育评价范畴下的相关概念，以提高研究的规范性和权威性。其次，加强思想政治教育评价长效机制研究。"思想政治教育的实际工作处于不断发展变化中，涉及多个领域、部

① 蒋蓉，代礼忠：《大学生思想政治教育实效性的测评研究》，《重庆大学学报》（社会科学版）2012年第4期。

② 张耀灿，等：《高校思想政治理论课教育教学质量监测体系研究》，经济科学出版社，2014，第4页。

③ 李怀杰：《思想政治教育大数据评价及其实践路径》，《思想理论教育》（上半月综合版）2017年第6期。

④ 沈壮海，段立国：《思想政治教育测评研究的回顾与展望》，《思想教育研究》2014年第9期。

门和环节，需要多项工作的有序、协调，也需要多重政策的配套、落实"，因此应努力构建评价的长效机制①。再次，突出多学科整合运用研究。综合运用哲学、教育学、心理学、社会学、统计学、测量学、计算机科学的多门学科知识，为研究提供坚实的理论支撑。最后，以评价指标体系构建为研究重点，构建科学的、可操作的、长效的评价指标体系是思想政治教育评价研究获得突破性成果的重要体现。总之，思想政治教育评价研究是一个不断完善、不断超越的过程。思想政治教育评价的长足发展，依赖于学者们树立科学的理念、积极探索评价理论与实践的有机结合，以提高评价的有效性。

（三）高校社会主义核心价值观教育评价研究现状

作为高校价值观教育的重要环节，评价研究日益引起学术界的关注，也成为高校价值观教育研究领域一个亟待深入的课题。总结研究成果，反思不足，可以为本研究提供理论依据和实践指导。

1. 高校价值观教育评价研究概况及成果

虽然高校价值观教育研究非常深入，但对其评价研究的关注只是近几年的事，该领域的研究仍处于起步探索时期。

（1）研究概况

在中国知网（CNKI）以"高校（或大学生）社会主义核心价值观教育"和"评价"为篇名进行高级检索，从 2009 年 1 月 1 日到 2019 年 1 月 2 日共有 9 篇文献。其中核心期刊 2 篇，CSSCI（含扩展版）2 篇，硕士论文 1 篇。"高校（大学生）社会主义核心价值观教育"的论文中对此主题有所涉猎的期刊有 335篇。目前没有出版高校价值观教育评价研究的专著，但与此相关的研究专著有：陈芝海主编的《大学生社会主义核心价值观教育研究》（第五章）（光明日报出版社，2013 年第 1 版），余林主编《青少年社会主义核心价值观研究》（科学出版社，2014 年第 1 版）。此外，有关研究还散见于高校（大学生）核心价值观教育主题的硕博士学位论文和期刊中。

从对文献的分析中可以看出，高校价值观教育评价研究呈上升的趋势，不仅从理论上研究高校价值观教育评价的内涵、原则、机制等，而且从实践层面关注当前大学生价值观现状、价值观教育效果及对策等，逐步呈现出多样化的特点。

---

① 高静毅：《把握新时期高校思想政治教育质量评价的科学路径——"高校思想政治教育工作质量评价体系研究"开题研讨会综述》，《学校党建与思想教育》2017 年第 23 期。

（2）研究成果

学术界对高校价值观教育评价研究主要集中在以下几个方面：

第一，高校价值观教育评价内涵。教育评价学认为，评价是一种价值判断，是对客体满足主体需要程度的判断①。由此揭示了评价的本质是价值判断。以此为出发点，学者们对价值观教育评价的内涵进行了揭示。有的学者持"价值判断说"，认为"价值观教育评估是对评估对象的状态与绩效进行定性和定量的描述，做出质和量的价值判断"②；有的学者在强调价值判断的同时持"过程说"，认为价值观教育评价是"为提高教育质量和教育决策提供依据的过程"③。

第二，高校价值观教育评价原则。评价原则是指导价值观教育评价的行动指南、方针和准则。学者们提出高校价值观教育评价的原则有方向性原则、激励性原则、可行性原则、目标性原则、客观性原则、系统性原则、实用性原则、全面性原则等。有的学者提出要将其中的某些原则结合在一起，如科学性与可操作性相结合、评价与建设相结合，总结性评价与形成性评价相结合④。

第三，高校价值观教育评价内容。关于高校价值观教育评价的内容，学者们看法不一，从不同的视角界定了评价的内容。从狭义的视角，有学者认为针对当前高校社会主义核心价值观教育评价方法单一、评价内容失衡等问题，提出"树立正确的考核奖惩理念，丰富考核奖惩方式，拓展考核奖惩内容"⑤，这种观点仅仅将高校价值观教育评价理解为对学生的考核；有学者认为价值观教育评价主要是对大学生学习效果的评价和教师教学工作过程的评价⑥；还有学者认为价值观教育评价更多是指大学生的自我评价，"通过主动对自身价值观进行评价和积极评价自身行为善恶来发挥价值观教育中大学生的主体性"⑦；还有学者认为大学生社会主义核心价值观实效性评价应依据知、信、行三个方面进行认知和了解、内化和认同、外化和践行三个维度的评价⑧。从广义的视角，

---

① 陈玉琨：《教育评价学》，人民教育出版社，1999，第7页。

② 陈章龙，周莉：《价值观研究》，南京师范大学出版社，2004，第368页。

③ 陈芝海：《大学生社会主义核心价值观教育研究》，光明日报出版社，2013，第205页。

④ 张力学，郭晓波，白振荣：《大学生社会主义核心价值观教育评价体系与激励机制》，《统计与管理》2016年第12期。

⑤ 肖金明，陈为旭：《大学生社会主义核心价值观教育路径研究》，《教育评论》2015年第2期。

⑥ 陈芝海：《大学生社会主义核心价值观教育研究》，光明日报出版社，2013，第214页。

⑦ 王华敏，周双双：《主体性发挥与社会主义核心价值观教育的内在逻辑——基于大学生群体的教育研究》，《重庆大学学报》（社会科学版）2018年第1期。

⑧ 覃安基，潘柳虹：《试析大学生社会主义核心价值体系教育实效性的依据》，《学校党建与思想教育》2013年第1期。

有学者认为应从个体层面（大学生学习、实践的成果）和学校宏观层面建立健全核心价值观的考核和考评体系①；有学者认为价值观教育是三个方面的评价：价值观教育主体、价值观教育过程和价值观教育效果②。

第四，高校价值观教育评价指标体系。高校价值观教育评价指标是评价目标具体化的集中表现，是开展评价的基础和依据，也是评价研究科学性中要求较高的核心和难点问题。学者们对此问题的争议较大，指标体系的设计也不够成熟。有学者认为大学生价值观教育评价指标有微观指标（大学生的爱国热情、政治理论水平、抵御消极思想的能力、身心健康）和宏观指标（社会环境与条件、社会舆论环境与文化氛围、社会风气、校园风气、高校校园氛围和环境）③；有学者认为高校价值观教育评价有三个一级指标，即价值观教育的工作条件、过程条件、效果评价，三个一级指标下设二级指标，分别为组织机构、实施教育的主体、工作经费，活动组织、课堂教研、活动宣传，校园道德文化条件、社会评价、师生的素养④；有学者从更为广泛和全面的角度，认为应当采用一套衡量社会主义核心价值体系建设的过程、结果两个方面的全面性考评指标体系，前者包括管理机制、实施机制、保障机制的考评指标体系，后者包括群众参与程度、公民素质提升程度、社会风气进化程度的考评指标体系⑤。

第五，高校价值观教育评价方法。评价方法是开展评价活动时采用的方式和手段。关于评价方法，学者们依据不同的评价理念、类型、对象提出的评价方法很多。有学者认为从定性、定量的需求出发，可以采用系统分析法、数学建模方法、模糊综合评判法⑥；有学者认为评价方法的选择要注重被评价者的主体性、有利于学生价值观意识的发展、评价主体多元化和评价标准差异性原则，在此基础之上的基本评价方法有表现性评价、发展性评价、档案袋评价、

---

① 李建华：《大学生涵养社会主义核心价值观的十大机制》，《光明日报》2014 年 12 月 31 日，第 13 版。
② 陈章龙，周莉：《价值观研究》，南京师范大学出版社，2004，第 368 页。
③ 张丁杰，曾贤贵：《论大学生社会主义核心价值观教育模式的构建》，《四川理工学院学报》（社会科学版）2013 年第 2 期。
④ 徐国立：《高校社会主义核心价值观教育的系统化路径》，《福州大学学报》（哲学社会科学版）2017 年第 2 期。
⑤ 潘鸣：《社会主义核心价值体系建设机制论》，博士学位论文，苏州大学，2011，第 120–122 页。
⑥ 张丁杰，曾贤贵：《论大学生社会主义核心价值观教育模式的构建》，《四川理工学院学报》（社会科学版）2013 年第 2 期。

终结性评价和真实性评价①。

第六，高校价值观教育评价机制。高校价值观教育评价是高校价值观教育的一个重要环节，对此观点学者们基本达成一致，大都将高校价值观教育评价作为价值观教育的一条重要路径或一项机制，但只是对此问题做了浅尝辄止的呼吁，深入研究机制运行的成果并不多见。有的学者认为评价反馈机制是大学生价值观培育机制的一个重要组成部分②；有学者提出涵养核心价值观的十大机制之一就是建立健全考核与评价体系，并以考核评价体系为基础构建奖惩机制、反馈机制。有学者认为"不能只搞活动，不搞评估，只有投入没有产出就不是一个可持续发展的系统"③。

第七，高校价值观教育评价实证研究。开展高校价值观发展状况实证研究的成果相对较多。研究大多集中在对当前学生价值观现状的调查上。有学者在价值观的目标、取向和准则三个维度上，用结构方程模型进行了实证研究，认为"大学生认同水平不尽相同，对 12 类价值观念互相影响的强度呈现出较大的差异"④；有学者对当前大学生价值观与价值选择进行 5 年的跟踪调研，得出当前大学生价值观总体状况积极健康，但存在显著的群体差异和校际差异⑤；有学者采用心理测量学的方法，系统构建了我国青少年价值观的测评体系并进行了大规模的抽样测评，得出的结论是我国青少年价值观总体上居中等偏高程度，呈现比较明确、积极的状态⑥。

（3）研究反思

梳理相关研究成果发现，高校价值观教育评价研究的历史较短，研究框架尚未形成，无论理论研究还是实证研究都存在一些困境和问题。

第一，基本理论研究缺失，深度不够。理论研究是研究工作深入有效的基础。但是，高校价值观教育评价研究起步较晚，缺少基本理论问题的研究，基

① 陈芝海：《大学生社会主义核心价值观教育研究》，光明日报出版社，2013，第 225-234 页。
② 曾永平：《论大学生社会主义核心价值观培育机制的构建》，《学校党建与思想教育》2018 第 5 期。
③ 徐国立：《高校社会主义核心价值观教育的系统化路径》，《福州大学学报》（哲学社会科学版）2017 年第 2 期。
④ 王贺：《大学生社会主义核心价值观的认同与评价》，《高教发展与评估》2016 年第 5 期。
⑤ 王丹：《当代大学生价值观与价值选择状况的调查分析》，《思想理论教育》（上半月综合版）2018 年第 2 期。
⑥ 余林：《青少年社会主义核心价值观研究》，科学出版社，2014，第 3 页。

本没有对价值观教育评价思想渊源、理论基础、评价依据、马克思主义经典作家和中共领导人相关论述的研究。对高校价值观教育评价内涵的界定不清，往往将高校价值观教育评价与大学生价值观评价混淆，导致对过程评价的忽视和评价标准的片面。研究不够深入，高校价值观教育评价的本质与规律、作用与功能等深层次理论问题的研究基本处于空白。

第二，系统性研究缺乏，科学性不够。高校价值观教育评价是一个系统，它是由目标体系、过程体系、方法体系、保障体系等构成的有机整体。但目前的研究没有从整体上展开，研究呈碎片化和表层化，研究停留在构建教育效果评价指标、呼吁建立评价体制、调研价值观认同状况等某一方面，缺少整体关照和系统思维。评价指标的设计不成熟，缺少权威性，缺乏全面性和严密性，指标权重设置的主观性和随意性大，忽略了评价对象的层次性。评价一般方法多，但具体方法研究少，很多评价方法停留在理论层面，缺乏可操作性，主观性的评价方法使用多，直接影响了评价的科学性。

第三，比较与借鉴研究缺少，相关学科理论融合度不高。价值观教育评价研究属于教育评价的一个分支，高校价值观教育评价研究要以教育学相关理论为基础；人是价值观教育评价主体和重要客体，价值观教育评价要掌握人的心理和情感态度等心理学知识；价值观教育评价需要大量的量化研究，社会学、测量学、统计学也是不可缺少的相关知识。但是，目前的研究还处于探索阶段，尚未重视综合性和借鉴性的研究，很少将相关理论和知识创造性地转化到高校价值观教育评价中。

第四，实证研究方法科学性不够，质量和水平不高。有的实证研究是理论的、经验的推导，有的调查问卷设计不科学，有的统计分析方法单一，信度和效度不高，现有的调查研究大都是对学生价值观状况的调查，缺少价值观教育前后比较的研究和大学生认知、认同、践行整体效果的调查，缺少原因分析和对策措施的实证研究。高校价值观教育评价除教育效果的评价之外，价值观教育工作评价也是重要内容，对此方面的实证研究基本没有。

（4）研究展望

高校价值观教育评价是整个高校价值观教育链条中的关键环节，其研究的进展是一个不断超越、不断完善的过程。高校价值观教育评价研究需要在梳理研究现状、反思研究不足基础之上，以科学的理论为指导，积极探索新思路、新途径、新方法。

第一，研究理念：树立立体多元的评价理念。高校价值教育评价是一项复杂的认识活动，也是一个长期的、庞大的系统工程。评价主体、客体是多元的，评价类型是多样的。为全面、准确把握高校价值观教育的现状、成因及对策，研究中要贯彻立体多元的理念，克服单项评价或单一评价主体的局限。以立体多元为理念，坚持实践和发展的观点，探索合适的研究定位和重点，以提高评价研究的实效性。

第二，研究内容：深化理论研究、完善评价体系。一方面，明确研究的理论范畴，挖掘古今中外价值观教育评价思想，为研究寻找历史参照；梳理价值观教育评价理论和实践经验，厘清评价的内涵、原则、本质、规律，明确评价的理论基础和根本遵循；另一方面，立足高校价值观教育实践，注重整体性，突出系统性，构建一套系统的、科学的、分层分类的评价体系。关照整体，把评价研究放在价值观教育的整体工作中去考量、分析和设计。根据价值观教育活动的动态发展，形成滚动型的、持续的评价系统改进机制，及时修改、完善评价系统，保证研究的持续有效。深化评价指标体系和评价标准具体内容的研究，从评价指标体系三大基本要素（指标、权重和评价标准）入手，构建具有灵活性、科学性、针对性和可操作性的高校价值观教育评价指标体系，并在实践中探索和完善。

第三，实证研究范式：突出多学科的整合。为推动高校价值观教育评价研究的突破和创新，解决评价指标体系的构建等关键性问题，高校价值观评价研究要借用教育学、心理学、社会学、管理学等相关学科理论，创新价值观教育评价的实证研究范式，构建评价方法、模型和软件，使之成为开展研究工作的依托。如张耀灿主编的《高校思想政治理论课教育教学质量监测体系研究》运用社会调查、考试学、教育测量学、人格心理量表方法设计调查问卷，又运用社会调查方法"归因分析"项目，既考查学生知识的掌握、能力的提高，也考查学生情感态度价值观的进步变化[1]，是综合运用跨学科知识研究的典范。这不仅为思想政治教育评价，也为价值观教育评价有效运用跨学科的研究方法提供了很好的范例。信息技术的发展、大数据时代的来临，研究需借助信息化、网络化的技术手段，为收集、处理高校价值观教育评价信息、追踪和描述相关趋势提供思路。

二、国外相关研究现状

本研究使用 Web of Science（WoS）为检索工具，以"Socialist Core Values Ed-

---

① 张耀灿，等：《高校思想政治理论课教育教学质量监测体系研究》，经济科学出版社，2014，第5页。

ucation" 和 "Evaluation" 为主题词进行搜索，未能找到相关文献，国外对社会主义核心价值观教育评价的研究基本处于空白状态。但随着社会结构的深刻变化，西方社会出现的道德危机和价值冲突增多，20 世纪 80 年代以来价值观教育成为一个重要教育内容和学术术语，在西方国家得到快速发展，而为了了解价值观教育是否为学校和学生带来积极变化，价值观教育评价研究开始增多。

关于国外价值观教育概念的界定，学者王熙认为"西方相关领域的研究中道德教育、品格教育和价值观教育是三个脉络难辨、边界难勘的研究领域"。① 杨威也持同样的观点，他认为价值观教育与伦理教育、宗教教育、公民教育概念紧密相连，具有某种"家族类似"的关系，虽然名称不同，但"都体现了个体和社会价值在教育中的合法性，以及教师和学校在培育学生品格方面的重要性"，"价值观教育的核心在于充分关注价值观在学生道德发展、品格发展中的重要作用，将促进学生价值观作为学校教育的任务"。② 基于此，本研究对国外价值观教育文献梳理时，将价值观教育、道德教育和品格教育都包容在内，有点类似我国"大德育"的概念。特别是美国提出了品格教育计划，它"是一个涵盖学校、各社会机构及家长培养儿童及成人品格发展的活动。强调核心伦理价值，注重启发而非灌输的教育方式，实施方式也更为多元与民主"。③ 随着对品格教育的重视，美国学者们对品格教育评价理论和实践进行了大量的、系统化的研究。此外，澳大利亚近年来价值观教育研究异军突起，丰富的研究成果对本课题研究具有很好的启发意义。

（一）国外价值观教育评价研究特点和主要成果

下面从对价值观教育的重视，价值观教育目标、评价取向、范围、评价标准、评价方法、实证研究等方面梳理价值观教育评价的理论与实践研究成果。

1. 国外价值观教育及评价的实践发展现状

随着当代西方国家政治、经济、社会、文化等方面的变化，各种价值观念的冲突日益严重，与价值观有着不同程度关联的社会问题不断出现，西方国家逐渐意识到价值观教育的重要性，纷纷出台价值观教育的战略举措，价值观教育的价值日益得到重视。价值观教育的研究计划、研究机构、高层论坛纷纷推出，产生了一系列代表性的价值观教育学术研究成果。

---

① 王熙，王怀秀，高洁：《21 世纪西方道德教育、品格教育和价值观教育研究的领域之辨》《全球教育展望》2017 年第 8 期。
② 杨威：《国外价值观教育的当代复兴及研究现状》，《教学与研究》2017 年第 9 期。
③ 郝杰：《当今美国品格教育的实效性测评分析》，《外国教育研究》2012 年第 9 期。

美国从 20 世纪 80 年代开始，品格教育逐渐风行，并得到美国政府大量的资金支持。1994 年，创建"品格教育伙伴计划（PCEP）"，并向符合"品格教育伙伴组织（CEP）"的学校提出 11 条品格教育原则，为其提供经费支持。1995 年美国国会教育部的下属机构"教育研究与发展办公室"向成绩突出的品格教育学校提供奖金。2002 年美国通过《不让一个孩子掉队法案》，投向品格教育的经费增加到 2500 万美元，是原来的三倍。从 2009 年起，PCEP 要求所有接受其经费支持的学校必须开展教育效果的测评。①

英国注重用国家课程推行价值观教育，1988 年以来，学生的"精神、道德、社会和文化发展"的学校课程日益受到关注，后来又推广了"个人、社会和健康教育课程（简称 SMSC）"。1996 年英国创立了全国价值观教育论坛——"教育和社会价值观国家论坛"。② 除了重视价值观教育之外，英国还不断加强对学校价值观教育效果的评估。1992 年起英国教育标准办公室的督察员开始发布 SMSC 如何影响学生的评价报告。2015 年 1 月，英国教育大臣妮基·摩根提出"所有学校都应像提升学术标准一样提升基本的英国价值观"。

澳大利亚的价值观教育起步较晚，但从 20 世纪 90 年代末开始，澳大利亚开展了全国性的价值观教育。1999 年澳大利亚政府出台《阿德雷德宣言》和《墨尔本宣言》中关于年轻澳大利亚人的教育目标中都强调了学生价值观教育的重要性和必要性。"正确的价值观能够使学生积极面对未来的挑战、生活健康或获得美满幸福的生活。"③ "每一个公民所拥有的知识、技能、理解力和价值观是澳大利亚未来的依靠。"2005 年澳大利亚所有州和领地的教育部门认可和批准了《澳大利亚学校价值观教育的国家框架》（以下简称《框架》）。之后，澳大利亚政府资助了三轮价值观教育学校项目（简称 VEGPSP），316 所学校被纳入研究项目，实施和评估价值观教育的相关质量项目。

新加坡政府从 20 世纪 70 年代开始倡导"精神文明"，开展全国性的"文化再生运动"，将以"忠孝仁爱礼义廉耻"为核心的中国传统儒家伦理赋予现代意义，坚持"和为贵"，求同存异，协商共识，与人为善，强调不同种族和宗教信仰者和谐共处。20 世纪 90 年代开始着力培养学生的国家意识、社会意识、完美人格。1991 年颁布《共同价值观白皮书》以政治文件的形式赋予价值观重要地

① 郝杰：《当今美国品格教育的实效性测评分析》，《外国教育研究》2012 年第 9 期。
② School Curriculum and Assessment Authority, *The National Forum for Values in Education and Cummnity*, Final Report and the Recommendations. (London: SCAA, 1996).
③ 杨茂庆，严文宜：《澳大利亚学校价值观教育的特点及其实现途径》，《外国教育研究》2014 年第 4 期。

位，提出国家至上、社会为先，家庭为根、社会为本，关怀扶持、尊重个人，求同存异、协商共识、种族和谐，宗教宽容五项价值观，作为新加坡价值观教育的重要内容。新加坡以法律制度、政治制度、社会制度保证价值观教育的落实，从而造就了文明和谐的新加坡社会。

2. 国外价值观教育目标、内容和评价范围研究

美国价值观教育评价最大的变化是评价范围的扩大，"由早期的局限于教育管理部门对学校进行教育评价扩展到'整个学生个体'"[1]。评价结果包括了"道德伦理""精神提升""生活经验"，甚至属于个人思想发展维度的内容。传统的价值观教育评价往往通过符合市场经济的内容信息，如比赛名次、评价报告和综合评价进行评价，现代的价值观教育评价为了评价可能在学校教育的专业中无法显现的技巧，"更加依赖于自由无限的或具有根本性的教育活动"[2]。

澳大利亚价值观教育以《21 世纪澳大利亚学校教育和国家目标》为中心，"形成了关心与同情、做到最好、公平与公正、自由、诚实可信、正直、尊重、责任、理解与宽容九大教育内容"。[3] 在教育目标上要求学生培养面对多元文化的价值观，尽自己最大努力实现最大价值，还要求学生学会一种技能，而不仅仅是知识，唤醒学生作为一名社会成员应该具有的觉悟。

德国战后形成了以善良教育为特色的价值观教育，着眼于培养战后出生的一代新人，包括"自由、平等、民主"为核心的政治教育和"诚实、善良、尊严、责任"为核心的公民道德教育。1990 年德国统一后，整个德国的价值观教育目标是"尊重人的尊严、克己、乐于助人、理解他人"。随着德国成为世界第四大经济体，统一后国家经济和社会发展不平衡，德国价值观教育的重点是凝聚社会共识、防止各种纳粹思想的蔓延及其对学生的不良影响。[4]

3. 国外价值观教育评价标准研究

关于价值观教育评价标准，在社会问题突出和崇尚自由民主的美国，规定统一评价标准是有难度的。有的美国学者认为"与学术和智力技能的评价相比，传统的价值观教育评价标准总是愚蠢地参照学术与技能的评价标准武断地对学

---

① Kaliannan, Maniam, Kennedy, et al. *Learning through Conversation Exploring and Extending Teacher and children's Involvement in Classroom Talk.* School Psychology International, 32 (2010): 4.

② 杨飞云：《美国学校价值观教育研究》，博士学位论文，河南大学，2012，第 127 页。

③ 杨茂庆，严文宜：《澳大利亚学校价值观教育的特点及其实现途径》，《外国教育研究》2014 年第 4 期。

④ 刘宏达：《论德国的善良教育及其对我国社会主义核心价值观教育的启示》，《社会主义研究》2015 年第 2 期。

生的思想水平进行经验等级划分，这样的划分不利于评价结果的效果和学生认同感的达成"①。美国品格测评项目数量庞大，目标多样，因而评价标准也呈现出多样性。但"品格教育伙伴组织"提出的《品格教育质量标准》获得广泛认同，具有代表性。评价标准列举了有效品格教育的重要组成部分，每一条都有二点或四点具体要求。具体包括："品格教育应致力于培养核心伦理价值（如关怀、诚实、公平、责任、自尊等），使之成为良好品格的基础；品格应包含认知、情感与行为三个方面；有效品格教育应通过有意的、主动的、全面的方法在学生在校期间，培养核心价值观；学校必须成为充满关怀的社群；为了培养品格，学生需要有道德实践的机会；有效品格教育应包含富有挑战性的学术课程；品格教育应激励学生的内在动机；学校的教职工应组成互相学习的道德社群，并尽力教授给学生始终一致的核心价值；品格教育既需要教职工中的领导力量，也需要学生中的领导力量；学校必须在品格的培养过程中，充分动员家长与社区成员参与；品格教育的测评应包括对学校特征、学校教职员工在品格教育中的职能以及学生良好品格发展程度的测评。"② 在此基础上，对学校的品格教育进行打分，而且规定了在有两人或两人以上参与测评时才最有效，分为四个档次：1. 缺乏，2. 优秀，3. 卓越，4. 典范。1979 年至今，美国对教师的品格测评工具有 19 种，主要测评教师"对品格教育的认知、工作效能与发展等"。在学生价值观测量维度方面，罗克奇（Rokeach）提出"终极性和工具性两种维度"；Kahle 提出了"自我尊重、安全、与他人和谐关系、成就感、自我完成、归属感、被人尊重、生活乐趣、享受、兴奋感"③ 十个维度；Lowe 提出"人与自然倾向、自我倾向、关系倾向、时间倾向、个人行为倾向"五种维度。④

澳大利亚价值观教育评价以《框架》所设置的价值观教育目标是否实现及实现程度为目标，包括以受教育者学生、实施主体教师及学校两个维度，具体包括 8 项评价标准。"是否有助于受教育者理解并能够践行所倡导的价值观；是否有助于促进澳大利亚人的民主生活方式并接纳多元化的价值观；是否在学校

---

① Zhao Jing, Gallant, Dorinda. *Student Evaluation of Instruction in Higher Education*, *Exploring Issues of Validity and Reliability*. Assessment & Education in Higher Education. 37（2007）.

② 郝杰：《当今美国品格教育的实效性测评分析》，《外国教育研究》2012 年第 9 期。

③ Kahle, L. R. *Social Values and Social change. Adapation to Life in America*（New York：Praeger，1983），61-65.

④ Lowe, A. C. and W. Anthony. *Hierarchical Relationship Between Values*, *Lifestyles*, *Possessions and Food*, *Consumption Among Being Adult Population*. Journal of Asia Pacific Marketing，（2004）：43-67.

情境中清晰明确地表达出了这些核心价值观，并将这些价值观应用于学校实践；是否促使员工、家庭、学校和社会形成合作伙伴关系，并使这种合作成为对学生进行全面教育方法中的一部分，从而使学生的责任感得到锻炼和加强，拓展了学生的发展空间；是否建立了一个安全可持续的学校环境，在这一环境中，学生被鼓励探索他们自己的、学校的以及他们所处社区的价值观；是否有助于被资助接受培训的教师采用不同的价值观教育模型和方法策略；所提供的课程是否能够满足学生的个性化需求；是否通过定期例行的教育途径和方法，检查价值观教育是否实现了预期的目标。"① 澳大利亚还深入从理论上探讨了具有可操作性的价值观教育评价指标体系。洛瓦特和布朗主张对学生全面发展产生影响的教育，评价指标也应具有全面性；还有的学者强调了价值观教育评价应关注是否入脑、走心、成为自觉的价值行动，即关注头脑中的知识、心里的知识和手中的知识。② 价值观教育评价《框架》实施过程中的两个项目"价值观教育良好实践学校项目（VEGPSP）"和"对学生和学校氛围影响效果的策略项目（T&M）"，都是以价值观教育效果为标准验证高质量价值观教育对学生学业进步等在内的整体性发展的影响。研究者还根据 VEGPSP 项目涌现出的优秀价值观教育案例提出了良好价值观教育实践学校的评价指标，如"教师和学生沟通等方面是否发生变化；平静的和更为聚焦的课堂活动是否形成；学生的自我反思能力是否提高；教师的自我效能和职业满意度是否提高等"。③

4. 国外价值观教育评价方法研究

在价值观教育测评过程中，测评方法是多样的，很多学者设计了量表工具。有关学生价值意识与态度的测量中往往采用李克特量表（Liker scale），要求学生针对某一陈述语句选择其同意的程度——非常同意、同意、不好说、不同意、非常不同意。为了了解价值观行为是否发生变化，研究者往往采用准实验的方法，即某个价值观教育内容开始之前和开展一段时间之后，对学生的特定行为方式进行调查，经过差异性检验，看其前后结果是否发生显著变化。如佩里采用此方法调查开展以群体关爱为主题的价值观教育项目，对学生同辈交往行为

---

① DEST. *Nationl Frame work for Values Education in Australian Schools* ［EB/OL］. http：// www. curriculum. edu. au/values/ val _ national _ framework _ for _ values _ education, 8757. html，2005.

② 辛志勇，杜晓鹏，许晓辉：《澳大利亚学校价值观教育实效性评价实践》，《比较教育研究》2016 年第 9 期。

③ DEST. *Implementing the National Framwork for Values Education in Australian Schools*：*Report of the Values Education Good Practice schools* ProjectStage1 ［EB/OL］. http：//www. curriculum. edu. au /verve /resources / VEGPSP1 _ FINAL_ REPORT _ 081106. pdf，2006.

进行前后对比调查，并分析行为变量与态度变量之间的相关性，比只研究行为变量更有说服力。①

价值观教育目标具有较高的抽象性，将价值观教育目标对应具体的测量刺激是一项极具挑战性的工作。澳大利亚学者通过因素验证性分析来验证六个核心价值理念与可观测的态度和行为变量之间的拟合度，发现匹配关系不够精确。之后又使用统计分析软件 SPSS 对学生问卷进行"探索性因素分析"，删除因素载荷小于 0.4 的项目，最终探索出三个清晰的维度：学生对课堂氛围的看法，学生对自我行为的看法，学生对同伴行为的看法。② 此外，为弥补定量研究很难完整、真实地呈现价值观教育全过程的缺陷，澳大利亚还非常重视质性研究的方法。马斯科特和塔利斯采用案例研究的方法，对 19 位具有学业困难的学生进行深度访谈，以说明学生行为发生怎样的变化和变化的过程。③ 澳大利亚还在第二阶段价值观教育评价研究中选取 11 所学校开展深入的案例研究，除了焦点小组访谈、非结构化访谈，还采用参与式观察，为统计说明的变量关系提供更深一步的解释。但质性研究方法也具有局限性，无法大面积推广，将访谈作为信息挖掘的渠道，很少关注语言即社会关系等的积极建构意义。④ 为弥补此缺陷，学者们用了行动研究方法，让每一位学生和家长都获得充分沟通的机会，成为主动的评价参与者，参与价值观教育项目的学校教师和学生都要经历"计划、行动、观察、反思"四个阶段，不仅提供定量的数据，还要提供访谈和观察资料。各个阶段结束还要提供自评报告。政府的大学辅助机构还会提供必要的技术支持，并与一线教师、学生等充分协商测评内容和测评方法等问题。

美国品格教育项目的多样，对应实效性测评的方法也是多样的。为获得联邦政府的经费支持，美国品格测评项目绝大多数都是定量研究。学生层面的测评采用直接评估和间接评估相结合的方法："直接评估方法被用来测评学生处理具体事务的能力所掌握的知识量，如通过对知识内容的测量或是成绩的测量；间接评估则要求接受测试者描述在面对预设情景时，会做出的行为模式及思考方式，并让第三方按照规定的标准对其打分。"⑤ 美国品格测评中采用较多的有

① Perry C. M, *Snapshot of a community of caring elementary school*. School Commnunity Journal. 12（2002）：79-102.

② 王熙：《西方价值观教育评价的研究范式与研究方法》，《教育学报》2017 年第 4 期。

③ Muscott H. S, Talis-o'briens. T. *Teaching character education to students with behavior and learning disability through mentoring*, Education and Treatment of Children22（1999）：.373-390.

④ 王熙：《西方价值观教育评价的研究范式与研究方法》，《教育学报》2017 年第 4 期。

⑤ 郝杰：《当今美国品格教育的实效性测评分析》，《外国教育研究》2012 年第 9 期。

"社会技能评定量表、教师课堂适应观察量表（修订版）、社交能力量表、品格发展调查量表、加州标准测验量表、加州成绩测验量表"①。除了量表工具之外，还有单向工具，用某一方面单独的事项如学生成绩来测量某方面的知识、信念及行为。总之，美国的价值观教育评价"是一种动态的、实时反映学生思想轨迹的方法，此方法能够及时捕捉学生的价值取向，并做到适当的反馈和教育，具有其积极意义"②。

5. 国外价值观教育重视实证研究

国外价值观教育研究学者大都注重对相关问题开展实证研究得出研究结论，为教育决策提供参考，由此形成了丰富的研究成果。澳大利亚学者拉夫特与克莱蒙特的合著《价值观教育与高质量教学：双螺旋结构》一书中针对课堂教学的实证研究结果证明：学业进步与学生在沟通能力、移情品性和自我反思等方面取得的成绩有正相关的关系。③

美国柏拉诺学区的考斯克学校，对来自不同种族的学生进行价值观教育评价发现："通过价值观教育，10%存在身体或学习障碍的学生已经学会了与不同的同学和睦相处。"④ 有的学者还对价值观教育效果如何开展了跟踪评价，如1982年加利福尼亚州圣瑞山谷联合学区对"儿童发展项目"进行了6年跟踪评估，结果发现参与该项目的学生理解他人的需要、运用更具亲社会性的冲突解决策略方面得分明显高于没有参加的学生。⑤

20世纪90年代以来，美国约瑟夫研究所青少年伦理道德中心每两年在全国中学生中围绕不诚实行为，抽样调查学生的伦理品格状况。6次调查数据显示，美国青少年自我感觉良好，自信心较强，但不诚实行为居高不下，校园安全问题、道德问题日益突出。美国青少年的问题日益得到政府的关注，乔治·布什总统在《美国2000年国家教育战略》中明确提出了对学生公民意识、责任意识

---

① Person, Ann E, Emily Moiduddin, Megan Hagus, et al. *Survey of Outcomes Measurement in Research on Character Education Programs* (*NCEE* 2009—2006). Washington, DC: National Center for Education Evaluation and Regional Assistance. Institute of Education Sciences, U. S. Department of Education (2009): 34.

② 杨飞云：《美国学校价值观教育研究》，博士学位论文，河南大学，2012，第127页。

③ Lavat. T, Clment. N. *Quality Teaching and Values Education*. Coalescing for Effective Learning. Journal of Moral Education. 2008 (37): 3.

④ ［美］玛多娜·墨菲：《美国"蓝带学校"的品性教育——应对挑战的最佳实践》，周玲，张学文译，中国轻工业出版社，2002，第45页。

⑤ ［美］玛多娜·墨菲：《美国"蓝带学校"的品性教育——应对挑战的最佳实践》，周玲，张学文译，中国轻工业出版社，2002，第256-257页。

等方面的要求。奥巴马总统提出要回归古老的价值观。

（二）国外价值观教育评价述评

国外价值观教育评价的研究在其特定的意识形态下展开，具有其西方独特的国情背景和学术话语体系，其中评价遵循认知、情感和行为的逻辑向度，评价取向侧重学生的主体性，评价内容的与时俱进，评价方法和评价工具的灵活多样，对实证研究的关注等方面对我国价值观教育评价具有一定的启示意义和借鉴价值。但国外的价值观教育评价实用主义色彩明显，存在"测评研究的基础理论不够""对学生价值观评价成果多，对学校和教师评价研究成果少""测评方法侧重定量研究""缺乏长期测评效果研究"等方面的问题。因此，本研究应汲取国外学者在价值观教育评价研究的有益经验，紧跟国外价值观教育评价研究前沿，探寻具有中国特色的、遵循习近平新时代中国特色社会主义思想的、满足高校价值观教育需要和适应高校学生发展特点的评价体系。

第四节　研究思路与方法

为达到对研究对象的正确认识，科学的研究思路和研究方法必不可少。研究思路是研究者根据自己的选题，在研究时所采取的路径及整体构想。研究方法是研究中形成新理论和新观点、揭示事物内在规律所使用的工具和手段。本文立足于高校培育和践行社会主义核心价值观全局，运用马克思主义立场、观点与方法和现代教育评价理论，以增强高校价值观教育实效为目的，在评价基础理论研究基础之上，重点探索高校价值观教育评价指标体系的构建与应用，为深入推进高校价值观培育和践行提供理论和实践指导。

一、研究思路

本研究以"评价"为视角，沿着理论—实践—理论的整体构想，沿着高校社会主义核心价值观教育评价是什么（理论概述）—何以可能、何以必要（评价的依据）—评什么、按照什么评（评价指标体系的构建）—怎样评价、评价是否科学（评价的实证研究）—评价如何长效运行（建立长效机制）的思路进行。首先厘清高校价值观教育评价的内涵和基本理论，回答了"什么是高校社会主义核心价值观教育评价"的问题；其次，从历史到现实追溯价值观教育评价思想资源、阐释高校价值观教育评价的理论基础、探求高校价值观教育评价的现实依据，回答了"高校社会主义核心价值观教育评价何以可能"的问题；再次，综合运用多种研究方法构建高校价值观教育评价指标体系，回答了"高校社会主义核心价值观教育评什么、按照什么评"的问题；复次，以×××省某高校为例开展评价指标体系实证研究，以×××省十所高校为例开展价值观教育实效测评研究，回答了"怎样进行高校社会主义核心价值观教育评价"的问题，并证明了评价指标体系的科学性和可行性；最后，针对当前高校价值观教育评价的未来发展，提出构建高校价值观教育长效机制的问题，回答了"如何保证高校社会主义核心价值观教育评价长期有效运行"的问题。

二、研究方法

（一）文献研究法

本研究通过收集、整理、比较有关马克思主义经典文献、党和政府关于价值观教育的重要文件、高校价值观教育文献等相关资料，厘清高校价值观教育评价的相关概念，梳理当前高校价值观教育评价研究特点，挖掘并提炼出中国古代、马克思主义经典文献和中国共产党的领导人关于价值观教育评价的思想资源，在此基础上阐释高校价值观评价的指导思想和现实依据。

（二）定量研究法

高校价值观教育评价要以"量"为主要依据进行价值判断，量化是其主要特征。因此，本研究在理论分析基础之上运用了层次分析法（AHP法）、模糊综合评判法、统计分析法等定量研究方法。运用 AHP 方法确定高校价值观教育评价各级指标的权重值，运用模糊综合评判法对某高校价值观教育进行评价，运用 Likert 自评式 5 点量表法设计"教育效果评价量表"，并运用 SPSS19.0 统计分析软件对调查问卷进行统计分析和科学性论证，进而为本研究提供科学客观的数据支撑。

（三）调查研究法

本研究通过亲身接触和广泛了解等调查研究的方法，尽可能把握第一手资料，进而把握对复杂的价值观教育工作和效果的本质和规律性认识。为建立科学、合理的评价指标体系，运用访谈法和专家咨询法构建、修改和完善高校价值观教育评价指标的相关内容。为科学、客观、全面地把握高校价值观教育认知、认同、践行效果，对×××省 10 所院校 930 名学生进行问卷调查，获取第一手资料，通过去粗取精、去伪存真，准确把握高校价值观教育的现状，系统地剖析影响效果的因素，有针对性地提出改进策略。

第五节　研究创新之处

本书以"评价"为视角研究高校价值观教育，界定了高校价值观教育评价概念，构建了高校价值观教育评价指标体系和实效测评体系，为增强高校价值观教育实效提供思路。创新体现在以下几个方面：

一、尝试界定了高校社会主义核心价值观教育评价的概念，对高校价值观教育评价理论体系做出较为系统的阐释

本书是近年来首篇以评价为视角研究高校价值观教育的博士论文。本书尝试性地界定了高校社会主义核心价值观教育评价的概念，强调高校价值观教育评价是对高校价值观教育工作和效果的价值判断。从评价目标、评价原则、评价功能、评价要素、评价过程五个方面构建了高校价值观教育评价的理论体系。探讨了马克思主义经典作家和中国共产党领导人关于价值观教育评价的思想，挖掘了理论资源、理论基础和现实依据，是对高校价值观教育理论研究的丰富和发展。

二、尝试构建了高校社会主义核心价值观教育评价指标体系和实效测评体系

本书在系统地研究高校价值观教育评价基本理论基础之上，综合运用文献查阅法、专家评判法、层次分析法（AHP 法），尝试构建了可行的、可重复的高校价值观教育评价指标体系，该评价指标体系由评价指标、权重、评价标准构成。"高校社会主义核心价值观教育工作"和"高校社会主义核心价值观教育效果"构成 2 个一级指标，"组织领导""制度建设""教育教学""实践活动""文化建设""学生实效""校风校貌""社会效应"构成 8 个二级指标，二级指标下设 28 个三级指标。本书运用访谈法、问卷调查和统计分析方法构建高校价值观教育实效测评体系。从理性认知、情感认同、行为实践三个维度设计实效测评量表，从教育主体、教育客体、教育介体、教育环体四个维度设计教育实效影响因素量表，为高校价值观教育工作者开展实效测评提供了可行工具。

三、探索高校社会主义核心价值观教育评价长效机制的构建

高校价值观教育评价是整个高校价值观教育链条中的关键环节，其研究进

展是一个不断超越、不断完善的过程。高校价值观教育评价的长效机制既是高校价值观教育评价由虚变实、由软变硬的关键，也是其落实的关键。对高校价值观教育评价机制构成及构建路径的探讨，不仅具有重要的理论意义，而且具有长远的现实意义。

第二章

高校社会主义核心价值观教育评价理论概述

高校社会主义核心价值观教育评价是高校社会主义核心价值观教育必不可少的一个环节。构建高校价值观教育评价基本理论框架，需要探讨一系列不可回避的问题：何为高校社会主义核心价值观教育评价？评价目标是什么？评价依据哪些原则？功能是什么？构成要素是什么？作为一项特殊的社会实践活动，高校价值观教育评价有其特定的含义，具备特定的目标、原则、功能、要素、过程，从而构成高校价值观教育评价研究的理论框架。

第一节 高校社会主义核心价值观教育评价的相关概念

相关概念及其内涵解析是评价研究最基础的理论问题之一，也是研究的逻辑起点。梳理和厘清这些基本概念是研究的首要任务。基于此，首先梳理"社会主义核心价值观""社会主义核心价值观教育""高校社会主义核心价值观教育"的内涵，为界定"高校社会主义核心价值观教育评价"的概念和开展相关的研究奠定基础。

一、社会主义核心价值观

为全面把握社会主义核心价值观的内涵，不仅要厘清价值、价值观、核心价值观等相关概念，还要在此基础之上梳理社会主义核心价值观提出的过程、背景和意义等相关问题。

（一）价值

价值既是研究"社会主义核心价值观"内涵的逻辑起点，也是研究"评价"内涵的关键，必须准确把握其历史发展和内在规定性。"价值"一词来源于古代梵文和拉丁文的"堤坝"，含有"掩盖、保护、加固"的意思。"价值"是在该词派生的"尊敬、敬仰、喜爱"意思之上进一步形成的。对"价值"的系统研究，最初是从经济学开始，如使用价值表示"物的对人有用或使人愉快等的属性"①。经济学语境的价值是指"凝结在商品中一般的、无差别的人类劳动"。后来价值作为一个概念泛化到哲学、伦理学、社会学和美学等各个学科。

纵观古今中外对哲学意义上的价值本质的认识，可以概括为主观价值论、客体价值论（客体机械论）和主客体关系论三种类型。主观价值论将价值看作人类的一种精神现象，是属于人的情感、欲望、需要、态度和观念的感受状态。客体价值论把价值视为客体本身固有的属性或功能，突出强调价值的"客观性"。主客体关系论是借鉴价值发展史上主观价值论和客观价值论的合理之处及其不足之处而发展起来的。用关系思维去研究价值，是正确理解价值本质的基本思路，是价值哲学发展史上的重要突破。在我国，主客体关系说占主体地位。李德顺的著作《价值论——一种主体性的研究》辨析了主观性与主体性的差别，确立了"主体性"这个哲学概念，把价值看作是一种"具有主体性的客观事实。"②

总之，价值是在主体与客体的相互关系中客体满足主体的需要而产生的，是在实践的基础上形成的一种特殊的、客观的效用关系。价值具有主体性，人是一切价值的主体。同时，价值也是客体的属性、结构同作为人的主体的一种客观现实的关系。

(二) 价值观

关于"价值观"这一概念，学术界有狭义和广义两种不同说法。狭义的"价值观"即"价值观念"的简称，是人们关于好坏、善恶、美丑等价值的基本态度、总的观念和选择。时下社会上经常说及的"价值观"，应该当作"价值观念"来解读。"作为人类特有的一种精神形态，它是人们关于基本价值的信念、信仰、理想的系统"③。另一些学者主张广义的"价值观"，即哲学意义上的"价值论"，是"关于价值的性质、构成、标准和评价的哲学学说"，是以价值为特定对象的，与物质观、时空观、真理观等相类似的理论学说系统。

本书在高校社会主义核心价值观教育的语境下中使用"价值观"，把价值观和前面提到的价值观念作为同一范畴使用。田海舰对价值观的定义与本书的研

① 马克思，恩格斯：《马克思恩格斯选集》（第2卷），人民出版社，1995，第115页。
② 马俊峰：《价值论的视野》，武汉大学出版社，2010，第55页。
③ 李德顺：《价值论——一种主体性的研究》（第3版），中国人民大学出版社，2013，第137页。

究相契合:"价值观是人们关于某类事物的价值的基本看法、总的观念,表现为人们对该类事物相对稳定的信念、信仰、理想,是人们对该类事物的价值取舍模式和指导主体行为的价值追求模式。"①

(二)核心价值观

关于核心价值观,大部分学者从意识形态层面阐释,如陈章龙、周莉认为"核心价值观是指在一定历史时期,统治者所倡导的对社会文化体系和个体行为起决定和支配作用的价值观";宋惠昌认为"核心价值观就是反映一定社会主导意识形态本质内容的,并且在该社会诸多价值观中居支配地位的价值观"②。

本书仍然是在社会意识形态范畴下使用"核心价值观"一词,强调其意识形态性。在一个社会的价值观体系中,各种价值观的地位并不相同,有些处于核心地位,有些处于从属地位。其中处于中心地位,起统率和支配作用的价值观,就是核心价值观,它是社会价值观体系中最基础、最核心的部分。从产生和发展过程看,核心价值观并不是人类历史发展特定阶段上某种纯粹的精神范畴,而应该是对这一历史发展阶段生产力和生产关系及其相互关系之间关系的客观反映。它既对这一阶段的物质生产方式发生作用和影响,又受其制约。

(四)社会主义核心价值观

1. 社会主义核心价值观的概念

学界尝试从来源、构成、作用、特征等多角度研究社会主义核心价值观,为准确理解社会主义核心价值观的概念提供了思路。有的学者从社会主义核心价值观与社会主义核心价值体系的辩证关系解读社会主义核心价值观,如戴木才认为社会主义核心价值观是"对社会主义价值观、价值体系和核心价值体系总的看法和最根本观点,是指那些在社会主义价值观、价值体系和核心价值体系中居于统治地位、起指导作用、从最深层次回答'什么是社会主义本质'这一根本问题,在马克思主义思想理论体系中占据核心地位的价值理念"③;有的学者强调社会主义核心价值观的"中国特色",如陈秉公认为"社会主义核心价值观是指中国特色社会主义实践基础上,由国家凝练和构建并由国家公共权力普及推行的价值观念体系"④。

---

① 田海舰,邹卫:《社会主义核心价值观论纲》,人民出版社,2010,第26页。
② 宋惠昌:《社会主义核心价值观专题解读》,中共中央党校出版社,2010,第13页。
③ 戴木才:《论社会主义核心价值观与核心价值体系的辩证关系——中国特色社会主义核心价值观探索之一》,《南昌航空大学学报》(社会科学版),2011年第2期。
④ 陈秉公:《如何认识社会主义核心价值观与社会主义意识形态的关系?》,《光明日报》(第7版)2011。

以上解读虽然侧重点不同，但都有其合理性。笔者认为，社会主义核心价值观可以概括为：人们对社会主义价值诉求的基本看法和总体要求，是反映社会主义基本的、长期稳定的社会关系及价值追求的价值观。

2. 社会主义核心价值观的确立过程和主要内容

马克思指出问题是"时代的口号"。社会主义核心价值观的提出既是时代呼唤的产物，也是中国共产党对社会主义根本价值理念和价值认识不断深化的结果，是一个不断积淀、提炼、创新的过程。

空想社会主义时期已经开始对社会主义核心价值理念的探索。空想社会主义者们对社会主义理想的设想中蕴含着平等博爱、向往和谐、追求幸福、崇尚劳动等价值理想。马克思恩格斯等人在对空想社会主义继承和发展基础之上提出了"人的自由而全面的发展"、公正平等、和谐发展等社会主义价值追求。列宁提出十月革命胜利之后，工作重心应该由政治斗争、革命、夺取政权转移到"和平组织'文化'工作上面去"①。列宁还提出了："没有民主就不可能有社会主义"②，处理人与人关系要坚持集体主义的原则。中国共产党的领导人对社会主义核心价值的认识不断深化，为社会主义核心价值观发展到更高阶段奠定了理论基础。

2006 年党的十六届六中全会提出"建设社会主义核心价值体系"及其基本内容，即马克思主义指导思想、中国特色社会主义共同理想、以爱国主义为核心的民族精神和以改革创新为核心的时代精神、以"八荣八耻"为主要内容的社会主义荣辱观③，这是社会主义价值观认识上的重大理论创新。2007 年党的十七大将社会主义核心价值体系上升到社会主义意识形态高度。2011 年党的十七届六中全会提出：社会主义核心价值体系是兴国之魂。2012 年党的十八大报告中首次提出以"三个倡导"为主要内容的社会主义核心价值观，即："倡导富强、民主、文明、和谐，倡导自由、平等、公正、法治，倡导爱国、敬业、诚信、友善，积极培育和践行社会主义核心价值观"④ （简称"三个倡导"）；2013 年 12 月中共中央颁发的《意见》对社会主义核心价值观进行深入、详细的

① 中共中央马克思恩格斯列宁斯大林著作编译局：《列宁选集》（第四卷），人民出版社，1995，第 773 页。

② 中共中央马克思恩格斯列宁斯大林著作编译局：《列宁选集》（第四卷），人民出版社，1995，第 168 页。

③ 《中共中央关于构建社会主义和谐社会若干重大问题的决定》，《人民日报》（第 1 版）2006 年 10 月 19 日。

④ 胡锦涛：《坚定不移沿着中国特色社会主义道路前进 为全面建成小康社会而奋斗——在中国共产党第十八次代表大会上的报告》，人民出版社，2012，第 31-32 页。

阐述，明确了社会主义核心价值观与社会主义核心价值体系的关系，两者在本质上是一致、统一的有机整体。社会主义核心价值体系是在一个社会多样的价值体系中，处于主导、支配地位，反映社会现实生活和发展内在要求及统治阶级根本利益的基本价值体系。"社会主义核心价值体系是社会主义核心价值观形成和发展的必要条件、存在基础和重要载体，社会主义核心价值观渗透于社会主义核心价值体系之中，通过社会主义核心价值体系表现出来；社会主义核心价值观是社会主义核心价值体系的内核、高度概括和最高抽象。"① "三个倡导"是社会主义核心价值观的本质体现，回答了"建设什么样的国家、建设什么样的社会、培育什么样的公民"三个重大问题。对社会主义核心价值观采用"三个倡导"这种开放式的表述，有利于形成"最大公约数"和社会共识。

3. 社会主义核心价值观提出的历史背景及其时代意义

第一，巩固马克思主义意识形态领域指导地位的需要。当今世界，国际竞争特别是文化软实力的竞争日益激烈，西方国家在意识形态领域图谋对我国进行西化分化，企图动摇马克思主义在我国意识形态领域的主导地位。社会主义核心价值观是我国文化软实力的灵魂。培育和弘扬社会主义核心价值观对于提升我国意识形态主导权、增强文化自信具有重要而深远的历史意义。

第二，为实现中华民族伟大复兴凝聚精神力量。我国进入全面改革的时期和全面建成小康社会的关键时期，发挥核心价值观的价值引领作用，凝聚社会共识、振奋人们的精气神，为社会主义现代化强国目标提供精神力量，为实现中华民族伟大复兴提供强大的正能量。

第三，促进人的全面发展的内在要求。随着社会转型和市场经济的深入发展，人们的思想观念和价值取向日趋多元多样，拜金主义、享乐主义、社会失信等不良风气滋长。培育和弘扬核心价值观，引领人们树立正确的价值取向、明大德守公德严私德，提升人们的思想道德境界，进而促进人的全面发展。

二、社会主义核心价值观教育

（一）社会主义核心价值观教育的概念

"教育"一词在我国古代最早出自"得天下英才而教育之"一句②。可以看出，这里所说的"教育"与我们今天的语义比较接近，指"按一定要求培养人

---

① 《关于培育和践行社会主义核心价值观教育的意见》，《人民日报》2013年12月24日，第1版。

② 中国社会科学院语言研究所词典编辑室：《孟子·尽心上》。

的工作"①。"从广义上讲，教育是增进人们的知识和技能、影响人们的思想品德的活动，包括学校教育、家庭教育、社会教育等等。从狭义上讲，主要是指学校教育，即教育者根据一定社会（或阶级）的要求，有目的、有组织、有计划地对受教育者的身心施加影响，把他们培养成为一定社会（或阶级）所需要的人的活动。"②

价值观教育是一定社会、阶级依据其价值目标和标准，有组织有计划地对人们施加系统影响的过程，引导人们树立正确的价值意识，促进把握社会生活中价值关系的自觉性，增强生活中的自为性意识、建设性意识和创造性意识的教育实践活动，是一种使教育者学会做人做事的根本性教育活动。

社会主义核心价值观教育的内涵有"活动说"和"过程说"。学者高地持"活动说"，认为"从广义上讲，社会主义核心价值观教育是指一定社会、阶级或政党有目的、有组织、有计划地向其社会成员施加影响，促使其形成社会主义的价值取向、价值标准和价值目标的社会实践活动。从狭义上讲，社会主义核心价值观教育是指在学校教育中，教育者用社会主义的价值取向、价值标准和价值目标对受教育者施加有目的、有计划、有组织的影响，使他们形成符合社会主义所要求的思想品德与价值观念的教育活动"。③ 邱国勇持"过程说"，认为"社会主义核心价值观教育是指对适龄儿童、少年、青年、社会大众进行社会主义核心价值观宣传教育所涉及的一系列模式、过程"。④

理解社会主义核心价值观教育的含义要把握两点：一是社会主义核心价值观教育从内容上，既包括"三个倡导"，也包括社会主义核心价值体系四个方面的基本内容（马克思主义指导思想、中国特色社会主义共同理想、以爱国主义为核心的民族精神和以改革开放为核心的时代精神、社会主义荣辱观）；从过程上包括人们对社会主义核心价值观认知、认同、践行的整个过程；从范围上包括学校、家庭、社会教育的活动；途径上包括课堂教学、社会实践、环境熏陶、制度保障等。二是社会主义核心价值观培育过程是社会主义核心价值观为大多数社会成员所认同、信奉和践行的过程，既包括社会主义核心价值观培育的过程，也包括践行的过程。因此，价值观培育和价值观教育两者的目的、本质、途径基本一致。

---

① 《现代汉语词典》（第5版），商务印书馆，2005，第691页。
② 高地：《中国共产党社会主义核心价值观教育研究》，人民出版社，2013，第30页。
③ 高地：《中国共产党社会主义核心价值观教育研究》，人民出版社，2013，第30页。
④ 邱国勇：《社会主义核心价值观教育研究》，人民出版社，2014，第23-24页。

（二）社会主义核心价值观教育的意义

1. 有利于国家培养担当民族复兴大任的时代新人

社会主义核心价值观教育承担培育时代新人的重要使命。时代新人要有国家担当，即强烈的国家意识和国家认同；更有社会担当，即成为推动社会进步的主体力量；更要有公民担当，使核心价值观成为公民内心的行为准则。社会主义核心价值观教育实现国家、社会、个人三个层面的价值引领，提升人们的精神境界，促进人们追求"时代新人"的价值目标。

2. 有利于学校立德树人根本任务的实现

"立德树人"是学校教育的根本目的，"立德"的关键就是"立"社会主义核心价值观。社会主义核心价值观明确了"立德"的基本内涵，确立了"立德"的标准和根据。把核心价值观融入国民教育全过程，既是价值观教育的基本要求，也是完成立德树人任务的必由之路。

3. 有利于个人的成长成才

社会主义核心价值观是个人成长成才的行动指南。正如习近平总书记强调的"人生的扣子从一开始就要扣好"。社会主义核心价值观教育有助于为处于价值观形成和确立时期的儿童、青少年、青年提供科学的精神引领，告诉并帮助他们理解多元价值冲突中什么是正确的价值取向、价值判断和行为选择，还能帮助他们在理性认知的基础上实现对社会主义核心价值观的情感认同，为其成长成才提供精神动力，激发内在潜能。

（三）社会主义核心价值观教育的要求

（1）社会主义核心价值观要内化于心，外化于行。习近平总书记指出核心价值观教育的总目标和要求是，"要切实把社会主义核心价值观贯穿于社会生活方方面面……使社会主义核心价值观内化为人们的精神追求，外化为人们的自觉行动"①，即强调社会主义核心价值观教育的知行合一。

（2）把社会主义核心价值观教育纳入国民教育全过程。《意见》中强调：社会主义核心价值观培育"要从小抓起，从学校抓起。要贯穿于基础教育、高等教育、职业技术教育、成人教育各领域，覆盖到所有学校和受教育者"。② 根据不同阶段学生的身心特点和成长规律，形成大中小学互相衔接的课程。

（3）要在落细落小落实上下功夫。社会主义核心价值观的落细落小落实要

---

① 习近平：《习近平谈治国理政》，外文出版社，2014，第164页。
② 《关于培育和践行社会主义核心价值观教育的意见》，《人民日报》2013年12月24日，第1版。

不断创新教育理念和方法，提高价值观教育的针对性实效性。其中"落细"强调价值观与人们的日常生活相结合，使纸上的宏大叙事的说法变成现实可具体完成的做法；"落小"强调从一点一滴做起，从现在做起，从自我做起，实现认知提升、情感认同、境界提升、习惯养成等的完善与健全；"落实"强调化虚为实，使社会主义核心价值观落地生根，"像空气一样存在"，贯穿于社会生活的方方面面，内化为人们的精神需求，外化为人们的自觉认同。

（四）社会主义核心价值观教育的途径

1. 教育教学

一方面，贯穿于各级各类学校教育，建立和完善各学段、各学科课程教学有关标准，推动社会主义核心价值观进教材、进课堂、进头脑。根据中小学生身心发展规律系统落实国家主权意识、社会主义核心价值观、中华传统文化、民族团结教育等内容。实施高校课程体系和教育教学创新计划，促进社会主义核心价值观融入专业课程教学。另一方面，学校教育、家庭教育、社会教育要相互配合，发挥家庭教育、社会教育与学校教育协同功能，形成育人的强大合力。

2. 舆论宣传

应加强传播手段和话语方式的创新，推动社会主义核心价值观"飞入寻常百姓家"。"把握正确舆论导向，提高新闻舆论传播力、引导力、影响力、公信力，巩固壮大主流思想舆论。"① 加强阵地管理，旗帜鲜明地弘扬社会主义核心价值观，对违背社会主义核心价值观的言论给予及时有效的批驳。

3. 文化熏陶

发挥文化产品育人化人的重要功能。深入挖掘和阐发传统文化蕴含的时代价值，加大传统文化的推广力度，增加优秀传统文化课程内容，使其成为涵养核心价值观的源泉；引导广大文艺工作者不断推出融入社会主义核心价值观的精品力作，讲好中国故事，以高质量的文化供给增强文化熏陶的实效，提高中华文化的国际影响力；开展内容丰富、形式多样的文化活动，让人们在潜移默化中提高精神境界和价值认同。

4. 实践养成

开展涵养核心价值观的实践活动。《意见》中指出，要广泛开展道德实践活动；深化学雷锋志愿服务活动；深化群众性精神文明创建活动；发挥传统优秀

---

① 张洋：《习近平在全国宣传思想工作会议上强调：举旗帜聚民心育新人兴文化展形象 更好完成新形势下宣传思想工作使命任务》，《人民日报》2018年8月23日，第1版。

文化怡情养志、涵育文明的重要作用；发挥重要节庆日传播社会主流价值的独特优势；运用公益广告传播社会主流价值、引领文明风尚。[1]

5. 制度保障

将社会主义核心价值观的要求融入制度建设和社会治理中，"健全各行各业规章制度，完善市民公约、乡规民约、学生守则等行为准则，使社会主义核心价值观成为人们日常工作生活的基本遵循"[2]。要发挥政策导向的作用，用法律推动价值观建设，使符合价值观的行为受到鼓励、违背价值观的行为受到制约。

6. 组织领导

完善领导机制和工作机制，把社会主义核心价值观建设摆上议事日程，纳入经济社会发展规划；健全工作责任制，相关部门和群体，要把社会主义核心价值观作为分内之事、分内之责，发挥各自优势，加强协调配合；总结推广先进经验，大力推进基层的探索创新，通过观摩研讨，及时总结推广实践中的好经验好做法；加强监督监查，建立科学的评价体系和评价标准，把社会主义核心价值观纳入考核评价体系，作为衡量领导班子和领导干部业绩的重要依据。

三、高校社会主义核心价值观教育

高校社会主义核心价值观教育从狭义上指高校学生对"三个倡导"理性认知、情感认同和行为实践的过程。从广义上还包括对高校学生进行社会主义核心价值体系教育的过程。为行文方便，本研究往往简称为高校价值观教育。它是思想政治教育的核心内容。高校价值观教育要融于思想政治教育的全过程。

（一）教育内容

根据习近平总书记关于核心价值观教育的重要论述和中央出台的相关文件，高校价值观教育的内容有理想信念教育、马克思主义理论教育、以爱国主义为核心的民族精神教育、以改革创新为核心的时代精神教育、社会主义道德教育。

1. 理想信念教育

理想信念是价值观的最高层次，是大学生的最高价值追求。中国高校是党领导下的高校，是中国特色社会主义高校。理想信念教育是价值观教育中最重要的内容之一，包括马克思主义信仰教育，对社会主义和共产主义的信念教育，对中国特色社会主义的道路、理论、制度、文化自信教育，对以习近平同志为

---

[1] 《关于培育和践行社会主义核心价值观教育的意见》，《人民日报》2013 年 12 月 24 日，第 1 版。

[2] 习近平：《习近平谈治国理政》，外文出版社，2014，第 165 页。

核心的党中央认同的教育。

2. 马克思主义理论教育

马克思主义是中国共产党的指导思想，是帮助大学树立正确世界观、人生观、价值观，做出正确价值判断和价值选择的理论基础。马克思主义理论教育包括党的指导思想教育、马克思主义中国化理论成果教育，即毛泽东思想、邓小平理论、"三个代表"重要思想、科学发展观、习近平新时代中国特色社会主义思想教育。马克思主义基本理论教育的目标是实现大众化、具体化和通俗化，帮助学生用马克思主义基本观点分析问题、解决问题。

3. 以爱国主义为核心的民族精神教育

民族精神是中华民族凝聚力量的精神纽带，是民族发展繁荣的精神支柱，也是中华民族全体认同的价值取向。爱国主义是民族精神的核心。新时代的爱国主义教育包括国家意识教育、国家安全教育、民族团结教育、中华优秀传统文化教育、中国共产党史和中华人民共和国史教育、革命文化和社会主义先进文化教育、改革开放史和社会主义发展史教育等。爱国主义教育不仅要培养学生的爱国热情、报国之志，还要培养学生的理性爱国能力，将爱国主义与大学生的成长成才相结合，为大学生的全面发展提供持久的精神动力。

4. 以改革创新为核心的时代精神教育

时代精神是在改革开放的实践中形成的与时俱进的精神，为中国特色社会主义事业发展提供不竭的精神动力，为社会主义现代化强国目标和中华民族伟大复兴重任的实现提供思想基础和精神支柱。时代精神教育包括以人为本精神、民主法治精神、尊重包容精神、效率公平精神等教育内容。正如习近平总书记在庆祝改革开放 40 周年大会上的讲话中强调："改革开放铸就的伟大改革开放精神，极大丰富了民族精神内涵，成为当代中国人民最鲜明的精神标识。"[1] 改革创新精神教育的关键是帮助大学生树立创新的责任感，树立探索未知领域的信心，增强创新创造的能力和本领，鼓励学生做改革创新的实践者。

5. 社会主义道德教育

社会主义道德教育是提高大学生思想境界、道德觉悟、文明素养，规范大学生行为，推动社会主义核心价值观践行的重要途径。社会主义道德教育包括社会公德、职业道德、家庭美德、个人品德教育。为人民服务是社会主义道德的核心，集体主义是社会主义道德的原则。高校社会主义道德教育既要继承和

---

[1]　习近平：《在庆祝改革开放 40 周年大会上的讲话》，《人民日报》2018 年 12 月 19 日，第 2 版。

弘扬中华传统美德和中国革命道德，也要吸收借鉴人类文明有益的道德成果。社会主义道德教育重在实践，要积极鼓励并创造条件让大学生投身于崇德向善的道德实践，实现核心价值观知行合一。

（二）教育诉求

1. 坚持正确的政治方向

培养什么人、怎样培养人是价值观教育首先要解决的问题。习近平指出："我们的高校是党领导下的高校，是中国特色社会主义高校。"① 高校社会主义核心价值观教育要紧紧围绕立德树人的根本任务，培养"一代又一代拥护中国共产党领导和我国社会主义制度、立志为中国特色社会主义奋斗终身的有用人才"②。

2. 引导广大师生做坚定信仰者、积极传播者、模范践行者

习近平强调，"社会主义核心价值观的养成绝非一日之功，要坚持由易到难、由近及远，努力把核心价值观的要求变成日常的行为准则，进而形成自觉奉行的理想信念"③。高校学生的价值取向决定未来社会的价值取向，这就对高校社会主义核心价值观教育提出了更高的要求，不仅大学生自身要认知、领悟、认同、奉行它，还要发挥价值引领的作用，在全社会培育和践行中起到传播、示范和带动作用。

3. 与成长、成才、成人教育相结合

大学阶段是青年学生价值观养成的关键时期，也是学生成长、成才、成人的重要时期。高校价值观教育要探索和学生成人成长成才有机融合的规律，实现培育目标。以成长为融入点，借助价值观教育解答学生就业、情感、交往的困惑；以成才为融入点，突出价值观教育的应用功能，在理论知识和专业学习中提升行为实践能力；以成人为融入点，实现价值观教育的最高目标，即培养担当民族复兴大任的时代新人。高校要通过职业生涯规划教育促进价值观认同，通过榜样示范推动价值观传播，通过多样化的实践平台推动价值观的践行。

① 张烁：《习近平在全国高校思想政治工作会议上强调：把思想政治工作贯穿教育教学全过程　开创我国高等教育事业发展新局面》，《人民日报》2016年12月9日，第1版。
② 张烁：《习近平在全国教育大会上强调：坚持中国特色社会主义教育发展道路　培养德智体美劳全面发展的社会主义建设者和接班人》，《人民日报》2018年9月11日，第1版。
③ 习近平：《习近平谈治国理政》，外文出版社，2014，第174页。

（三）教育途径和方法

1. 思想政治理论课是主渠道

思想政治理论课能够推动社会主义核心价值观进教材、进课堂、进大学生头脑。强化思想政治理论课在高校价值观教育中作用的关键是将社会主义核心价值观的内容有机融入四门思想政治理论课程中，使大学生在思想政治理论课的学习过程中把握社会主义核心价值观的精神实质和基本内容，做到因事而化、因时而进、因势而新。

2. 社会实践是重要途径

社会实践是除思想政治理论课之外开展价值观教育的"第二课堂"。通过开展形式多样的志愿者服务、社会调查、扶贫济困公益活动等主题教育实践活动，让大学生在活动中提高认识水平和践行能力，实现价值观由知到信、由信到行的转化。

3. 网络教育是重要平台

网络已经成为大学生接收信息的重要渠道。高校价值观教育要充分发挥新媒体的优势，占领网络教育平台。网络教育要以扩大社会主义核心价值观传播的影响力和覆盖面为着力点，加强各级"自媒体"和微信、微博等平台建设，重视专业策划团队建设，发挥新媒体交流互动功能，增强设置议题和主动发声能力。

4. 队伍建设是重要环节

一支政治思想过硬、理论功底深厚、作风优良的教育队伍是高校价值观教育的重要保障。高校价值观教育队伍建设的关键是加强教育队伍的培训和师德师风建设。创新师德教育、加强师德宣传、健全师德考核、强化师德监督、严格师德惩处。将师德师风规范融入教育教学、科学研究和服务管理的实践中，提高践行能力。

5. 文化活动是重要载体

推动核心价值观文化育人的举措有：创新主题教育活动形成校园文化品牌，如开展"社会主义核心价值观宣传周"活动等；加强优秀传统文化和传统美德教育，"校歌""校训"融入社会主义核心价值观内容并开展相应的文化活动；充分利用现有平台繁荣校园文艺创作，如抓好高雅艺术进校园活动，打造以爱国将领、科学先驱、道德模范等为原型的歌舞剧、话剧等。

6. 制度建设是保障

建立健全机制是确保高校价值教育取得实效、长效的重要路径。高校价值观教育应完善的制度包括：学校规章制度，包括教师管理规定、学生守则公约等师生行为准则；升国旗仪式、成人仪式、入党入学仪式等学校礼仪制度；建立健全学生诚信档案，加大对失信行为的惩戒力度。

（四）高校价值观教育的现状和问题

高校对核心价值观教育重视程度日益提高，各高校按照《意见》的精神，为核心价值观培育和践行采取了一系列有效的措施，形成一些典型做法和值得推广的经验。现有的社会主义核心价值观教育实证调查研究数据大都显示学生的价值观主流是积极正面的，但也面临一些突出的挑战和问题。

1. 网络信息时代对高校传统价值观教育模式的挑战

网络信息化时代，极大影响学生的思想观念、学习方式、生活方式和交往方式，传统的价值观教育模式在教育内容、教育方法、教育手段方面的不足，导致价值观教育遭遇"合法性"诘难，被"边缘化"，不受欢迎、不受重视①，实效不强。

2. 各种社会思潮给高校价值观教育的冲击

高校是社会思想文化交流的前沿，现代信息和各种思想观念在高校快速隐蔽地得到传播，各种社会思潮对学生具有一定的迷惑力和亲和力，再加上社会转型期社会矛盾凸显，造成一定程度上师生思想的混乱和信仰的迷失。如果高校工作者不能勇敢地直面社会问题，不能及时地以正确的价值取向解析社会问题，不能引导学生独立思考、辩证分析、理性对待社会思潮和社会问题，势必弱化价值观教育的吸引力，影响对核心价值观的认同。

3. 新时代给高校价值观教育工作提出的新问题

新时代的高校价值观教育要树立"以学生为本""供给侧改革思维""精准思维"等工作理念，要建立协同育人的长效机制，但从高校价值观教育工作现状来看，一些学校领导对价值观教育重视不足，还存在"说起来重要、忙起来次要"的问题。一些学校没有把工作做深做细，应付上级行政命令的现象普遍存在。一些学校没有形成思想政治理论课教学、专业课程融入、日常宣传教育、网络教育、实践活动、文化育人之间的有机协同，特别缺少对社会主义核心价值观教育的评价，缺少对各种教育方式的有效测评、分析、比较，缺少对学生认知、认同、践行效果的价值判断。没有评价，就会导致教育的盲目性，工作就会缺少针对性，也不能为进一步改进工作提供依据，教育实效的发挥必然受

---

① 孙六平，李璇：《提升社会主义核心价值观教育实效性的思考》，《教学与管理》（理论版）2017年第8期。

到制约。

四、高校社会主义核心价值观教育评价

（一）评价的含义

现代汉语词典对评价的解释是：评定价值高低①。评价是生活中无处不在的一种精神活动，对事物进行评价是人类生活的一大特征。但对于什么是评价，人们的认识仍然存在一定的分歧：有的学者认为评价是"命令、规定、规则，是态度、信念或愿望的表达"②；有的学者认为评价是"对价值的揭示、评估、预测和比较"③；有的学者认为评价是"一种综合的、整体的价值意识活动，本质上是意识对存在的一种反映。但目前大多数学者认为评价是一种价值判断的活动，是对客体满足主体需要程度的判断"。④ 对于评价的含义和本质可以从以下几个方面理解：

1. 评价与价值不可分离，在一定的价值观下进行

评价是生活中无时不在的活动，是价值意识朝向客体的对象性精神活动，即价值意识在主客体关系中的现实表现。在日常生活中，评价产生并表现为人们对价值客体的态度。应该说，评价是一种综合的、整体的价值意识活动。⑤

2. 评价是一种特殊的认识

评价在本质上是一种认识，但它是一种特殊的认识。通常我们所说的认识实际上是狭义的认识，即认知。评价与认知不同。"评价所要揭示的不是世界是什么，而是世界对于人意味着什么，世界对人有什么意义。"⑥ 因此，认识包括认知（揭示世界的本来面目）和评价（揭示世界的意义或价值）。评价是认识，但并非所有的认识都是评价。只有那些"评价性认识"才是评价，而认知则不是评价。

3. 评价是人的意识活动

正如马克思、恩格斯所说"凡是有某种关系存在的地方，这种关系都是为

---

① 《现代汉语词典》（第 5 版），商务印书馆，第 1055 页。

② 瓦托夫斯基：《科学思想的概念基础——科学哲学导论》，范岱年，吴忠，金吾伦，等译，求实出版社，1983，第 576 页。

③ 马俊峰：《价值论的视野》，武汉大学出版社，2010，第 228 页。

④ 陈玉琨：《教育评价学》，人民教育出版社，1998。

⑤ 李德顺：《价值论——一种主体性的研究》（第 3 版），中国人民大学出版社，2013，第 154-156 页。

⑥ 冯平：《评价论》，东方出版社，1995，第 30 页。

我而存在的","为我关系"本质上就是客体属性满足主体属性需要的价值关系。这种为我关系的意识活动就是评价活动。① 评价是自由的人的一种"自由感",表现为"体验"或"诗意的想象","自由感的强弱"是其内在尺度。合理的评价则是逐步趋向于"同人的本质的全部丰富性相适应的人的感觉"（马克思语）。②

4. 评价是一种特殊的反映

评价是一种特殊的观念的把握活动，它借助于一定的评价标准或规范而进行。"在评价主体和评价客体中的价值主体一方，都包含着一定的态度、情感、意志等因素在内，总是以一定的爱和恨、亲和疏、喜或悲来对待对象。"③ 而且评价结果的检验离不开实践，在价值判断中"人的需要"是决定性的因素，但也不能由此否认评价的客观性。衡量评价结果是否"合规律"和"合目的"，则是需要接受实践检验的。

需要指出的是，笔者在研究与价值观教育评价密切相关的思想政治教育评价、德育评价时出现了不同的表述，如思想政治教育评价、思想政治教育评估、思想政治教育测评、德育测评、德育评估、德育评价等。特别是进入新世纪，"测评"概念逐渐兴起并被广泛使用，因此有必要对这几种表述进行说明：虽然评价与评估、测量、测评有着内在的紧密联系，但仍有一定的区别："评价是对结果或过程的价值判断；评估有评述和估价之意，是综合运用定性与定量的方法对事物所做出的评判"④，但更侧重于定性模糊估计；测评是"'经测试后评定'，侧重于在定量分析基础上综合定性描述进行评判"。⑤ 尽管上述表述侧重点不同，但本质上都属于一种评价活动，都是围绕同一问题展开的研究。学者在研究时大多都未做严格的区分。

（二）教育评价的内涵

教育评价的概念是教育评价理论研究最基本的理论问题之一。从教育评价历史发展角度，教育评价的概念是一个不断深化的过程，其内涵不断扩大、丰

---

① 马克思，恩格斯：《马克思恩格斯全集》（第3卷），人民出版社，1963，第34页。
② 贺善侃，周德红：《价值·文化·科技——面向新世纪的价值哲学研究》，东华大学出版社，2004，第75页。
③ 贺善侃，周德红：《价值·文化·科技——面向新世纪的价值哲学研究》，东华大学出版社，2004，第254页。
④ 张耀灿，陈万柏：《现代思想政治教育学原理》，高等教育出版社，2001，第226页。
⑤ 沈壮海，段立国：《思想政治教育测评研究的回顾与展望》，《思想教育研究》2014年第9期。

富和发展。第一阶段，20世纪初，"教育评价"一词尚未出现，当时将教育评价等同于教育测量和测验。教育评价的目的是选择、认证。第二阶段，20世纪30年代，泰勒提出了教育评价的概念，将教育评价解释为"一个确定课程和教育计划实际达到教育目标的程度的过程"①。第三阶段，20世纪60年代，克隆巴赫建议评价者们重新评定价值的概念，提出教育评价是一种有系统地去寻找搜集信息资料，以便协助决策者在诸种可行的途径（方案）中择一而行的历程。第四阶段，20世纪70年代，强调"价值判断"时期，1977年，毕比把评价定义为"系统地收集信息和解释证据，并以此作为评价过程的一部分，进而以行动为取向进行价值判断"。② 毕比深化了教育评价的内涵，其"价值判断"观点受到人们的关注。第五阶段，20世纪80年代，考评时期。考评更加关注获得判断依据的过程，关注进行判断之后的反思和改进过程，关注考评过程与课程和教学的交互作用。以上教育评价概念的内涵的演进说明对"教育评价"的研究在不断深化和发展。

我国学者对教育评价的理解仍然强调教育评价是对教育的价值做出判定的过程。教育评价是评价对象自身及其具有能力的最真实的反映，是价值判断的过程，是追求理想的过程，是一个动态极限发展的过程，内在本质是满足社会和人的需要。根据前人的研究，本书认为教育评价是：根据一定的教育目标，依据一定评价标准，运用有效的评价技术和手段，对教育活动满足教育主体需要的程度做出价值判断的过程。

（三）高校社会主义核心价值观教育评价的含义

社会主义核心价值观教育评价是教育决策和管理者依据一定的标准，按照一定的程序和方法，对社会主义核心价值观教育过程和效果等进行价值判断的过程，是社会主义核心价值观教育的一个基本环节，是教育过程必不可少的组成部分。作为对教育过程各个环节进行信息反馈的科学活动，它是理论与实践发展的内在要求和重要依据，也是完善价值观教育理论的重要途径，是促进社会主义核心价值观教育工作的一种重要手段，为保证价值观教育的科学决策和有效管理提供可靠的依据。

根据对社会主义核心价值观教育评价含义的界定，高校社会主义核心价值观教育评价的含义可以表述为：高校社会主义核心价值观教育评价是国家高等

---

① 泰勒：《课程与教学的基本原理》，施良方，译，人民教育出版社，1997，第85页。

② ［瑞典］T. 胡森著／［德］T. N. 波斯尔斯韦特主编：《教育大百科全书（1）》，张斌贤，等译，西南师范大学出版社，2006，第613页。

教育行政部门、教育督导和科研机构，按照一定的评价指标体系，采用定性与定量相结合的方法，对高校社会主义核心价值观教育工作和效果进行价值判断的过程。本书简称为高校价值观教育评价。这一定义包含了以下四个基本含义：

第一，高校价值观教育评价的本质是"价值判断"。作为一种"立德树人"的重要活动，价值观教育活动应该满足为国家培养德智体美全面发展的社会主义事业建设者和接班人的需要，满足为实现中华民族伟大复兴的中国梦提供人才保障和智力支持的需要，这就是高校社会主义核心价值观教育的价值。价值判断就是对影响这种价值实现的诸因素，以及教育的外化成果进行衡量，从而研判是否满足上述需要的一种活动。

第二，高校价值观教育评价的对象是"高校社会主义核心价值观教育工作和效果"，这也是评价指标的构成内容。评价对象可以分为两个方面：从教育者活动为主方面的评价是对高校价值观教育工作的评价，包括对高校价值观教育的决策过程和实施过程的评价。具体包括对组织领导、制度建设、教育教学、实践活动、文化建设的评价。从受教育者为主方面的评价是高校价值观教育效果的评价，包括对学生认知认同践行实效、校风校貌、社会效应的评价。对学生认知、认同、践行效果的评价是评价的核心内容。

第三，高校价值观教育评价按评价指标体系进行。高校价值观教育评价指标体系是评价的核心问题，由指标系统、评价标准和权重构成。评价指标体系的构建要坚持政治性、人文性、完备性、科学性和可测性原则，经过初拟评价指标系统、调查论证、制定评价标准、确定权重等过程才能构建。

第四，高校社会主义核心价值观教育评价要运用一定方法。科学的方法是评价有效实施的基本前提和重要保障。高校价值观教育评价涉及价值观教育活动的各个领域，其中必然包括难以用数量描述的活动和现象，同时也包括在一定程度上可以精确量化的活动和现象。因此，高校社会价值观教育评价方法的选择，要坚持定性与定量相结合的方法，根据实际需要选择与组合评价方法。

五、高校社会主义核心价值观教育评价指标体系

评价指标体系的建立是整个评价过程中至关重要的一个环节，是整个评价工作的核心，高校价值观教育评价成功与否，在很大程度上依赖评价指标体系的科学性。

（一）高校价值观教育评价指标体系的内涵

教育评价依据一定的教育目标进行。但教育目标比较笼统抽象，带有原则性和概括性，缺乏具体和行为化的描述，因而不能按照教育目标实施具体的评价，不能据此进行可测性的行动。要将原则的、概括的、总体的评价目标，转化为具体的、可行的、可测的评价行动，必须经过评价指标的设计。

1. 高校价值观教育评价指标

评价指标是将具有原则性、概括性和抽象性特征的目标逐级分解而成具体化、行为化和可测性的诸多分目标。按照中央有关文件的精神，社会主义核心价值观的教育目标是："紧紧围绕'倡导富强、民主、文明、和谐，倡导自由、平等、公正、法治，倡导爱国、敬业、诚信、友善'，紧紧围绕立德树人根本任务，综合运用教育教学、实践养成、文化熏陶、制度保障、研究宣传等方式，重点在'融入'上下功夫，把社会主义核心价值观纳入国民教育全过程，落实到教育教学和管理服务各环节，覆盖到所有学校和受教育者，形成培育和践行社会主义核心价值观工作长效机制，使广大师生自觉将社会主义核心价值观内化于心、外化于行。"[①] 这些目标是笼统的、原则的、抽象的，在具体的教育过程中，我们必须从高等教育的实际出发，将其内化为具体的、可测量的、行为化的价值观教育目标，即高校价值观教育评价指标。对高校价值观教育整体状况进行评价，评价指标可由两个方面构成：一是教育工作，由组织领导、制度建设、教育教学、实践活动、文化建设五个二级指标构成。二是教育效果，由学生实效、校风校貌和社会效应三个二级指标构成。

教育目标和教育评价目标之间的关系是辩证的。一方面，高校价值观教育目标是评价指标的基础，没有教育目标或脱离了教育目标的价值观教育评价指标是没有意义的；另一方面，高校价值观教育评价指标是教育目标的具体化，没有指标，目标会显得空洞抽象，而且难以操作。通过评价指标的制定，继而通过教育评价及其反馈，价值观教育目标落到实处。

2. 高校价值观教育评价指标体系

将高校价值观教育目标逐步分解成多级多条指标形成的具有一定结构和功能的指标群就是高校价值观教育评价指标系统，这是狭义上的高校价值观教育评价指标体系，广义上的高校价值观教育评价指标体系不仅包含评价指标系统，还包含各项指标的评价标准和权重（见表 2.1）。

---

① 《中共教育部党组 共青团中央关于在各级各类学校推动培育和践行社会主义核心价值观长效机制建设的意见》，http://old.moe.gov.cn/publicfiles/business/htmlfiles/moe/s7060/201411/177847（教育部网站）。

表 2.1　评价指标体系示意图

指标系统			评价标准	权重
总目标	一级指标 { 二级指标 { 三级指标 / 三级指标 / …… ; 二级指标 { 三级指标 / 三级指标 / …… ; …… } 一级指标 { 二级指标 { 三级指标 / 三级指标 / …… ; 二级指标 { 三级指标 / 三级指标 / …… ; …… } ……			

（二）高校价值观教育评价指标体系的地位

构建高校价值观教育评价指标体系是评价过程中很重要的一环，既是评价的核心问题，也是开展评价的依据。

第一，评价指标体系是价值观教育评价目标具体化的集中表现。评价指标体系是依据价值观教育目标和高校价值观教育的要求制定的，它是高校价值观教育评价实施的重要依据。评价目标只有具体化为评价指标之后才能用于评价，所以建立评价指标体系是评价进入实际操作的关键环节。如果没有评价指标体系，评价工作就无从下手。

第二，评价功能的发挥由价值观教育评价指标决定。评价指标是评价方案的核心内容，评价方案中设置什么样的评价指标，评价客体必然向哪个方向努力，哪项指标的权重高，评价客体必然要在哪一个方面多下功夫，具有强烈的导向性。

第三，评价指标可以避免价值观教育评价的主观性，提高评价客观性和精确性。通过建立评价指标体系进行分项评价，避免评价的主观性，避免眉毛胡子一把抓。因为指标体系能够反映价值观教育的主要特点，建立客观、科学、可行的评价指标体系是价值观教育评价的基础和关键，是保证评价能够做到公正、准确的重要一环。

最后，评价指标体系的建立过程是人们价值认识取得一致的过程，评价指标使人们的价值认识统一在指标的相应权重之中，有了一致的价值认识才有可能获得一致的评价结果，进而体现评价的科学性。

第二节　高校社会主义核心价值观教育评价的相关问题

关于评价，无论理论研究还是实践探索，都必须以评价基本理论为前提和基础。高校价值观教育评价目标、原则、功能、要素、过程等相关问题是开展理论研究的基础工作，也为评价实践提供学理支撑。

一、评价目标

评价目标是解决"为什么要评价"的问题，是评价内容制定的依据，辞海中对"目标"的解释是："组织预期要求达到的目的或结果，具有预测性、可计量性和激励性等特征。"① 从马克思主义观点看，人与动物的根本区别在于人的行为是有目的的。人在活动之前，就预先在头脑中设想和勾画出想达到的结果，人的活动就是为了达到这一结果。在活动之前，存在于人们头脑中的这一结果就是人活动的目的。"任何事情的发生都不是没有自觉的意图，没有预期的目的。"② 在整个的教育活动中，教育目标占据主导地位，起着明显的统领作用。教育评价的目标就是人们在开展教育评价之前，人们所设想和规定的教育评价活动所欲达到的效果和结果。

高校核心价值观教育评价也以一定的目标作为出发点和归宿，决定着评价的内容和指标。价值观教育评价目标，是指通过价值观教育评价活动所期望达到的结果，是人们依据一定的主客体条件对价值观教育评价的期望和规定，是开展评价活动的依据和动力。高校价值观教育评价的目标包括以下两个方面：

（一）检测高校价值观教育工作和教育效果

一方面，通过高校价值观教育评价，高校价值观教育管理和行政部门宏观上掌握各高校是否贯彻和落实习近平总书记相关讲话精神和社会主义核心价值观教育相关文件，考察各高校价值观教育重视程度，把握各高校价值观教育的

---

① 辞海（缩印本），上海辞书出版社，1999，第2014页。

② 《马克思恩格斯选集》第4卷，人民出版社，1995，第247页。

组织领导、制度建设、教育教学、实践活动、文化建设等是否到位；帮助相关高校客观地将教育工作与评价指标体系对照，分析价值观教育目标的实现程度，认清价值观教育的内容、途径、方法哪些是合理有效的，哪些是不合理和不够完善的。

另一方面，通过高校价值观教育评价，了解大学生当前价值观发展状况，掌握大学生经过价值观教育之后，在理性认知、情感认同、行为实践上有无变化，以及变化的方向和程度。掌握大学生是否将社会主义核心价值观的思想融合到自身的价值观体系；是否能够以社会主义核心价值观念规范自己的行动，以共产主义的理想、信念、尺度、原则为追求目标，并自觉内化自己的价值取向；掌握大学生是否能够潜移默化地运用社会主义核心价值观来提升个人价值观并自觉转化为行为实践。

（二）促进高校价值观教育主体改进与发展，为高校价值观教育深入推进提供依据

一方面，为高校价值观教育政策、制度的出台提供数据资料和合理建议。通过高校价值观教育评价，高校价值观教育行政部门和管理部门发现价值观教育中的薄弱环节和不足之处，及时进行调节和校正，达到改进教育政策、教育内容、教育活动、教育方法的目的。另一方面，督促高校价值观教育领导和工作者重视价值观教育、端正指导思想，努力提高自身素质，增强引导和控制教育过程的能力和水平，规范教育过程中的行为，为提高教育效果提供保障。此外，通过高校价值观教育评价，对大学生的价值判断和价值选择进行规范和引导，激发大学生自我教育，形成更为持久的内在驱动力。

二、评价原则

原则是指导人们按照事物活动的规律进行实践活动的行动指南、方针与准则。明确高校价值观教育评价应遵循的原则是"如何进行高校价值观教育评价"的重要内容。高校价值观教育评价原则是高校开展价值观教育评价过程中必须遵循的基本准则与要求。它始终贯穿于整个评价工作的过程之中，既要反映价值观教育的目的要求，又要符合价值观教育自身的规律。它在评价活动中既有指导功能，又对评价具有规范功能。价值观教育评价作为一个动态过程，都始终处于动态变化之中，能否实事求是地把握价值观教育的实际情况，很大程度上取决于价值观教育评价是否遵循一定的原则。

（一）导向性与时代性相结合原则

导向性包含方向性和目标性。方向性是指价值观教育评价要为改进和发展

价值观教育提供方向。方向性原则明确了价值观教育评价的政治方向。培养什么人、怎样培养人，是价值观教育首先要解决的根本问题。它要求评价必须以马克思主义为指导，以党和国家的有关方针政策为基准，在评价目标制定、指标设定、权重分配等方面坚持社会主义方向，在评价的过程中要以政治方向为首要标准。价值观教育评价的导向性还表现为目标性。目标是行动的方向，是指导实践的根本。目标性原则是指要确定价值观教育工作应达到的规格要求与质量标准，并科学地规范其发展方向。坚持目标性原则就是要根据当前国家对高校价值观教育的总体要求，结合高校的实际和大学生全面发展的需要，制定评价指标体系，对价值观教育工作和效果做出准确的价值判断，促进高校价值观教育活动的有效开展。

高校价值观教育评价还要坚持时代性。价值观教育时代性包含发展性与创新性。一方面，价值观教育实践活动总是随着时代的发展而发展，不同的时代赋予不同的内容，处于成长期的大学生群体思想变化快、可塑性强，易受环境的影响，呈现明显的时代特点。高校价值观教育评价要符合大学生成长成才的内在规律、发展变化及其构成因素的变化，根据高校人才培养和社会发展需要而不断创新。既要评价价值观教育现实取得的实效，又要注重价值观教育的成长性，包括它的历史发展、现状和未来发展趋势，对进步幅度大、现实状态好、未来发展前景广阔的学校要给予高度评价。另一方面，时代性还要求增强价值观教育评价的预测功能，预防与纠正价值观教育中存在的各种问题，不断创新价值观教育评价机制，发展完善评价指标体系，促使教育行政部门调整教育政策，促使教育工作者改进价值观教育工作方式和教育方法。

因此，高校价值观教育评价中既要认清评价的意识形态性，坚持评价的方向要与价值观教育方向一致，为培养担当民族复兴大任的时代新人服务。但也不能忽视高校价值观教育评价还要与时俱进，随着时代的发展和大学生的成长变化而改进和创新。方向性与时代性并不矛盾，价值观教育评价既要确保发展中的方向，又要在社会主义方向和教育目标导向下有所发展和创新。

（二）科学性与人文性相结合原则

科学性是一切评价体系的基本原则和基本要求。科学性包括客观性和全面性。客观性原则是依据马克思主义实事求是的思想路线检测评价活动的基本准则。它要求在开展价值观教育评价活动时，坚持客观的实事求是的态度，评价信息的来源要具有客观真实性；评价指标体系是一个具有严谨结构的逻辑体系。科学性还表现为全面性，全面性原则是依据辩证唯物主义的基本原则规范评价活动的基本准则。它要求在进行价值观教育评价时，必须全面准确地判断教育效果，力戒片面评议，以偏概全。价值观教育评价本身是一个有计划、有组织的过程，是由评价准备、评价实施、总结反馈等环节所构成的连续活动，评价人员不能半途而废或丢三落四，要努力完成整个评价过程，最终运用评价结果指导实践，达到使评价对象改进和发展的目的。

高校价值观教育评价还要坚持人文性，人文性是指价值观教育评价体系要"以人为本"。评价目标上体现对人的现状及其未来发展的关注和关怀，促进人自身价值的实现与社会发展的统一；评价内容中关注和维护大学生切身利益、关心大学生的多方面和多层次的需要；评价指标的设计必须考虑是否能体现人本价值，要把"以人为本"纳入评价视域。摒弃以往教育评价指标体系"建立在'技术至上'和'工具理性'基础之上，片面强调评价指标的量化，把人客体化、物性化"①的弊端，构建一个合情合理、近乎人性、使人乐于接受的价值观教育评价体系。

总之，高校价值观教育评价既要坚持科学性原则，坚持实事求是的态度，真实全面地反映出价值观教育的效果，又要坚持人文性原则，要以人的全面发展为出发点和落脚点，尊重人的需求，使评价体系充满人文关怀。只有实现科学性和人文性的互相补充，才能确保评价目标的实现，评价功能的发挥。

（三）静态评价与动态评价相结合原则

静态评价是对相对稳定阶段的价值观教育实际状况和发展水平的静态测评和描述，是对价值观教育结果的评价。静态评价可以明确评价结果是否达到一定的价值观教育目标和标准。但是静态评价不考虑评价对象过去的情况和今后发展的趋势，只考察评价对象在特定的时间和空间中的现实状态。高校价值观教育评价不能停留在这一层面，因为价值观教育是一个动态的过程，还应对评价对象的发展状态进行评价，即动态评价。动态评价就是把价值观教育放在整个教育发展过程进行考察，从一定的时空背景和环境了解高校价值观教育过去、现在的状况以及未来发展趋势，是对高校价值观教育过程的评价。

高校价值观教育是一个不断发展和完善的过程，其效果也是一个逐步显现的过程。只有将静态评价与动态追踪相结合，才能使评价者能在相对稳定状态中横向比较高校价值观教育现状，才能在发展过程中纵向比较价值观教育发展状况，才能相对准确地判断高校价值观教育的过程和效果，并依据评价结果调

---

① 马秋林，姚茂军，聂彩林，等：《高职院校马克思主义理论教学测评体系研究》，《学校党建与思想教育：下》2013年第10期。

整和完善价值观教育工作。总之，只有将静态评价与动态评价结合起来，才能更好地发挥教育评价功能，实事求是地反映高校价值观教育的效果。

（四）形成性评价与总结性评价相结合原则

形成性评价是指在实现高校价值观教育目标的动态过程中，有计划和有针对性地测定和评价一定阶段高校价值观教育目标的实现程度，并根据教育进程及时地反馈与修改价值观教育计划与方法的过程。它是为了获得更好的教育效果而修正价值观教育工作所进行的评价，是教育工作者进行价值观教育过程中制定和改进决策的重要依据。总结性评价是在一个价值观教育周期结束时所做的对价值观教育工作和效果的价值判断，为深入推进高校价值观教育工作提供决策参考，为教育工作者提供进一步工作的动力和建议，为大学生的全面发展提供外部引导和内生动力。

形成性评价与总结性评价二者不可或缺。形成性评价关注评价的过程，更强调价值观教育过程、动机和效果的统一。总结性评价关注评价的总结，更强调高校价值观教育目标的实现与达到。通过形成性评价，高校核心价值观教育过程中遇到的问题能够得到及时反映和解决，进而有利于后续工作的有效开展。通过价值观教育的总结性评价，提供具有说服力的证据揭示教育过程中的效果，就会得到社会的广泛承认与支持。因此，价值观教育评价中要坚持形成性评价与总结性评价的统一。

三、评价功能

按照系统论的观点，功能是系统内各个要素的组织形式在运动状态下所发挥的作用。事物的功能由系统的结构决定。评价的功能在本质上是由实践活动规律决定的。

（一）判断功能

评价的本质是一种价值判断活动，要揭示客体的实况与功能跟主体需要适合的性质和程度。判断功能是高校价值观教育评价最基本的功能之一。价值观教育评价，首要的是对价值观教育效果的价值判断。高校价值观教育对大学生群体乃至国家、社会有没有价值，有什么价值，有多大价值，只有通过评价，才能做出判断。价值观教育效果的取得与教育者的工作息息相关，对高校价值观教育效果的判断也是判断高校领导、党政、后勤、管理等工作人员业绩的重要标准。此外，高校价值观教育一些评价指标指向大学生的素质变化，评价的过程也能判断大学生认知认同践行方面的变化。

（二）诊断功能

诊断功能是指价值观教育评价能够对高校价值观教育活动中存在的问题进行揭示与分析，找到症结所在，以便采取适当措施对症下药。在这个过程中，能够发现价值观教育工作哪些地方见长，需要加以巩固和发扬；哪些地方不足，存在不足的原因是什么，进一步改进的措施是什么。例如通过科学合理的指标体系，获取关于影响高校价值观教育活动实际效果的各种因素，发现教育活动或被评对象欠缺或偏离价值观教育目标和方案的方面，发现高校价值观教育领导机制、工作机制是否正常运转，高校负责价值观教育的教师素质和能力存在哪些不足，教育内容安排是否科学，汇集成评价信息反馈给领导部门，这就为上级教育行政部门和高校的管理者提供了大量的真实材料，从而为正确决策和有效管理提供客观的依据和参考。

（三）激励功能

激励功能是指合理有效地运用价值观教育评价，能够激发评价对象的内在动力，调动其潜能，提高工作的积极性与创造性等。"在教育评价实践中，评价对象都渴望了解自己工作和学习成果被认可的程度，这是人类普遍存在的一种心理现象。这种心理现象决定了教育评价必然具有使人积极向上的激励功能。"[1]

高校价值观教育评价是对高校价值观教育的各项领域的工作状况与精神面貌的评判，能够及时了解和把握高校领导、管理者、教师及大学生的状态和绩效，并将评价结果及时反馈给高校领导、管理者、教师和大学生。合理的、适时的评价，有利于公平竞争，能调动多方面的积极性。当高校价值观教育评价产生了令教育者较为满意的评价结果时，高校价值观教育工作者的努力得到社会、组织与他人的承认，就能够最大限度地激发他们的主动性与工作热情。当高校价值观教育评价产生了令大学生满意的评价结果时，就会激励大学生强化已有的良好状态，继续主动接受价值观教育，自觉加强自我教育，做出科学的价值判断，选择科学的价值取向和价值行为，养成良好的行为习惯。

（四）反馈调节功能

反馈调节功能是指"评价者将有目的地、系统地采集的有关评价对象的信息及其意义传递给评价对象，按预先设定的目标调节教育活动，使之尽快地达

---

① 涂艳国：《教育评价》，高等教育出版社，2007，第18页。

到目标要求"①。高校价值观教育评价的反馈调控功能体现在：对"施教传道"的调整，主要是及时、准确地总结经验，发现问题，提出解决问题的措施和方法，从而及时、准确地加以调整。教育行政部门总结、发现原定价值观教育的方针、政策、措施存在的问题，并调整教育方针、政策，使之更好地发挥指导作用。高校价值观教育领导机构和工作部门有效地进行价值观教育管理；对"受教修养"的调整，高校大学生通过直接参与价值观教育评价，知道什么行为应该提倡，什么行为应该反对，什么行为应该发扬，什么行为应该抑制，从而自觉地控制各自的行为，使价值观教育成为一个可控、有序的优化工作系统。

（五）预测功能

预测功能是指为决策系统提供必要的未来信息，对教育对象将来的情况发展做出某种估计。评价或评估，特别是自觉的、有意识的评价或评估，总是包含着对一定价值关系及可能后果的预见、推断。高校价值观教育评价要对不断发展的价值观教育与人和社会需要的满足关系进行判断，也在把握高校价值观教育规律基础上具有"超前性的价值判断"。强调高校价值观教育评价的预测功能，就是强调高校价值观教育评价为价值观教育工作决策提供依据。"注重价值观教育评价的预测功能，有利于加快价值观教育观念的更新，从更高的视野上，为高校价值观教育工作提供指南，尽快建立符合时代精神的新型价值观教育价值准则。"② 高校价值观教育要取得实效，应该在理论研究上具备超前意识，价值观教育评价预测功能的发挥通过预测引导，必将推动高校价值观教育向纵深方向发展。

（六）导向功能

所谓导向功能就是指评价对实际教育活动有定向引导作用，能引导评价对象向预定目标前进。高校价值观教育作为一个动态的过程，特别是当代社会价值取向呈多元化态势，会受到各种因素的影响而发生偏离，所以评价的导向功能越来越重要。

一方面，导向功能体现在价值观教育评价能够为价值观教育工作指明政治方向。价值观教育及其评价总是为一定阶级、为一定政治目的服务的，具有强烈的阶级性和意识形态性，这正是价值观教育评价与其他评价的本质区别。社会主义核心价值观教育评价始终关系到培养什么人、走什么路、党的领导能否

① 涂艳国：《教育评价》，高等教育出版社，2007，第21页。
② 秦尚海：《高校德育评估研究》，博士学位论文，武汉大学，2003，第10页。

实现等重大问题，这就决定了价值观教育评价必须把政治方向和政治原则贯彻于全过程，把政治导向功能放在首位。另一方面，通过构建评价指标体系对评价者提出要求，引导着价值观教育朝着指标所要求的方向发展。高校评价者会依据评价指标体系所设置的价值观教育评价内容、标准，特别是通过权重体现出的重点指标，来理解和把握工作重点，明确工作中什么是最重要的（权重最高的），什么是次要的（权重较低的），应该重视什么，应该忽略什么。评价内容和标准就像一根指挥棒，引导人们活动的方向。

四、评价要素

按照系统论的观点，系统是"相互联系、相互作用诸要素的综合体"①。系统是由两个或两个以上的要素相互作用而形成的统一整体。高校价值观教育评价是一个由若干要素构成的复杂的、动态的系统。这些要素之间相互联系、相互作用，使高校价值观教育评价系统呈现出特有的结构与功能。本书认为，高校价值观教育评价主要由价值观教育评价主体、评价客体和评价介体三个要素构成。

（一）评价主体

评价的主、客体是解决"谁来评价""评价谁"的问题，是评价过程的关键因素。主体是指实践者、认识者或任何对象性活动的行为者本身，而客体是指实践的对象或认识的对象或任何主体行为的对象本身。"主体、客体是一对关系范畴，并不是实体范畴。对它们一定要从关系思维的高度来把握，才能准确地理解和使用。"②

高校价值观教育评价的主体是有目的、有意识地从事价值观教育工作和效果评价的集体和个人，是价值观教育评价活动的管理者和操作者。他们有组织地集合成为价值观教育评价的组织体系，由领导、专家、学校管理者、思想政治教育工作者和教育对象共同组成。借鉴国外先进的评价理论和实践，现代的评价是发展性评价。发展性评价是一种开放的评价，因此教育行政部门、学校管理者、专家同行、教师、学生、社会用人单位等都应成为高校价值观教育评价的主体。

---

① L. 贝塔朗菲：《一般系统论：基础、发展和应用》，秋同，袁嘉新，译，清华大学出版社，1987，第 1 页。
② 李德顺：《价值论———种主体性的研究》（第 3 版），中国人民大学出版社，2013，第 30 页。

　　教育行政机构代表国家和地方政府行政管理教育的权力，其中教育部从宏观上管理学校的思想政治教育；各省市自治区教育厅的思政处也是负责各省市思想政治教育的地方机构，这些机构对学校的价值观教育教学工作等负有全面的领导或指导责任，是高校价值观教育评价的重要主体。此外，高校党委对自己学校工作实行全面领导，履行管党治党、办学治校的主体责任。高校领导既要对高校价值观教育工作负有领导责任，也应成为所在学校价值观教育评价的主体。

　　专家同行是具有较深思想政治教育理论功底，有教育学、心理学、社会学、法学等相关学科知识背景，掌握大学生思想政治教育方法和艺术，能够熟练运用新媒体语言和大学生进行思想交流和沟通的学者和教师。教师是高校价值观教育的直接组织者和操作者，是"立德树人"任务具体执行者、价值观教育政策方针的贯彻落实者，对学生价值观教育效果最有发言权。他们也是高校价值观教育评价的主体。

　　高校学生是价值观教育的直接对象，他们可以通过评价指标体系进行自评、互评，了解价值观教育给他们认知、思想和行为带来的改变。现代教育评价的发展，越来越重视自我评价的重要地位和作用。在价值观教育评价中大学生的自我评价必将成为评价的发展趋势。

　　价值观教育具有延时性，教育效果不是立竿见影的，在大学生毕业后参加工作的实践中才会发挥其应有的作用。因此，用人单位也是高校价值观教育效果评价的一个主体。用人单位对毕业生和实习生品德、素质、能力的评价是价值观教育效果评价的一个重要方面。

　　需要指出的是，为了提高评价过程及评价结果的可信度及效度，促进评价的开放、民主和科学，评价主体构成要体现多元参与的特点，积极吸纳外部力量参与。核心价值观教育评价在评价内容上具有广泛性、评价对象上具有复杂性、评价方式上具有现代化的特点，因此评价主体应当不断提高自身的素质，掌握相关评价知识和专业理论，不断提高评价能力，时刻以创新意识推动评价活动的开展。

　　（二）评价客体

　　高校价值观教育评价的客体是高校价值观教育评价的对象，即高校价值观教育的价值主体与价值客体之间的关系，它是价值观教育评价的核心。评价客体可以概括为两个方面：一是高校价值观教育工作；二是高校价值观教育效果。前者主要包括对高校"组织领导""制度建设""教育教学""实践活动""文化建设"的评价；后者主要包括"学生实效""校风校貌""社会效应"的评价。各部分彼此互相联系、互相作用、互相制约，构成高校价值观教育评价的客体。

高校价值观教育评价的核心内容是对教育效果的评价。高校价值观教育目标是否达到，教育内容是否合适，教育的方法是否适当，大学生的价值观表现是否进步都最终集中地、综合地体现为教育效果，即实施价值观教育的实践所引起的教育对象发展变化的社会效应。因而，价值观教育评价客体的核心内容是对教育效果的评价。教育效果主要体现在大学生经过价值观教育之后思想、观念、行为的变化。它是对价值观教育效果的检验，是价值观教育工作的落脚点。因此，对受教育者的评价是价值观教育评价的中心环节。

对高校价值观教育工作者的评价是高校价值观教育评价的重要内容。价值观教育工作者在高等学校教育中起着主导作用，他们的能力、素质、工作状态直接影响价值观教育的效果。需要指出的是，价值观教育系统的复杂性决定了在高校从事价值观教育工作的其他行政人员、管理人员，如高校辅导员、宣传部、学工部、团委的工作人员也是重要的评价客体。

对价值观教育过程的评价是评价的重要内容。它包括领导决策体制、教育内容的落实、方法的实施和途径的实现等方面有效性的评判。领导体制是实施教育的决策系统；教育内容、途径、方式方法评价是教育评价的具体过程。教育途径、方法的多样性和有效性影响教育对象对教育内容的接受、内化。教育内容制约教育政策的落实、实现，也影响着教育效果。价值观教育文化建设、价值观教育环境和校外实践基地等本身也对教育对象起着潜移默化的作用，也是教育评价的客体。

总之，高校价值观教育工作过程及效果的评价，实际上是高校价值观教育整体评价和个体评价的统一，二者构成了高校价值观教育评价的统一过程。为提高价值观教育评价的客观性和科学性，应准确地把握评价客体属性。研究价值观教育目标、原则、内容、机制，总结核心价值观教育理论和实践是评价的前提和基础工作。当前价值观教育的研究特别是高校价值观教育研究是学术研究的热点，为把握价值观教育客体属性和开展价值观教育评价奠定了良好的基础。

（三）评价介体

评价介体是评价主体为实现评价目的，完成评价任务所采取的工具、手段、方式和方法。它是连接评价主体和评价客体并使之发生作用的中介和纽带。构成高校价值观教育评价的介体必须满足两个条件：第一，价值观教育评价主体和客体能够借助介体发生作用。因为单靠评价主体和客体两个因素，彼此之间无法连接，就无法实现其功能。要确保评价的顺利实现，必须借助评价介体这个中介。第二，高校价值观教育评价介体要以价值观教育评价目标、评价指标、评价标准、评价程序与方法为基础，并为评价主体所掌握，施加于评价客体，做出价值判断。价值观教育评价介体是评价得以实现的重要体现，也是高校价值观教育评价实践的核心所在。高校价值观教育评价介体由高校价值观教育评价方案和评价的技术与方法构成。

1. 评价方案

"方案"在词典里的解释是"工作的计划"①。高校价值观教育评价方案是评价过程的计划和蓝图，是实施价值观教育评价工作的基本工具，是对评价目的、内容、范围、指标体系、方法、程序等做出总体设计与安排所形成的规范性文件。为保证按照评价方案实施完成的评价工作具有较高的信度和效度，增加评价结果的可比性，评价方案要以评价程序的科学性、规范性和可操作性为根本。高校价值观教育评价方案的核心是评价指标体系的制定，如果评价指标体系科学、客观和有效，评价结果的信度和效度就高。

高校价值观教育评价方案的主要内容有：一是评价目的，即整体上把握高校价值观教育的工作状况和实际效果，发现不足和薄弱环节，提出整改方案，进而提高教育实效，推动价值观教育向纵深方向发展。二是评价指标体系，由价值观教育评价指标、指标权重和评价标准构成。三是组织实施，包括价值观教育评价的组织形式、组织方法、评价者的基本素质要求和纪律要求。四是评价方法，主要包括收集评价信息和处理评价信息的方法。收集和处理评价信息的方法不同，得到的评价信息和评价结论会有很大的不同。明确评价信息的收集和处理方法是确保评价结果高信度和高效度的基本要求。此外，高校价值观教育评价还应对评价时间和范围、评价基本步骤、评价的资金预算等做出规定和说明。

2. 评价方法

方法是人们为了达到一定目的所采取的活动方式、程序和手段的总和。方法是完成任务的桥或船，没有科学的方法，就无法完成评价任务。高校价值观教育评价方法是为了完成价值观教育评价任务在评价过程中采取的方式或手段。价值观教育评价活动的复杂性和多阶段性，决定了评价方法的多样性和层次性。

---

① 《现代汉语词典》（第5版），商务印书馆，2005，第383页。

为实现价值观教育评价活动的科学化和理论化，应从价值观教育评价的实际工作和效果出发，选择合适的方法。

第一，定性评价方法。定性评价方法是对评价对象的整体及其性质进行分析、综合乃至鉴别和确认，以把握价值观教育的实践和价值。定性分析是价值观教育评价的主要目的，它能够从整体发展趋势上把握价值观教育的效果，对观念形态存在的价值观教育结果给予反思判断。定性评价的优点是操作方便，比较直观，弊端是评价的主观性较强，评价标准的客观性难以掌握。定性评价常见的具体方法有访谈法、文献法。

访谈法又称谈话法，通过与被调查对象进行交谈而获取有关信息的方法。访谈法通过评价人员充分利用访谈法的双向、互动特点，同时通过话题导入、插话、追问、融洽关系、调整氛围等访谈技巧，往往能够获得深层、丰富的评价信息。访谈法的缺点是，访谈者知识素养、价值观等会直接影响访谈效果；访谈获取的信息多而且杂乱，不便于统计使用，有些比较敏感的问题运用访谈法往往得不到真实的信息。价值观教育评价中应充分运用访谈法采集信息的优越性，以保证获取尽可能多的信息。在收集高校价值观教育的条件保障、制度建设、教育教学和教风学风等信息时可采用访谈法。

文献法是依靠收集和分析记载评价对象情况的现成资料（文件、档案等）而获得所需信息的方法。文献法的优点是不受时空的限制，评价者可通过文献了解不能亲自获得的材料，消除了被调查对象在访谈与观察可能出现的掩饰或改变行为等反应性问题，文献也不会因评价者的主观偏见而改变。而且文献法方便与节省，可随时查询与摘录，费用不高。文献法的缺点是，原始材料可能带有原记录者的个人偏见与虚假成分，需要评价者认真地核实和甄别。高校价值观教育评价信息收集可查阅的文献档案包括：①书面文献：价值观教育制度类档案，如价值观教育文件通知、相关规章制度、奖惩条例等；价值观活动类档案，如价值观教育计划与总结、工作日志、会议记录专题报告等；社会主义核心价值观教育效果类档案，如价值观教育的各类获奖证书、社会反响材料、媒体报道材料、各种表彰和事迹宣传材料等。②音像文献：即用声音或图像记载的资料。如社会实践活动或价值观教育文化活动留下的视频、音频等资料。③实物文献：即用实物记载的资料。如学生发明创作的作品、科研成果、实习作品等。④网络数据：如学生关注公众号的数量、浏览某网页的次数、评论次数、留言、互动话题等数据资料。近年来，音像及多媒体技术的发展，音像文献资料的数量逐渐增多，文献资料日益生动、直观。随着价值观教育评价的推行，可以把众多的价值观教育文献输入计算机，实现计算机管理，从而减轻高校价值观教育评价中收集有关文献资料的负担。

第二，定量评价方法。定量评价方法是运用数据的形式，对评价对象表现出来的一些量的关系的整理和分析，从数量上相对精确地反映评价对象的局部或整体面貌。价值观教育评价的量化在于通过测量手段描述评价客体的数量特征与质量特征。量化的优点是可操作化水平较高，比起定性分析要具体、准确得多。定量分析的缺陷是，很难测量所有参量以及参量之间形成的错综复杂关系。

问卷法是以精心设计的书面调查项目或问题收集信息的方法。问卷法的优点有：取样的广泛性和代表性；调查时间灵活；效率高、费用低、简便省时；资料易做量化分析；对使用者不必进行特别培训；可匿名调查，减少顾虑；具有间接性，被调查者可就不便当面交流的问题，更加开放、真实地反映自己的态度和观点。缺点是：限制发挥、不够灵活；无法控制填写时的情境，不能进行正确引导；搜集的资料容易流于表面，难以深入了解内心的想法；被调查者需有一定的文化程度；被调查者在回答问题时会受到趋中现象、随机反应、社会性要求定势等因素的干扰，影响答案的可靠性。问卷法所获得的信息主要是被调查者自己陈述的信息，可以了解被评价对象的态度、动机、兴趣、需要、观点等主观情况。因此，问卷法是价值观教育评价信息收集的重要方法。在价值观教育评价中，收集学生对教师和教育教学的看法、实践活动情况、师德师风状况、社会效应等信息时都可采用问卷法。问卷法的关键是设计好价值观教育的调查问题（项目）。编制良好的问卷是成功实施问卷法的关键。

测验法是指用各种测量工具（教育、心理测验和其他量表）测定被评价对象的某些重要特性，从而收集到有关评价信息的方法。测量法是根据某种规则把所观察的对象的属性予以数值化，以此表明被测对象通过作业和活动所达到的程度或量的多少的研究方法。测验法可用来收集学生的认知发展、学业成就、学习能力、体能等方面的资料。测验法的优点是效率高（每单位时间可得到最多的信息）、资料便于作定量处理，测验的结果比较客观、可靠。但由于测验法是根据被试对象对测验项目所做出的反应，推断出其知识、技能和人格等方面的发展状况，具有间接性，而且书面测验时对测验工具的编制、对被测对象的要求较高。价值观教育评价中对大学生价值观认知、认同和践行实际效果进行评定可以采用测验法，以便了解核心价值观教育目标与大学生的学习成果相符的程度，了解价值观教育课程是否适合学生的身心发展状态或要求。

需要指出的是，在高校价值观教育评价中，必须把定性分析和定量分析有机结合起来，实现定性分析与定量分析的辩证统一。单纯的定量研究侧重于指标赋值和矩阵运算，缺少对评价结果的分析和判断，无法把不同效果的价值观教育区别开来。定性分析则侧重于对评价对象的性质、整体属性的判断，具有较强的主观性，评价结果具有不可度量性。如价值观教育评价要了解被教育者的思想政治觉悟提高到什么程度，价值观教育在国家、社会、个人层面的作用有多大，没有量上的分析是肤浅的判断，而且降低了对价值观教育决策指导的价值。因此，定性分析是评价的直接目的、出发点和归宿，定量分析是基础和依据，只有把二者结合起来，才能提高评价的科学性，实现高校价值观教育评价的整体推进。

第三，综合评价法。综合评价法是指运用多个指标对多个参评单位进行评价的方法。其基本思想是将多个指标转化为一个能够反映综合情况的指标来进行评价。综合评价法的步骤：首先确定价值观综合评价指标体系，收集价值观教育工作和效果的相关信息，并对不同计量单位的指标数据进行同度量处理，然后确定指标体系中各指标的权数，对经过处理后的指标再进行汇总计算出综合评价指数或综合评价分值。高校价值观教育评价中对某一高校的价值观教育整体工作和效果评价可以使用综合评价法。

第四，矛盾分析法。在唯物辩证法看来，世界上任何事物都是矛盾的统一体。价值观教育评价也是矛盾的统一体。分析事物的矛盾，就在于具体地分析具体情况，价值观教育的评价也是如此。在价值观教育评价过程中，要坚持两点论，既要看到高校价值观教育的成绩、优点，也要看到它的缺点、错误、教训；既要看到有利的积极因素，也要看到不利的消极因素；既要看到它的直接的现实效果，又要看到它间接的潜在效果；既要看到暂时的效果，又要看到长期的效果。不仅如此，在坚持两点论的同时，还要坚持重点论，即在分析矛盾的两方面时，坚持有主要方面和次要方面的区分，如究竟成绩、优点、经验是主要的还是错误、缺点、教训是主要的，必须做出正确的评价。[1]

第五，达度评价法。达度评价是在被评对象的集合之外将评价对象与客观标准进行比较，衡量评价对象达到客观标准的程度。达度评价是一种绝对性评

---

[1]　仓道来：《思想政治教育学》，北京大学出版社，2004，第228页。

价，测评后可使每个评价对象明确自己与客观标准的差距，从而可以激励人们积极上进。价值观教育评价时达度评价法可以对不同地区、不同高校的价值观教育状况用同一把"尺子"，具有评价效果比较客观的特点。但是达度评价方法也有局限性。因为达度评价作为一种绝对性评价，其标准必须客观具体，而价值观教育的标准很难具体化，特别对大学生个体而言，各种环境、条件等不确定因素常常使其衡量标准很难一致，往往要通过典型事例等来体现。在价值观教育评价方面，达度评价方法要和其他方面的评价方法结合使用。

第六，比较法。比较评价法是一种相对评价法，包括纵向比较评价和横向比较评价两个方面。前者是将大学生核心价值观认知、认同和践行状况进行历史和现实比较，看其价值观状况是进步还是退步，以此作为对一个高校价值观教育纵向发展的判断，如同一批学生不同年级价值观状况的比较。横向比较评价是将不同学生放在一起进行比较，看其相对水平的高低和效果的差异，如不同高校价值观教育工作和效果的比较，这种评价方法的适用性强、应用面广。横向比较法的缺点是容易降低标准，即矮中选高，未必真高。这种方法也可用在高校内部价值观教育的先进或突出贡献者评选。

第七，网络评价法。网络信息技术的迅猛发展，给高校价值观教育提供了难得的契机，网络评价也成为一种重要的评价方法。网络评价法就是利用现代网络进行价值观教育评价的方法。它以计算机网络为平台，以价值观教育信息的获取、交流、反馈、评价为手段，对教育的现状、效果及其发展趋势进行检测和评价。[1] 网络评价方法将给价值观教育评价开启一个崭新的局面。智能化和数字化使评价不断优化。网络评价具有六个显著特点："评价主体多元化、评价平台虚拟化、评价方式自由化、评价过程信息化、评价技术智能化、评价活动社会化。"[2] 高校价值观教育评价主体包括教育行政部门必须树立和培养网络评价的新观念，重视并积极利用网络开展教育评价，评价人员要尽力掌握网络评价的必要技术，形成较强的网络评价能力，最大限度地发挥网络评价法的积极作用。

---

[1]　刘新庚，曹关平，刘邦捷：《思想政治教育网络评估方法论》，《思想政治教育研究》2010 年第 4 期。

[2]　刘新庚，曹关平，刘邦捷：《思想政治教育网络评估方法论》，《思想政治教育研究》2010 年第 4 期。

五、评价过程

高校价值观教育评价是一项复杂的系统工程，它涉及评价目标、评价主客体、评价方案、评价指标、标准、评价方法等诸多方面。同时高校价值观教育评价是一项技术性很强的工作，能否科学地组织评价，对评价质量和结果的可靠性和有效性有着重要的影响。为了保证高校价值观教育评价活动达到评价预期的目的，必须建立一套科学、严格、规范化和具有可操作性的评价程序和评价方案。按照科学的程序进行教育评价，是提高教育评价质量的有效保证。高校价值观教育评价的程序可以分为三个环节：评价的准备，评价的实施，评价结果的分析与处理。此外，在这三个环节中还要做好评价人员和被评价者的心理调控。

（一）准备阶段

准备阶段主要就为什么要评价、谁来评价和评价什么等问题做充分的工作。充分的准备是高校价值观教育评价的基础和起点，也是高校价值观教育评价的中心和重点，是评价工作顺利进行和富有成效的前提条件。这一阶段主要包括组织准备、方案准备、人员准备，以及评价者和被评价者的心理准备。

1. 组织准备

高校价值观教育评价组织工作可由被评价对象所在部门上一级机构承担，如省教育厅思政处承担，再成立一个专门的高校价值观教育评价委员会和若干个专项评价小组。评价委员会负责组织和监督教育评价活动的具体实施，它一般应由省教育厅思政处的主要负责人牵头，吸收有关处室、科研、教学等单位负责人及专家、学者和同行等人员组成。它的职责和任务主要有：设计价值观教育评价方案，制定价值观教育评价工作计划；培训相关工作人员；实施价值观教育评价；分析价值观教育评价结果，得出结论；汇报反馈价值观教育评价结果。

高校价值观教育评价委员会下设若干个专题评价小组，它的数量依据评价工作量的大小而定。专题评价小组的组长一般由评价委员会的成员兼任，小组的其他成员可以是评价专家、教学人员和行政干部等。专题评价小组的职责和任务是：认真学习和理解价值观教育相关文件、评价方案和指标体系；依据价值观教育评价方案的要求，收集信息、资料和数据并对其进行归纳整理、分析综合，得出初步结论；向高校价值观教育评价对象进一步核实初步评价结论；

就价值观教育评价专题小组工作进行总结，并向价值观教育评价委员会汇报。

2. 方案准备

价值观教育评价的组织准备是明确了评价的主体，即由谁来评的问题，高校价值观教育评价方案要阐述的是评价目的和评价内容，即为什么评和评什么的问题。它是整个评价过程的计划和蓝图，是实施评价工作的基本项。制定评价方案是价值观教育评价准备阶段最重要的一项工作，评价方案设计合理与否，直接关系到价值观教育评价质量高低和评价的成败。高校价值观教育评价方案准备包括五个方面的内容：

第一，明确评价的目的。评价的目的是评价活动想要得到的预期结果，就是要解决"为什么评价的问题"。高校价值观教育评价的目的是检测价值观教育工作和教育效果，促进教育主体改进与发展，增强实效。评价目的不同，评价对象、评价标准、评价方法乃至评价具体实施过程都会有所不同。

第二，明确评价的意义和要求、评价对象。价值观教育评价是一项系统工程，需要大量的人力、物力、财力的支持，也需要花费大量的时间与精力。因此必须明确高校价值观教育评价的意义在于揭示高校价值观教育价值，增强价值观教育的实效性，为高校价值观教育主管部门提供决策参考。为保证评价的顺利实施，还必须对评价过程中可能出现的问题进行分析，并提出明确要求或具体预案。一般的设计思路是：评价目的→评价对象→评价内容→评价指标体系→评价方法。

第三，确定评价工作的内容、范围等。按照教育行政部门的要求，成立高校价值观教育评价机构，明确评价主体，以及对评价的场所、时间、工作进度安排和评价经费等做出说明，都是评价不容忽视的问题。另外，有些重要的高校价值观教育评价对象，还要制定相应的细则，使评价方案具体化、操作化的详细规则与规定。

第四，设计评价的指标体系。指标体系由指标、评价标准和权重构成。它规定了评价内容，并将内容具体化，区分出各部分的相对重要性。这是高校价值观教育评价最难解决的问题之一，也是决定价值观教育评价方案的核心内容，这一步骤的科学性直接影响到评价的质量。

第五，选择收集和处理评价信息的方法。不同阶段采用不同的方法，各种方法具有各自的特点。对高校价值观教育工作的评价可以采用访谈、座谈会、查阅资料、现场考察、听课等方法，对高校价值观教育效果评价可以采用调查问卷、测验法收集资料，采用统计分析方法和计算机技术处理评价信息。

3. 人员准备

在高校价值观教育评价开始前，做好人员准备很重要，对整个教育活动的成效有深远的影响。

第一，把好评价人员的选拔关。高校价值观教育评价人员应具备良好的思想政治素质、品德高尚、有强烈的责任心、不谋私利。在业务能力上除了具有思政专业的理论功底外，还应具备一定的评价理论、方法和技术，特别是网络评价的技术。同时，人员的构成上除了数量上的要求外，又要注意包括各方面的代表。

第二，对评价人员的培训。要进行职业道德、政策法规、保密规定、评价技能和评价方法方面的培训。此外还必须做好评价者心理调控，评价者应该掌握一些心理学知识，"比如首因效应和近因效应在评价中必然会出现，但只要我们明白它的消极影响，并采取必要的措施，如反复分析、整体综合分析等，就可能减少首因效应和近因效应所造成的偏差"。[①] 需要指出的是不仅在准备阶段要进行心理调适，在实施阶段和总结反馈阶段都应做好心理调适。

(二) 实施阶段

评价的实施阶段是实际进行评价活动的阶段。实施阶段要依照评价方案开展评价工作，得出评价结论。它是高校价值观教育评价管理工作的重点和整个教育评价活动的中心环节。为了提高评价质量，一般在正式评价之前要进行预评价。预评价通常是学校或院系、学生的自我评价，它是被评人自我诊断和自我整改的过程，有助于评价对象的改进和提高，减轻评价人员的工作负担，促进正式评价的顺利开展。预评价之后就进入正式评价阶段，包括收集信息、整理信息、处理信息和形成评价结论三个阶段。

1. 收集信息

收集信息是整个高校价值观教育评价过程中一项具有基础性意义的工作，收集信息的多少和质量的高低直接关系到高校价值观教育评价结果的科学性以及评价希望达到的预期目标。但是，高校价值观教育活动又是一项十分复杂的系统工程，在有限的人力和物力下，要把各方面的信息都收集齐全，几乎是不可能的。因此，在尽可能全面收集信息的基础上，要重点收集有关价值观教育

[①] 陈玉琨:《中国高等教育评价论》，广东高等教育出版社，1993，第147页。

评价指标体系规定的信息。收集信息要体现全面性、有效性和真实性。全面性是指收集的信息能全面反映评价指标体系的情况。有效性是指收集的信息能深刻反映评价标准的情况。真实性是指收集的信息与评价对象的实际状态相一致。收集信息的方法有很多，如观察法、访谈法、问卷法、测量法、文献档案法等。

2. 整理信息

信息收集完毕，还不能立即做出评价，还有一个核对和整理的过程。信息的核对是指根据高校价值观教育评价目的和评价标准，对全部信息逐一审核、鉴别，去粗取精，去伪存真。对于缺乏的信息要想办法及时补充，对于模糊的信息要请评价对象进一步说明，然后将检查的信息进行分类保存。整理的方法有：归类、审核、建档，为做出评价结论做好准备。

3. 处理信息

处理高校价值观教育评价信息，是实施阶段的核心工作。前面的价值观教育评价信息收集、整理工作都是为处理评价信息服务的。处理信息就是运用统计分析或其他方法将评价对象在各项评价指标中呈现出来的特征进行处理的过程。本研究在对价值观教育实效大规模实地调查之后，采用 SPSS19.0 对调查问卷的信息进行统计分析。

4. 形成评价结论

对高校价值观教育做出综合评价的过程就是进行价值判断、得出评价结论的过程。要运用教育学、统计学、模糊数学等有关的理论和方法，将分项评定的结果汇总成综合评价结果，这是实施阶段的最后一项工作。做出评议评分是综合评价阶段一项关键的工作，在某种程度上，可以说是实施阶段的核心工作。评价工作进行到这一阶段，各个专项收集信息资料已经结束，并且根据分工，各个专题评价小组对于自己负责的评价指标范围内的内容已初步进行了分析判断，有了初步的认识和评价结论。这时，评价委员会通过充分协商，运用教育理论知识和统计方法，把各分项评定的结果整合成评价对象的综合评价结论。这期间，要求评价者对整合的各类评价结果进行定性、定量分析，形成一致的评价意见。综合评价是一项具有全局意义的工作。

（三）评价结果总结和反馈阶段

为了充分说明综合评价判断的结论，有效地促进决策和推动被评价单位或个人更好地改进工作，还要对高校价值观教育评价结果进行检验、分析和处理。

1. 检验评价的结果

高校价值观教育评价实施阶段结束后，就得出了总体的评价结果。根据评价结果和评价中出现的问题，有必要对本次评价活动的质量进行检验，也就是再评价，即对评价本身的评价。这是一项非常重要的工作，它的意义在于：第一，如果价值观教育评价活动本身质量不高，那由此得出的评价结果可能就值得怀疑。价值观教育管理部门如果根据这个结果进行决策，很可能造成决策失误。第二，有助于发现评价方案中存在的问题，从而为改进评价方案提供科学的依据。

2. 分析总结评价结果

为了充分说明高校价值观教育评价结果，更好地帮助高校改进工作，检验评价结果之后，还需要对高校价值观教育评价对象的优劣状况进行全面分析。既要指出高校价值观教育工作的特色和成绩，又要指出高校价值观教育存在的不足，并结合评价指标体系剖析存在不足的原因，明确下一步工作方向和重点，让高校有针对性地改进工作。

3. 撰写评价报告

撰写高校价值观教育的评价报告，是对高校价值观教育的评价过程、结果和行动建议做出的书面陈述。它是评价过程中一项十分重要的工作，有助于教育行政部门和各高校能做出正确的决策或改进工作。需要指出的是，为了促进高校价值观教育评价的制度化和科学化，应该重视价值观教育评价报告的总结与评价报告的撰写，并将其建立档案，形成制度。

4. 评价信息的有效反馈

把评价结果以一定的形式报告给教育行政部门或相关高校、院系、学生就是评价信息的反馈。高校价值观教育评价的直接目的是帮助有关部门了解高校培育和践行核心价值观情况，为进一步决策提供依据。作为价值观教育管理的重要环节，评价应注重对价值观教育工作的改进和发展。因此，高校价值观教育评价结果的有效反馈十分重要，它直接关系到高校价值观教育评价目的能否实现。反馈的形式有：向价值观教育的相关职能部门和研究部门汇报评价结果，为其对价值观教育的科学决策提供依据；向评价对象如高校或院系、学生进行反馈并对结果做出解释，提出今后改进价值观教育工作的建议，引导、激励他们不断改进自己的工作或主动加强自我教育；在一定范围内向同等院校公布评价结果，使其相互比较，相互借鉴，还可以通过造成公众舆论，促使被评价者改进。

（四）评价过程中的心理调控

从心理学的角度分析，高校价值观教育评价过程就是评价者和被评价者的整体综合心理活动的过程，是评价双方心灵交流融合的过程。在整个评价过程中，评价双方的心理活动对评价结果有重要影响。因此，在评价过程中，我们要把控评价者和被评价者的心理特征，加强对评价双方的心理调控，防止不良心理现象的产生，保证高校价值观教育评价的科学性和有效性。

第三节　本章小结

本章通过阐释高校社会主义核心价值观教育评价的内涵和基本理论，回答了"高校社会主义核心价值观是什么"这一问题。首先，在梳理价值观、社会主义核心价值观、高校社会主义核心价值观教育的概念基础上，界定了高校社会主义核心价值观教育评价的内涵。其次，阐释高校价值观教育评价的原则、功能、要素、过程等基本理论问题：评价原则有导向性与时代性相结合、科学性与人文性相结合、静态与动态相结合、形成性评价与总结性评价相结合；评价功能有判断功能、诊断功能、激励功能、反馈调节功能、改进功能、预测功能和导向功能；评价要素有评价主体、评价客体、评价介体，其中评价介体包括评价方案和评价方法；评价过程包括准备、实施、结果总结和反馈三个阶段。

第三章

高校社会主义核心价值观教育评价的依据

"高校社会主义核心价值观教育评价"何以可能？界定了基本概念、明晰了基本理论之后，这是要明确回答的问题。高校价值观教育评价是一项复杂的系统工程，必须挖掘价值观教育评价的思想资源，必须有科学扎实的学理依据，必须有紧迫的现实需要。我国古代思想家、马克思主义经典作家、中国共产党的领导人的相关论述为研究提供了丰富的思想资源；马克思主义哲学、教育学、思想政治教育学等学科为高校价值观教育评价研究提供了坚实的理论基础；习近平总书记的相关论述和《意见》等文件的出台，以及当前高校价值观教育经验为高校价值观教育评价研究提供了现实依据。

第一节　高校社会主义核心价值观教育评价的思想资源

当前价值观教育评价研究尚处于起步阶段，特别是对价值观教育评价的本源追溯没有系统的梳理和总结，但古今中外很多教育家都注重价值观教育。统治阶级也将其作为巩固统治地位的重要手段。马克思主义经典作家更是强调政治理论教育的重要性。我党的领导人也十分重视价值观教育活动，在不同时期对价值观教育做了诸多论述。挖掘古今中外价值观教育评价的思想资源，对开展本课题的研究不仅具有启发意义，也是深入开展研究的重要理论基础。

一、中国古代价值观教育评价思想资源

习近平总书记曾指出："核心价值观，其实就是一种德，既是个人的德，也是一种大德，就是国家的德、社会的德。"[①] 我国古代社会没有使用"价值观教育"的概念，但注重道德教化，古代很多思想家都有自己的核心价值理念，并

---

① 习近平：《习近平谈治国理政》，外文出版社，2014，第 168 页。

努力使其变成统治阶级的治国理念，并用其教化民众，实现自己的政治理想和社会理想。统治阶级也会将某一思想家的核心价值理念作为其巩固统治、实现国家团结、社会和谐的思想武器，在这个过程中，我国古代思想家关于道德教化和人才评价的思想为研究提供了丰富的思想资源。

（一）中国古代道德教化思想

评价是一种价值判断活动。我国古代思想家认识到为了维护政治统治，要加强对民众的道德教育。孔子是我国古代教育思想的奠基人，非常重视道德教育，他提倡"道之以德，齐之以礼"，即实施教化，提升人民的道德素养。孟子指出"善政不如善教之得民也。善政民畏之，善教民爱之；善政得民财，善教得民心"。① 他认为好的政令不如好的教育能赢得百姓的心。只有通过良好的道德教育才能得到人民对国家的认同，从而巩固统治。荀子重视"礼"在治理国家、教化人民中的作用。他一方面继承了儒家的思路，主张德治，重视礼的教化作用；另一方面主张通过规则制度进行社会治理，赋予礼规则、制度的意义。

另一方面，古代学校教育和选拔人才时都将学生的价值观和思想品德作为考评和选拔人才的重要内容。《礼记·大学》中说："大学之道，在明明德，在亲民，在止于至善。"② 就是说做学问"德"是根本，在于彰显自身的光明德行，再推己及人，使人人都能去除污染而自新，而且做到最完善的地步并且保持不变。其实这种"德"就是一种价值观的体现。

西周的学校教育制度中，"礼"是学校教育的重要形式，既有行为规范功能也有价值观教育功能。此外西周的选士制度是世界上最早的人才选拔制度。其中在大学进行的学校选士对学生进行这样的评价："比年入学，中年考校，一年视离经辨志，三年视敬业乐群，五年视博习亲师，七年视论学取友，谓之小成；九年知类通达，强立而不反，谓之大成。"③ 从中我们可以看到一个人有志向、善交际、尊师长、有主见等蕴含价值观念的品德都是考核的内容。

到了汉代，学校教育中明显贯穿官方道德教化意图。中央官学和地方官学中都分设不同的德育课程。《论语》《孝经》是公共必修课。董仲舒提出了"罢黜百家，独尊儒术"，教育的意识形态色彩更加明显。"三纲五常"成为价值观教育的核心内容。此外，西汉建立以察举制为核心的选士制度。所谓"察举"就是指经过考察之后予以举荐。据《汉书·文帝记》载，汉文帝于前元二年

---

① 中国社会科学院语言研究所词典编辑室：《孟子·尽心上》。

② 《礼记·大学》

③ 《礼记·学记》

（公元前178年）诏令"举贤良方正能直言极谏者"创立贤良方正科。可见在培育和选拔人才时"德"占有相当的分量。

魏晋南北朝时开辟出了九品中正制，以举人才。中正官举荐的人才依家世、才能和德行三项内容，评为九个等级：上上、上中、上下，中上、中中、中下，下上、下中、下下。"德行"是三条标准之一，也说明在当时统治阶级要将能够拥护自己统治的具有良好道德品质的人纳入管理国家的人员队伍中，也体现价值观教育评价的政治导向性原则。

到了宋代，学生品德评价已制度化，直接与招生入学、升学任官相挂钩。公元1071年王安石议定太学新制时，提出既要把学生的品德评价结果与学业成绩、任用官职相联系，还要与学官教学成绩评定及赏罚挂钩。① 这一点对我们今天的价值观评价的启发意义在于，仍要把价值观教育成效作为学生综合素质考评的重要内容。

明代更注重对学生价值观和品德的评价。明代太学的致仕选才标准均以"德行为本"，学校平时对学生的考察就不能不以此为转移了。明代学校禁例十二条规定："生员勤惰，有司严加考校，奖其勤敏，斥其顽惰。"学校已经将一个人的道德价值观与奖惩相挂钩。

我国古代重视道德教化，已经注意到对道德教育的重要价值。它不仅为维护统治阶级的利益服务，也是培养人才、教化民众的重要手段。这一思想对价值观教育评价具有的启发意义在于，价值观教育评价就是要揭示价值观教育的重要价值，从而改变社会上对培育活动的轻视态度，促使价值观教育落到实处，为实现立德树人的根本教育任务和民族复兴重任服务。

（二）中国古代人才评价思想

价值观教育评价是否必要和可行是价值观教育评价理论中的重要问题。古代思想家们对人才评价的许多思考和实践，值得我们借鉴。如孔子作为一位伟大的教育家，他主张"因材施教"，而要做到这一点，前提就是要了解学生各自的特点，即对学生进行评价。"因材"是施教的出发点和依据，评价是"施教"的前提，因此，孔子指出"不可以不知人"②，"知其心，然后能救其失也。教也者，长善救失者也"③。孟子也认为对人的品德进行评价是非常必要的，"权，

---

① 毛礼锐：《中国教育通史》，山东教育出版社，1995，第172-173页。
② 《论语·中庸》
③ 《礼记·学记》

然后知轻重；度，然后知长短。物皆然，心为甚"①。庄子认为"人有八疵，事有四患，不可不察也"②，也就是说人的道德价值观有"八疵""四患"，需要及时发现和纠正。南北朝著名的教育思想家颜之推认为道德价值观是可以评价的。"诚于此者形于彼，人之虚实真伪在于心，无不见乎迹，但察之未熟耳。一为察之所鉴，巧伪不如拙诚，录之以羞大矣。"③ 人的虚或实、真或伪固然在于心，但没有不在行动上表现出来的，只要认真观察，那种巧于作伪还不如拙而诚实，接着招来的羞辱更大。北宋教育家张载也表达过同样的思想。他认为："'成德为行'，德成自信则不疑，所行日见乎外可也。"④ 就是说品德形成必会表现出来，被观察到。

　　一个人的品德怎样评价需要依据一定的标准。我国古代的思想家和教育家们对人才评价标准也有论述。"重义轻利"在我国古代道德评价中占有重要地位，孔子说："君子喻于义，小人喻于利。"也就是说一个人在行为中对待义和利的态度是进行道德价值观评价的重要标准。此外，爱国主义、"智、仁、勇"、温、良、恭、俭、让、宽、信等都是孔子评价人的道德价值观的标准。

　　孟子说："生，亦我所欲也；义，亦我所欲也，二者不可得兼，舍生而取义者⑤。"孟子追求的"义"，是在生命与道德、利益与道德彼此发生冲突时，应坚守的一种价值观准则。墨子提出"义，天下之良宝也""万事莫贵义"的主张，以"义"作为人们行为的价值尺度。

　　墨子又说："且夫义者，正也。"⑥ 这里的"义"就是指正气、正道，人的精神境界；"正"是指行为的正确标准。就是说人生之正确的道路就是追求"国家百姓万民之利"，人之为人、处事、施政都当把"义"作为价值标准。

　　老子把"无为""朴""柔""厚""实"作为道德价值观评价标准。他把无为作为评价人的价值观的最高准则和至善品德。他说："道常无为而无不为""逆恒无为，而无不为"。⑦"道"总是无为的，但是遵循规律来治理国家自然就会成就所有的事，只有建立在自由意志之上的道德才是真正的道德。他又说："常德乃足，复归于朴""含德之厚，比于赤子"。一个道德高尚的人一定是朴

---

① 《孟子·梁惠王章句上（卷）》（第七节）
② 《庄子·渔父》
③ 《颜之推·颜氏家训. 第十篇》
④ 《张载集》
⑤ 《孟子·告子（上）》
⑥ 《墨子·天志（上）》
⑦ 《道德经》

素的人，像婴儿一样非常淳朴。

荀子把"礼"看作道德价值观的最高标准，他说："故绳者，直之至；衡者，平之至；规矩者，方圆之至；礼者，人道之极也。"① 绳墨是取直的标准；称是取平的标准；圆规曲尺是方圆的标准；礼是社会道德规范的最高准则。遵守"礼"和实行"礼"的人才是道德高尚的人。

隋代杰出的教育家王通认为，在"知""行""信"三个测评标准中，"信"最为重要，他说："知之者，不如不知者；行知者，不如安之者。"② 在品德评价时，与其注重一个人的认知层面，不如考察他的行动，但行动者所表现出的持之以恒、不勉强被动的举动才更能体现一个人的真实道德水平。这一思想对于我们今天价值观教育评价非常有启发，价值观评价不仅要评价其认知程度，还要看其认同、践行的状况。

我国古代思想家对人才评价的方法有很多独到的见解，如孔子提出"视其所以，观其所由，察其所安"的方法，认识一个人，应当从他的言论、行动到他的内心全面了解观察。这个评价方法在古代社会得到广泛的应用。孔子还倡导"自省""见贤思齐焉，见不贤而内自省也"③，引导弟子们进行自我评价。他还提出了一套自我评价的方法："深思""立志""克己""力行""内省"。孔子的学生曾参曾说："吾一日三省吾身，为人谋而不忠乎？与朋友交而不信乎？传不习乎？"④ 自省的方法注重提高人们价值观修养的主观积极性，鼓励自己教育自己，是价值观教育评价的一个重要方法。

墨子提出了"三表法"，即"有本之者，有原之者，有用之者"⑤。"三表法"可以根据一个人过去的行为资料、现在的表现给人们的感觉以及实际取得的绩效来评价其品德和价值观。墨子还认为："义，利；不义，害。志功为辨。"⑥ "志功"即动机与效果，判断一个人义与不义、利与不利的标准，不能简答就事论事，还要看他的动机与效果。

庄子引用孔子之语说明认识一个人、评价一个人的道德是困难的："凡人心险于山川，难于知天，天犹有春秋冬夏旦暮之期，人者厚貌深情，故有貌愿而益，有长若不肖，有慎狷而达，有坚而缦，有缓而悍，故其就义若渴者，其去

① 《荀子·劝学》
② 《文中子·礼乐篇》
③ 《论语·里仁》
④ 《论语·学而》
⑤ 《墨子·非命上》
⑥ 《墨子·大取》

义若热。"但仍然可以通过九种方法考察其"忠、敬、才能、机智、信、仁"等价值观:"故君子远使之而观其忠,近使之而观其敬,烦使之而观其能,卒然问焉而观其知,急与之期而观其信,委之以财而观其仁,告之以危而观其节,醉之以酒而观其侧,杂之以处而观其色。九征至,不肖人得矣。"①

隋代教育家王通认为要"废其言,察其志,考其行,辩其德"。② 简单的十二个字深刻体现了在进行价值观评价时要对其语言、动机、行为综合判断,唐代的柳宗元也有同样的观点:"即其辞、观其行、考其智,以为可化人及物者,隆之。文质胜,行无观,智无考者,下之。"③ 辞就是文章,行就是行为表现,智就是才能智慧,即考察一个人时,要"辞""行""智"并举,综合评价。北宋王安石也持有同样的看法:"所谓察之者,非专用耳目之聪明,而私听于一人之口也。欲审知其德,问以行;欲审知其才,问以言。得其言行,则试之以事。"④ 判断一个人的德才,要耳闻、目睹、口问、事验于一体。

由于历史和社会性质的局限,我国古代思想家人才评价的思想有其局限性,但我国古代思想家对人才评价必要可行性、人才评价标准、人才评价方法的论述不乏闪光之处,是价值观教育评价的重要思想资源。

二、马克思主义经典作家价值观教育评价思想资源

马克思主义经典作家的著作里没有使用"社会主义核心价值观""价值观教育""价值观教育评价"等概念,但马克思"需要""利益""理想""目的""意图""崇高"和"伟大"等用语,内蕴地和间接地表达了丰富的"价值"性内容。对于价值观教育的重要内容——政治理论教育、理想信念教育、意识形态教育也有关注和论述。此外马克思对价值理论、评价标准也有论述,从中挖掘和梳理价值观教育评价思想资源,可以为构建价值观教育评价理论提供坚实的理论指导。

(一) 马克思、恩格斯价值观教育评价的思想资源

马克思关于人的全面发展理论为价值观教育评价提供了方向性的标准。马克思在《共产党宣言》中指出作为人类理想的共产主义社会"将是一个联合体,在那里,每个人的自由发展是一切人的自由全面发展的条件"⑤。每个人自由而

---

① 《庄子·列御寇》
② 《文中子·立命篇》
③ 《柳宗元集·送崔子符罢举诗序》
④ 《王文公文集·上皇帝万言书》
⑤ 《马克思恩格斯选集》第1卷,人民出版社,1995,第292页。

全面发展是社会发展的最终目的，教育"不仅是提高社会生产的一种方法，而且是造就全面发展的人的唯一方法"①，价值观教育不仅帮助人们树立崇高的理想、信念，而且为实现人的全面发展提供精神动力和思想基础。价值观教育评价就是对教育过程和结果进行价值判断的活动，它要依据一定标准进行，而实现人的全面发展就是最高标准和价值取向。

价值观是人们对某种事物价值的基本看法、总的观念，是人们关于好坏、善恶、美丑等价值的态度、看法和选择。价值观教育评价包括对个体价值观念、价值目标、价值取向的判断。从马克思的诸多论述中就能体现出他的价值观念、价值目标和价值取向，这对于我们价值观教育评价具有启发和指导意义。如马克思说："尊严就是最能使人高尚起来、使他的活动和他的一切努力具有崇高品质的东西，就是使他无可非议、受到众人钦佩并高于众人之上的东西。"② 这里马克思指明了高尚、尊严等价值取向也是价值评价的一个重要内容。马克思还说："人们奋斗所争取的一切，都同他们的利益有关。"③ 恩格斯也指出："'思想'一旦离开'利益'，就一定会使自己出丑。"④ 这里马克思和恩格斯强调了人的思想、价值观念是与人的利益需要密切联系的。在每个人的价值选择背后都有深层的利益原因。因此，我们在价值观评价时要做到"以人为本"，科学评价人的需要，满足人的合理需要。当然马克思也强调了个人价值和社会价值相统一的标准："人们只有为同时代人的完美、为他们的幸福而工作，才能使自己也达到完善。"⑤ 评价一个人的价值观的标准是个人价值和社会价值的统一。不能以"自我"是否满足为唯一标准或主要标准，而应以是否满足社会需要和得到社会承认为标准。

在理论教育方法上，马克思反对硬性灌输，重视通过各种途径宣传和实践他的理论。马克思想尽一切办法宣传马克思主义理论，他不仅写了大量宣传共产主义价值观念的文献著作，还亲自担任《新莱茵报》的主编，利用各种协会、娱乐团体以及议会讲坛等对广大群众宣传社会主义价值观念，启发和引导更多的工人群众参加政治斗争。"我们通过口头、书信和报刊，影响着最杰出的盟员

---

① 《马克思恩格斯选集》第1卷，人民出版社，1995，第294页。
② 《马克思恩格斯全集》第1卷，人民出版社，1995，第458页。
③ 中共中央马克思恩格斯列宁斯大林著作编译局：《马克思恩格斯文集》第1卷，人民出版社，2009，第82页。
④ 中共中央马克思恩格斯列宁斯大林著作编译局：《马克思恩格斯文集》第1卷，人民出版社，2009，第286页。
⑤ 《马克思恩格斯全集》第1卷，人民出版社，1995，第459页。

的理论观点"。① 1864年成立的第一国际，马克思是主要创办者。马克思逝世后，在恩格斯指导下又成立了第二国际。恩格斯也反对不了解实际情况的、盲目的宣传教育，他指出只有有目的的、与实践相结合的宣传教育才是有效的方法。因此，价值观教育评价时，要以是否实现了教育的通俗化、大众化作为评价的重要内容。任何照本宣科的、不分对象的价值观教育都不会取得好的教育效果。

（二）列宁关于价值观教育评价的思想资源

列宁认识到理论宣传和教育在革命时期的巨大作用："没有革命的理论，就不会有革命的运动。"② 列宁还非常重视对青年进行社会主义思想体系战胜资本主义思想体系的价值观教育，青年"只有受了现代教育，他才能建立共产主义社会，如果不受这种教育，共产主义仍然不过是一种愿望而已"③，"对社会主义思想体系的任何轻视和任何脱离，都意味着资产阶级思想体系的加强"。④ 在分析资产阶级性质及其阶级实际的基础上，列宁明确指出："在任何学校，最重要的是课程的思想政治方向。"而且列宁强调，对青年进行的共产主义价值观教育要与具体的学习、生活、战斗相结合，"应该使培养、教育和训练现代青年的全部事业，成为培养青年的共产主义道德的事业"。⑤ 价值观教育评价的意义就在于揭示价值观教育的价值，列宁的论述为价值观教育评价的开展提供了依据。

关于价值观教育的方法，列宁全面系统地论述了"灌输理论"。他说："工人本来也不可能有社会民主主义的意识。这种意识只能从外面灌输进去。"⑥ 列宁当时提出"从外面"灌输社会主义意识，最重要的是指引导工人群众掌握社会主义的价值观念。灌输的原理是学校进行马克思主义教育的理论根据，但"灌输"的具体方式方法在新的时代背景下，也要与时俱进，如何有效地"灌输"，也是价值观教育评价的一个重要方面。在经济建设时期，列宁强调在价值观教育过程中坚持理论联系实际的原则。他大力倡导星期六义务劳动，"离开工作，离开斗争，从共产主义小册子和著作中得来的关于共产主义的书本知识，可以说是'一文不值'"。⑦ 这一认识给我们的启示就是理论教育要坚持灌输原

① 《马克思恩格斯选集》第4卷，人民出版社，1995，第198页。
② 《列宁选集》第1卷，人民出版社，1995，第153页。
③ 《列宁选集》第4卷，人民出版社，1995，第287页。
④ 《列宁选集》第1卷，人民出版社，1995，第326–327页。
⑤ 《列宁选集》第4卷，人民出版社，1995，第281–282页。
⑥ 《列宁选集》第1卷，人民出版社，1995，第317页。
⑦ 《列宁选集》第4卷，人民出版社，1995，第283页。

则与灵活多样的实践体验相结合的方法，这是对价值观教育方法的评价中必须坚持的原则和标准。

二、中国共产党的领导人价值观教育评价思想资源

思想政治教育是中国共产党的优良传统和政治优势，作为思想政治教育核心的价值观教育也同样得到了历届领导集体的重视，正是通过卓有成效的理想信念教育、爱国主义教育，坚定了广大党员干部的共产主义信念，鼓舞广大群众革命和建设的斗志，成为争取革命和建设胜利的重要法宝。党的历代领导人对价值观教育的论述中蕴含了丰富价值观教育评价的思想，对于我们今天开展高校价值观教育评价，进而提高价值观教育实效具有重要的指导意义。

（一）毛泽东关于价值观教育的重要论述

毛泽东非常重视价值观的宣传教育工作，早在土地革命时期做出的《古田会议决议》就是价值观教育的纲领性文件，决议中强调要把"纠正党内错误思想问题"与"党内教育问题"作为我党思想政治教育的中心问题。红军创立早期，毛泽东多次强调加强宣传工作的重要性，尤其是马克思主义的宣传教育。正是借助有效的价值观教育工作，为我军粉碎一次又一次国民党的"围剿"提供了强大的精神动力。抗日战争初期，毛泽东在《论持久战》中指出："如此伟大的革命战争，如果没有普遍和深入的政治动员，那是不可能取得战争胜利的。"① 1937年10月25日，毛泽东在与英国记者贝特兰的谈话中指出："八路军更有一种极其重要和极其显著的东西，这就是它的政治工作。"这段话表明了政治价值观教育在战争中的重要作用。新中国成立后，毛泽东提出："思想工作和政治工作，是完成经济工作和技术工作的保证。思想和政治又是统帅，是灵魂。"②

价值观教育目标和内容上，毛泽东提出社会主义革命和建设中要树立正确的价值目标和价值取向。如毛泽东把大公无私、毫不利己、专门利人、全心全意为人民服务当作价值观教育的目标。1939年《纪念白求恩》一文，高度概括和评价了白求恩精神。他说白求恩精神就是"毫不利己专门利人的精神"，毛泽东还提出了人民利益至上的党的宗旨教育。什么样的人生才是有价值的人生？"为人民利益而死，比泰山还重；替法西斯卖命，替剥削人民和压迫人民的人去

---

① 《毛泽东选集》第2卷，人民出版社，1991，第480页。
② 《毛泽东文集》第7卷，人民出版社，1999，第351页。

死，就比鸿毛还轻。"① 1957 年毛泽东指出："我们的教育方针，应该使受教育者在德育、智育、体育几方面都得到发展，成为有社会主义觉悟的有文化的劳动者。"② 这是第一次将学生的道德品质、思想觉悟、科学文化素质统一起来，形成了培养全面发展的社会主义接班人的价值观教育目标。1958 年杭州会议，毛泽东又提出了思想与政治是统帅，要培养又红又专的一代新人的思想。可见，毛泽东十分重视价值观教育，将一个人的政治觉悟、崇高信仰、坚定理想作为评价人才的重要标准。

毛泽东在长期的革命建设实践中形成了丰富的教育方法。如理论联系实际的方法：1958 年毛泽东提出了"教育必须为无产阶级政治服务，必须同生产劳动相结合"③ 的教育方针。毛泽东又强调，"人的正确思想，只能从社会实践中来，只能从社会的生产斗争、阶级斗争和科学实验这三项实践中来"。④ 只有参加社会实践，在实践中接受锻炼，才能提高觉悟水平和认识能力，才能形成正确的价值观念。调查研究的方法："射箭要看靶子，弹琴要看听众。"⑤ 说服教育的方法：1933 年 8 月，毛泽东又一次告诫全党，指出"我们一定不要命令主义，我们要的是努力宣传，说服群众"。⑥ 榜样示范的方法：榜样的力量是无穷的，将抽象、枯燥的思想理论和价值法规转化成鲜活、生动的人物和事例，更容易引起大家的情感共鸣和效仿践行，毛泽东将张思德、白求恩、焦裕禄、雷锋等先进人物树立为特定时代的光辉榜样，教育、引导、激励一代又一代人投身于社会主义革命和建设事业中。毛泽东关于实践方法、调查研究的方法、榜样示范的方法既是价值观教育的重要方法，也构成了价值观教育评价的重要内容。

（二）邓小平关于价值观教育的重要论述

邓小平从关系我国社会主义前途命运的高度来认识价值观教育的重要战略价值。改革开放之后，西方价值观对社会主义价值观教育形成挑战，邓小平一针见血地指出："我们最大的失误是在教育方面，思想政治工作薄弱了，教育发

---

① 《毛泽东选集》第 3 卷，人民出版社，1991，第 337 页。
② 《毛泽东文集》第 7 卷，人民出版社，1999，第 226 页。
③ 《毛泽东著作选读》（下册），人民出版社，1986，第 803-804 页。
④ 《毛泽东著作选读》（下册），人民出版社，1986，第 839 页。
⑤ 《毛泽东选集》第 3 卷，人民出版社，1991，第 284 页。
⑥ 《毛泽东选集》第 3 卷，人民出版社，1991，第 125 页。

展不够"①，"学校应该始终把坚持正确的政治方向放在首位"。②

　　价值观教育目标上，邓小平创造性地提出了培养"有理想、有道德、有文化、有纪律的无产阶级革命事业接班人"的目标。"在建设具有中国特色社会主义社会时，一定要坚持物质文明和精神文明，坚持五讲四美三热爱，教育全国人民做到有理想、有道德、有文化、有纪律。"③ "有理想"居于"四有"之首，他强调："要特别教育我们的下一代下两代，一定要树立共产主义的远大理想。"④ 因为理想是我们事业的精神支柱，是社会主义事业的力量源泉。"四有"新人理论分别从政治素质、道德素质、专业素质和行为素质等方面对社会主义事业的接班人提出了严格要求，也体现了价值观教育在一个人的成长中具有的价值导向和精神动力作用。因此"四有"新人理论既是价值观教育的目标，也是价值观教育评价的指南。

　　邓小平提出了价值观教育要按照一定原则和采用适当的方法，评价也有一定的标准。如要坚持理论联系实际的方法，他说："实事求是是马克思主义的精髓。要提倡这个，不要提倡本本"⑤，"墨守成规的观点只能导致落后，甚至失败"⑥。必须把马克思主义理论与中国实际相结合，实现马克思主义的中国化，这是邓小平价值观教育的重要思想。"要结合建设祖国的实践，努力学习马克思列宁主义，提高自己的共产主义觉悟，克服资产阶级思想以及其他各种错误思想的影响。"⑦ 邓小平还提出了教育要管用的原则。在邓小平的南方谈话中，提出了"学马列要精、要管用"的重要指示。因此要提高价值观教育的效果，这是关系到是否能够实现"四有"新人的教育目标，也关系到社会主义事业是否后继有人的重大问题。学校教育要坚持教育与管理相结合，引导教育的方法。⑧

　　邓小平提出了德育是首要标准。他说："我们的学校是为社会主义建设培养人才的地方。应该使受教育者在德育、智育、体育几方面都得到发展，成为有社会主义觉悟的有文化的劳动者。"⑨ 这里"德"的标准是首位标准，可见思想政治素质和价值观教育在人才评价中的重要位置。此外，邓小平提出的"三个

①　《邓小平文选》第 3 卷，人民出版社，1993，第 290 页。
②　《邓小平文选》第 2 卷，人民出版社，1994，第 369 页。
③　《邓小平文选》第 2 卷，人民出版社，1994，第 262 页。
④　《邓小平文选》第 3 卷，人民出版社，1993，第 111 页。
⑤　《邓小平文选》第 3 卷，人民出版社，1993，第 382 页。
⑥　《邓小平文选》第 3 卷，人民出版社，1993，第 292 页。
⑦　《邓小平文选》第 1 卷，人民出版社，1994，第 277 页。
⑧　《邓小平文选》第 2 卷，人民出版社，1994，第 336 页。
⑨　《邓小平文选》第 2 卷，人民出版社，1994，第 103 页。

有利于"既是检验我们党和国家各项方针政策和改革成败的标准,也对价值观教育具有指导意义,充分展示了人作为最高目的的深刻价值内涵,价值观教育评价也应该参照"三个有利于"的标准。

(三) 习近平关于价值观教育的重要论述

习近平总书记高度重视价值观建设,深刻阐释了社会主义核心价值观的科学内涵、精神实质、重要价值、培育路径等问题,"从理论和实践结合上进一步回答了'培育和践行什么样的价值观,怎样培育和践行社会主义核心价值观'的重大时代课题,成为习近平新时代中国特色社会主义思想的逻辑构成"①。习近平并没有专门论述价值观教育评价思想,但在有关培育和践行社会主义核心价值观的诸多论述中,蕴含丰富的价值观教育评价思想。

第一,培育和践行核心价值观重要意义的论述为价值观教育评价提供了基本遵循。

评价的本质是对某种活动的价值判断。是否需要对价值观教育进行评价,取决于价值观教育是否有价值。习近平深刻阐释了培育和践行核心价值观的重要意义,强调它是增强民族凝聚力的纽带。"确立反映全国各族人民共同认同的价值观'最大公约数',使全体人民同心同德、团结奋进、关乎国家前途命运、关乎人民幸福安康。"② 他还强调,"核心价值观是文化软实力的灵魂、文化软实力建设的重点。这是决定文化性质和方向的最深层次要素"。③ 习近平总书记不仅从文化软实力角度,还从国家治理的高度,阐明培育和践行的重要意义。"构建具有强大感召力的核心价值观,关系社会和谐稳定,关系国家长治久安。"培育和践行社会主义核心价值观也是增强文化自信的重要力量。党的十九大报告中,习近平总书记指出"社会主义核心价值观是当代中国精神的集中体现,凝结着全体人民共同的价值追求"④,坚持社会主义核心价值体系是新时代坚持和发展中国特色社会主义的基本方略之一。在庆祝改革开放四十周年的大会上,习近平总书记提出"加强文化领域制度建设,举旗帜、聚民心、育新人、兴文化、展形象,积极培育和践行社会主义核心价值观"⑤ 是改革开放 40 年积累的

① 黄蓉生:《习近平社会主义核心价值观思想论析》,《西南大学学报》(社会科学版) 2018 年第 4 期。

② 习近平:《习近平谈治国理政》,外文出版社,2014,第 168 页。

③ 习近平:《习近平谈治国理政》,外文出版社,2014,第 163 页。

④ 习近平:《习近平谈治国理政》,外文出版社,2014,第 163 页。

⑤ 习近平:《在庆祝改革开放 40 周年大会上的讲话》,《人民日报》2018 年 12 月 19 日,第 2 版。

成功经验之一。

第二，价值观教育目标的论述为价值观教育评价指标的构建提供依据。

高校价值观教育评价要以价值观教育目标为依据，通过评价指标对评价客体进行价值判断，习近平的论述中指明了培育和践行的重要目标和主要目的。十八届中央政治局集体学习时习近平强调"使社会主义核心价值观内化为人们的精神追求，外化为人们的自觉行动"，党的十九大上强调"发挥社会主义核心价值观对国民教育、精神文明创建、精神文化产品创作生产传播的引领作用，把社会主义核心价值观融入社会发展各方面，转化为人们的情感认同和行为习惯"①。2018 年 9 月 10 日全国教育大会上强调"教育引导学生培育和践行社会主义核心价值观，踏踏实实修好品德，成为有大爱大德大情怀的人"②。上述论述既指明了培育和践行的目标，又为价值观教育评价指明了方向。社会主义核心价值观是否转化为人们的精神追求、情感认同和行为习惯，是否发挥了精神引领作用，广大师生是否成为坚定信仰者、积极传播者、模范践行者，是否成为有大爱大德大情怀的人，要通过评价来把握。

第三，培育和践行核心价值观内涵和具体路径的论述为价值观教育评价标准制定提供重要指导。

习近平不仅提出社会主义核心价值观的基本内容，而且明确了它们之间的逻辑关系："富强、民主、文明、和谐是国家层面的价值要求，自由、平等、公正、法治是社会层面的价值要求，爱国、敬业、诚信、友善是公民层面的价值要求。这个概括，实际上回答了我们要建设什么样的国家、建设什么样的社会、培育什么样的公民的重大问题。"③ 习近平总书记还提出了培育和践行的具体途径：必须"立足中华优秀传统文化，使其成为涵养社会主义核心价值观的重要源泉……要切实把社会主义核心价值观贯穿于社会生活方方面面；要通过教育引导、舆论宣传、文化熏陶、实践养成、制度保障等，使社会主义核心价值观内化为人们的精神追求，外化为人们的自觉行动"④，"从娃娃抓起、从学校抓起，做到进教材、进课堂、进头脑"；"要注意把我们所提倡的与人们日常生活

① 习近平：《决胜全面建成小康社会 夺取新时代中国特色社会主义伟大胜利——在中国共产党第十九次全国代表大会上的报告》，人民出版社，2017，第 42 页。
② 张烁：《习近平在全国教育大会上强调：坚持中国特色社会主义教育发展道路 培养德智体美劳全面发展的社会主义建设者和接班人》，《人民日报》2018 年 9 月 11 日，第 1 版。
③ 习近平：《习近平谈治国理政》，外文出版社，2014，第 168-169 页。
④ 习近平：《习近平谈治国理政》，外文出版社，2014，第 164 页。

紧密联系起来，在落细、落小、落实上下功夫"。价值观教育评价要对社会主义核心价值观教育的 24 个字的认知、认同和践行效果进行评价，价值观教育是否从教育引导、舆论宣传、文化熏陶、实践养成、制度保障等方面落实，是否从娃娃抓起、从学校抓起，是否进教材、进课堂、进头脑，是否落细、落小、落实是评价高校价值观教育的重要标准。

第四，青年是进行社会主义核心价值教育重点领域的论述，为高校价值观教育评价的开展提供了理论和现实依据。

习近平总书记特别强调青年学生要自觉践行社会主义核心价值观。因为"青年的价值取向决定了未来整个社会的价值取向，而青年又处在价值观形成和确立的时期，抓好这一时期的价值观养成十分重要"①。因此，"青年要从现在做起、从自身做起，使社会主义核心价值观成为自己的基本遵循，并身体力行大力将其推广到全社会去"②。习近平还阐释了青年价值观教育评价的标准。2018 年 5 月 2 日北师大座谈会上强调"把立德树人的成效作为检验学校一切工作的根本标准……要把立德树人内化到大学建设和管理各领域、各方面、各环节，做到以树人为核心，以立德为根本"③，习近平对青年提出了四点希望："要爱国，忠于祖国，忠于人民；要励志，立鸿鹄志，做奋斗者；要求真，求真学问，练真本领；要力行，知行合一，做实干家。"④ 这些论述指明了高校价值观教育评价的标准。2018 年 9 月 10 日全国教育大会上，习近平指出"要深化教育体制改革，健全立德树人落实机制，扭转不科学的教育评价导向，坚决克服唯分数、唯升学、唯文凭、唯论文、唯帽子的顽瘴痼疾，从根本上解决教育评价指挥棒问题"⑤，这一论述对高校价值观教育评价具有很好的启发，应树立以学生为本的理念，以满足学生需要、促进学生全面发展为目标，构建"需求者本位"的评价体系。

---

① 习近平：《习近平谈治国理政》，外文出版社，2014，第 172 页。
② 习近平：《习近平谈治国理政》，外文出版社，2014，第 172 页。
③ 习近平：《在北京大学师生座谈会上的讲话》，《人民日报》2018 年 5 月 3 日，第 2 版。
④ 习近平：《在北京大学师生座谈会上的讲话》，《人民日报》2018 年 5 月 3 日，第 2 版。
⑤ 张烁：《习近平在全国教育大会上强调：坚持中国特色社会主义教育发展道路　培养德智体美劳全面发展的社会主义建设者和接班人》，《人民日报》2018 年 9 月 11 日，第 1 版。

第二节　高校社会主义核心价值观教育评价的理论基础

科学的评价不仅要有丰富的理论资源，还要有科学的理论为依据，高校社会主义核心价值观教育评价不仅需要挖掘马克思主义经典作家、中国共产党的领导人的价值观教育评价思想，还要以马克思主义哲学、教育学、思想政治教育学的相关理论为指导。

一、马克思主义哲学方法论

马克思主义方法论有广义和狭义之分，狭义的方法论是一些具体的辩证方法，广义的方法论是用马克思主义哲学、政治经济学和科学社会主义理论指导下的方法论，本书的方法论指广义的方法论，即用马克思主义哲学理论指导社会主义核心价值观教育评价的方法。马克思主义基本哲学原理本身就具有方法论的功能。马克思主义哲学的方法论是价值观教育评价方法中最高层次的方法，对高校价值观教育评价的开展具有重要的指导意义。

（一）马克思主义价值论和认识论为高校价值观教育评价提供理论指导

马克思主义价值论是关于价值的本质、构成、评价、选择、创造等问题的学说。一方面，价值是评价的对象和内容，价值决定评价。要了解价值观教育评价的本质就要了解价值观教育的价值。只有我们对价值观教育的价值有比较深入的了解，才能对价值观教育评价给予足够重视。另一方面，评价反映、揭示价值，同时对价值和价值活动产生影响。马克思主义价值论关于价值的本质、特性、结构等成果，对于我们正确认识高校价值观教育评价的含义、目标、原则、主客体、功能等有重要的启示意义。

马克思主义的认识论是以科学的实践观为基础的能动的、革命的反映论。评价本质上是意识对存在的一种反映。但评价所反映的对象、主体和形式都已经超出了传统的反映论，它不是机械的片面的反映论，而是马克思所倡导的以充分发展了主体能动性的全面的、能动的反映论。这一理论对于价值观教育评价体系的构建具有重要的指导意义。价值观教育评价是对价值观教育这一"客体"全面的反映，对主体与客体、实践与认识的本质特点和运动规律把握得越深刻、越全面，对价值观教育的评价就越深入、越全面，对价值观教育价值的认识不是一蹴而就的，是一个不断充实、发展和验证的过程。

（二）马克思主义实践论指明高校价值观教育评价的来源、动力、检验标准和目的

实践是马克思主义的基本观点。实践是主观见之于客观的现实活动，能够使主体凭借其生命机能和各种物质手段、观察和认识事物。在这个过程中，人们凭借外部感觉和内部意识就能够相应地直观理解世界的客观实在性，人还能通过实践使事物发生预期的变化，由此而确证人的思维的现实性和力量，亦即思维的客观真理性。主体是在实践活动中进行认识的。评价作为一种特殊的认识也同样在实践活动中进行。价值观教育是改造人的主观世界的实践活动。价值观教育评价本身是价值观教育的一个重要环节，同时它又以培育和践行等一系列实践活动为基础，这种评价活动要受到历史条件、社会环境和主客观条件的制约。评价的目的和标准是否合理，评价结论是否合事实、合逻辑、合规范，需要接受实践的检验。实践是价值观教育评价的最高标准。价值观教育的过程及教育者和受教育者相互作用的客观活动，双方的实践及相互作用的过程都是可感知的客观实在，受教育者的内化和外化是实践的成果。

（三）马克思主义历史观明确高校价值观教育评价的根本目的

马克思、恩格斯在《德意志意识形态》中指出："人们是自己的观念、思想等的生产者，但这里所说的人们是现实的、从事活动的人们，他们受着自己的生产力的一定发展以及与这种发展相适应的交往（直到它的最遥远的形式）的制约。"① 这就科学地看到了认识主体的社会性、历史性。一定社会的上层建筑都是建立在一定的经济基础之上并为自己的经济基础服务的。教育受一定社会政治、经济、文化的制约。价值观教育评价既受一定的社会政治、经济文化的制约，也必然为统治阶级服务。价值观是一种社会意识，由社会存在决定，产生于经济基础之上，不可避免地具有社会历史性。价值观教育评价的目的是为价值观教育服务，价值观教育作为一项属于特定社会阶级的活动，它总是服务于特定阶级的根本利益和需要，必然致力于传播和巩固社会主义的意识形态。

（四）唯物辩证法确立了高校价值观教育评价的方法体系

马克思主义认识论的唯物辩证法为评价提供正确的方法体系。唯物辩证法是基本的逻辑思维方法，它包含了联系的观点和发展的观点。客观事物普遍联系和科学发展的重要表现就在于它的系统性。客观事物相互作用是以系统的形式存在的，系统具有整体性和有序性。高校价值观教育评价是由高校价值观教

---

① 《马克思恩格斯选集》（第 1 卷），人民出版社，1995，第 72 页。

育评价的目标、评价主客体、评价标准、评价指标体系、实施程序、评价原则、评价方法等构成的有机整体。在建立指标体系时坚持系统性，就是坚持辩证法普遍联系的基本观点，克服形而上学的片面性，从整体出发，构建全方位、全过程、多角度的评价指标体系。

辩证唯物主义的三大基本规律也是评价高校价值观教育的根本方法。其中对立统一规律是核心，它是揭示事物普遍联系的根本内容和事物发展的内在动力。矛盾分析法是认识事物的根本方法，高校价值观教育评价的方法有定量评价与定性评价，结果评价与过程评价，他人评价与自我评价，这些方法之间都是对立统一的关系，要坚持辩证的分析方法，实现定量评价与定性评价的互补、结果评价与过程评价并重、他人评价与自我评价的结合。

质量互变规律是指量变和质变的相互关系，量变是质变的必要准备，质变是量变的必然结果。正如肖鸣政指出的："马克思主义哲学的质量统一规律为品德测评量化提供了必要的理论依据，而质量互变规律为品德测评量化提供了可能性的理论依据，质量分析中的度理论为品德测量提供了突破口。"① 价值观教育评价的原则之一就是定性与定量评价相结合，评价时要在马克思主义质量互变规律的指导下有机地把握定性与定量的统一。任何事物都是质和量的统一，在现实生活中，不存在有质无量或有量无质的生活。价值观教育评价的对象即教育过程（教育者素质、价值观教育决策或活动）及其结果（教育对象的价值观状况）等事物也是如此。价值观教育评价中，"量化的任务就是以马克思主义哲学的质量互变规律为理论依据，力求找到那个引起'质变'的'量'的度。通过这个'量'的测量来把握事物的质"。②

否定之否定规律实质上就是自我扬弃，它是连续性和非连续性的统一。在评价过程中，对高校价值观教育的价值、目标、功能、动态的认识不可能一次完成，而是要在把握各种矛盾相互作用的基础上不断地"扬弃"，才能使评价越来越接近事实。环顾教育评价的历史可知，教育评价是一个变化着的概念，因为社会在变化，教育在发展，评价没有一个永恒的概念和模式，价值观教育评价也是如此，评价体系的完善是一个否定之否定的过程。

二、教育评价和教育测量理论

教育评价学和教育测量学是现代教育学的重要领域，为高校价值观教育评

① 肖鸣政：《品德测评的理论与方法》，福建教育出版社，1995，第48页。
② 王茂胜：《思想政治教育评价论》，社会科学出版社，2006，第68页。

价提供了理论借鉴和方法指导。

（一）教育评价理论为高校价值观教育评价提供理论和实践指导

教育评价具有极为悠久的历史，它伴随着教育活动的出现而产生。教育评价起源于我国，西周选士制度（乡里选士、诸侯贡士、学校选士）是世界上最早的评价选拔人才的制度①。隋朝的科举制度既是统治阶级选士的制度，也是一种教育评价制度，它在我国存在了1200多年，不仅对我国教育产生了深远的影响，也对世界教育评价的发展，尤其是对文官选拔制度产生了重要影响。但我国教育评价的科学化和专业化发展，却落后于西方。现代意义的教育评价是在心理和教育测量、统计方法和个别差异研究等方面发展的基础上形成建立起来的。20世纪30年代的美国学者泰勒，在著名的八年研究中较系统地提出了评价的理论和技术，是现代教育评价创立的标志。第二次世界大战后，由于教育的重要性日益凸显，教育评价因其对教育发展所具有的重要促进作用也备受各界关注，并取得了长足的进步。新的评价理论和模式不断涌现、评价技术和方法日益完善。从具体的历史发展来看，可以将西方的现代教育评价发展分为测量阶段、描述阶段、判断阶段和构建阶段。

梳理教育评价历史和理论，把握教育评价发展的规律，价值观教育评价体系的构建便可以站在一定的历史理论高度上避免理论的缺陷，实践中也会少走弯路。同时现代教育评价理论的发展趋势也为价值观教育评价研究提供思路。

第一，评价主体由单一走向多元。

追溯教育评价发展的历史可以发现，"西方教育评价的主体最初是社会或教育部门的单一主体，泰勒评价模式问世之后的评价也是由学校外部的专家作为评价主体，然而随着西方评价理论和实践的发展，单一主体的评价弊端日益显现"②。20世纪70年代末西方教育评价研究者在探索克服单一主体弊端的过程中萌发多元主体参与的理念，20世纪90年代，多元主体参与成为趋势。多元主体评价改变了评价者与被评价者的关系，原来评与被评的对立关系转变成了平等的协商关系，增加了被评者的热情与兴趣。扩展了评价者的角色，要扮演评价协调者、指导者和促进者的角色。同时多元主体评价提高了评价结果的质量、教育决策的科学性、促进教育结果的使用、强化评价的教育功能。

高校价值观教育评价在构建评价主体时应符合教育评价主体多元化的发展趋势，不仅高校教育行政主管部门、高校、相关领域的专家是评价的主体，具

---

① 侯光文：《教育评价概论》，河北教育出版社，1996，第3页。
② 蔡敏：《论教育评价的主体多元化》，《教育研究与实验》2003年第1期。

有"中间人"性质的评估机构，甚至参与高校价值观教育的任何组织和个人都可以成为评价主体。随着主体意识的增强、民主意识的提高以及社会诚信体系的建立，自我评价也必将在整个评价中占据重要位置。

第二，评价功能更关注改进和发展。

在教育评价发展历史的早期阶段，往往更注重教育评价的鉴定、甄别等结果评价。随着教育评价的进一步发展，教育评价的改进功能和调控功能日益显现，强调评价为教育决策、改进服务。由此西方的教育目的由以前的过分注重评价的选拔功能，逐渐转变为更加注重改进和发展功能。发展性教育评价在20世纪90年代出现，不把评价制度作为奖惩的机制，而以促进学生、教师、学校未来发展为目的。它注重教育的可持续发展和教育对人的可持续发展的贡献，它追求的目标是帮助学生、教师和学校做得更好。

高校价值观教育评价不能仅仅停留在检验价值观教育目标是否实现，评价的判断、鉴定功能上，而应强调对价值观教育的改进和发展功能。价值观教育评价要为高校价值观教育工作提供决策参考，为教育工作者提供进一步工作的动力和建议，为大学生的全面发展提供外部引导和内生动力。

第三，评价方法要实现定性评价与定量评价的结合。

回顾西方教育评价的历史，"测量阶段"以前的评价基本上都是采用定性评价，然而客观性是教育评价追求的目的之一。随着人们认识事物要求的提高，对事物的认识就不再满足于大致判断了，特别是由于科学主义、实证主义的影响，尤其是统计学的发展，教育评价中引进了量化评价方法。但在量化评价发展过程中，人们过于崇尚客观性与精确性，又有完全抛弃质性评价方法的倾向。当量化评价发展到极端以后，人们又认识到，教育活动非常复杂，不仅教育内外各种因素之间关系错综复杂，而且如情感、态度、鉴赏力、思想等实现量化困难很大，于是"构建"阶段又重新重视定性评价方法的运用。但第四代在倡导定性评价方法时，对传统的实证主义方法采取简单的全面否定的态度，又犯了片面化的错误。未来教育评价的发展必然是定量评价与定性评价的相得益彰。现代教育日益复杂，其评价也不再片面追求量化，也不会片面追求定性评价，而是将定量与定性相结合，将科学方法与人文方法相结合，从而使评价更精确、更具体、更全面，从而更有说服力。

高校价值观教育评价要坚持两者的结合。一方面，价值观教育评价进行量化是可能的。通过量化来描述价值观教育的效果，有助于对教育活动和效果的深入分析和比较，有助于教育评价的科学化。"具有人力资源和科学技术支撑，如概率论、模糊数学、离散数学等相继出现，使社会科学中的一些复杂问题在定性化基础上朝着精确化、定量化方向迈进。"① 这就使得价值观教育评价的量化由可能性变成了可行性和现实性。另一方面，价值观教育评价客体的特殊性，如思想的形成、内容及表达都有其复杂性、差异性、多变性和隐藏性，这就决定了定性评价是不可缺少的评价方法。

（二）教育测量理论为高校价值观教育评价提供方法指导

教育测量是"针对教育效果或者针对学生各方面的发展予以测量和描述的过程，旨在获得有一定说服力的数量事实，是一种以量化为主要特征的事实判断"②。1904 年美国心理学家桑代克出版《精神与社会测量导论》一书，标志着以科学理论为指导的教育测量理论的诞生。这本书中提出一个著名的假设："无论什么东西，只要是存在的，总存在于数量之中。"人们往往把这句话看成一切测验和量化评价的公理。20 世纪初，在桑代克的影响下，美国的教育测量运动轰轰烈烈地开展起来。不断完善的测量法则、测验量表的编制、信度效度检验方法等为价值观教育评价提供了重要的方法借鉴。

1. 信度和效度检验

教育测量中的信度是测量结果的稳定性程度，信度检验的方法有重测信度、复本信度、同质性信度等；效度是指一个测验或量表实际能测出所要测量的特性的程度，效度评价的方法有内容效度、结构效度和校标关联效度等。这些方法为价值观教育评价信度和效度的检验提供了重要的方法指导。本研究在价值观教育实效测评量表的信度检验中使用同质性信度中的克隆巴赫（Cronbach's α）系数。价值观教育实效测评量表的结构效度检验中使用因素分析法。

2. 测验编制的原理与方法

测验是测量的工具，在教育评价过程中常常用来收集如有关态度测验、民意测验等资料。为使测验编制科学化，需要对测验目标的教育目标进行分类。布鲁姆的教育目标分类法是目前比较受欢迎的测验目标分类法，布鲁姆把教育目标分为认知、情感和动作技能三个领域，每一个领域从高到低又分为不同的等级。这种方法为价值观教育实效测评量表的编制提供了非常有益的思路。本书价值观教育实效测评量表从理性认知、情感认同和行为实践三个维度编制。此外，测验编制要经过设计测验蓝图、选定工具、编制题项、编写测验手册等过程，这也为价值观教育实效测评量表的编制提供了参考。

---

① 陈洪丽，苗琳：《思想政治教育价值评价的科学化探析》，《吉林师范大学学报》（人文社会科学版）2008 年第 1 期。

② 黄光扬：《教育测量与评价》，华东师范大学出版社，2002，第 8 页。

三、思想政治教育本质论和评价论

价值观教育是思想政治教育的核心内容。思想政治教育理论对于高校价值观教育评价理论研究和实践开展具有重要的指导意义。思想政治教育和社会主义核心价值观教育之间既紧密联系又有所区别。首先，二者密切联系，在逻辑起点、内容、目标、方法、任务等多个方面具有高度的统一性。二者指导思想与教育目标根本上一致：以马克思列宁主义、毛泽东思想、邓小平理论、"三个代表"重要思想、科学发展观、习近平新时代中国特色社会主义思想为指导，培养德才兼备、全面发展的中国特色社会主义合格建设者和可靠接班人。二者教育途径与队伍基本一致，都把思想政治理论课作为主渠道，同时与社会实践、校园文化等多种途径有机结合。有专门的教育机构和队伍，如高校都有马克思主义学院、学工部、团委、辅导员等负责日常具体的思想政治教育工作和价值观教育工作。总之，价值观教育是本质体现与核心内容。高校思想政治教育是价值观教育的重要路径和基本要求。其次，二者不能相互等同。尽管二者在指导思想、教育目标、教育途径与队伍上存在一致，但两者不能互相等同，两者的区别主要在于：从广义上讲，前者比后者的范围更广、内容更多。社会主义核心价值观教育主要强调对人的价值取向、价值标准、价值目标的教育，重在培养人的社会主义核心价值观。思想政治教育内容范围更广，还包括非核心价值观教育、科学思想方式素养、人文素养教育等。从狭义上讲，社会主义核心价值观要发挥"价值引领"作用，其地位和重要性更为重要，突出体现在其"意识形态的指导地位和巩固全党全国人民的团结奋斗的思想基础"的重要政治意义和现实意义。

学界对思想政治教育评价的研究已经比较深入，但二者的区别也说明了价值观教育评价研究更具有现实必要性和紧迫性。首先，价值观教育评价可以突出价值观教育的重要意义和价值，更好地发挥价值观教育的"价值引领"的功能，推动价值观教育活动的深入发展；其次，对思想政治教育的重要组成部分——价值观教育进行评价，可以为增强思想政治教育实效提供思路、依据和路径。

（一）思想政治教育本质和规律理论为高校价值观教育评价提供理论指导

马克思主义从社会与人的实践性本质、人的社会性本质、人的主观能动性论述思想政治教育本源；思想政治教育的基本规律有思想品德形成发展规律和服从、服务于社会发展的规律①。价值观教育与思想政治教育之间的关系决定了价值观教育评价必须遵循思想政治教育的本质和规律，并在此基础上明确价值观教育评价的内容、构建评价指标、选择评价方法。

（二）思想政治教育结构论为高校价值观教育评价提供内容依据和方法借鉴

思想政治教育是一个包括主体、客体、介体、环体等基本要素的系统，各要素之间相互联系、相互影响。主体是思想政治教育的承担者、发动者和实施者，客体是思想政治教育的接受者和受动者，介体是思想政治教育主体和客体相互联系、相互作用的中介，环体是与思想政治教育有关的，对人的思想品德形成、发展产生影响的外部因素。分析思想政治教育结构，要把握系统各要素之间的相互关系及其地位和作用。价值观教育结构也由上述四个基本要素组成，价值观教育评价中要按照系统论的思想，以思想政治教育结构论为指导，对价值观教育主体、客体、介体和环体进行综合考量和评判。

（三）思想政治教育评价为高校价值观教育评价研究提供直接借鉴

思想政治教育评价研究从 1978 年至今经历了"积累萌发、探索建设、系统发展和全面推进四个阶段"②。思想政治教育评价已经成为思想政治教育过程中的重要环节，能够检验教育目标、优化教育过程、评判教育效果、增强教育实效。学术界对思想政治教育评价的内涵、目标、主客体、特征、原则、指标体系、方法特点、实施程序的深入研究，为社会主义核心价值评价研究提供诸多思路和可直接借鉴之处。

第一，思想政治教育评价的内涵、功能。思想政治教育评价是指："评价者依据一定的思想政治教育评价标准，运用定性与定量相结合的科学方法，对思想政治教育过程及其结果进行价值判断。"③ 这一概念强调评价是包含价值判断、评价主客体、评价标准、评价方法诸要素的实践活动。价值观教育是思想政治教育的核心，上述理论为界定高校价值观教育评价内涵和功能提供了基本遵循。

第二，思想政治教育评价的理论基础和现实依据。马克思主义为思想政治教育评价提供了科学的世界观和方法论。思想政治教育的相关政策法规为思想

---

① 张耀灿，郑永廷，吴潜涛，等：《现代思想政治教育学》，人民出版社，2006，第 123 页。

② 沈壮海，段立国：《思想政治教育测评研究的回顾与展望》，《思想教育研究》2014 年第 9 期。

③ 王茂胜：《思想政治教育评价论》，中国社会科学出版社，2006，第 45 页。

政治教育评价提供了总体规划和指导原则。思想政治教育的理论基础和现实依据使思想政治教育评价成为可能。高校价值观教育评价也应在此基础上，挖掘古今中外价值观教育评价的思想元素，深入解读价值观教育评价的相关文件，形成自己的理论体系。

第三，思想政治教育评价的指标体系、评价标准和评价方法。思想政治教育评价指标体系，是思想政治教育目标具体化的集中体现，思想政治教育评价标准是思想政治教育评价者应用于对象的评价尺度。2010 年教育部思政司公布《普通高等学校大学生思想政治教育工作测评体系》（征求意见稿）的一级指标包括组织领导、主体队伍、课堂教学主渠道、日常思想政治教育主阵地、条件保障、育人环境、特色项目。也有学者将思想政治教育绩效的科学评价指标体系分为思想政治教育的政策执行指标、主体效果指标、运行过程指标、信息系统指标以及投入和环境指标。思想政治教育评价标准和指标体系的不同观点对制定科学合理的高校价值观教育评价标准和指标体系具有重要的启发和指导意义。

思想政治教育评价方法是为了对思想政治教育效果做出全面、科学、客观的价值判断，达到一定的思想政治教育评估目的而采用的有效的手段、方式和途径的总称。① 思想政治教育评价方法的多样性，为高校价值观教育评价方法的选择提供了诸多可以直接借鉴的方法，同时也要结合高校价值观培育和践行的实际情况，创造性地提出更具有实效性、可操作性的方法。

第三节　高校社会主义核心价值观教育评价的现实依据

高校价值观教育评价不仅要从古今中外价值观教育评价思想中获得启迪，从马克思主义哲学、教育学、思想政治教育学中获得理论指导、借鉴启示，还有直接的、现实的依据。

一、以习近平新时代中国特色社会主义教育根本任务论为指导

党的十八大以来，习近平在各种讲话、会议中发表许多关于教育的重要论述。习近平突出强调了"立德树人"的教育理念和教育思想，特别在党的十九

---

① 丁燕，巩克菊：《近 5 年来思想政治教育评价研究述评》，《山东青年政治学院学报》2011 年第 5 期。

大报告中指出:"要全面贯彻党的教育方针,落实立德树人根本任务,发展素质教育,推进教育公平,培养德智体美全面发展的社会主义建设者和接班人。"①由此明确了高校教育立德树人的根本任务。

立德树人涉及培养什么样的人、怎样培养人、为谁培养人等根本问题。从高校存在的价值角度,习近平总书记阐述了立德树人的重要性,他指出:"高校立身之本在于立德树人,只有培养出一流人才的高校,才能够成为世界一流大学。"② 从高校立德树人的路径上,习近平总书记强调培育和践行社会主义价值观是立德树人的基本要求和基本路径;从高校办学方向的要求上,习近平总书记强调必须坚持社会主义办学方向,高校"树"的人是社会主义事业的建设者和接班人,担当民族复兴大任的时代新人。坚持正确的政治方向是实现立德树人的根本保证。

习近平立德树人的根本教育论,丰富了高校教育理论和思想政治教育理论,大大深化了对教育规律、思想政治教育规律和人才成长规律的认识,也为高校落实立德树人的根本任务指明了方向:要加强高校党委的全面领导,形成协同育人的格局;要高度重视教师在立德树人中的重要作用;要注重以文化人、以文育人的作用;要健全立德树人的落实机制,树立科学的教育评价导向。

高校价值观教育是落实立德树人根本任务的中心工作。高校价值观教育评价要以习近平立德树人根本任务论为指导,围绕立德树人的根本任务开展评价。在评价目标上要以高校立德树人任务的落实作为根本目标;在评价的价值取向上要坚持正确的政治方向;在评价指标的构建上要以立德树人的落实情况作为重要内容;在评价的反馈调节中要着重关注立德树人的深入落实举措。

二、以社会主义核心价值观教育相关文件为准则

社会主义核心价值观教育具有鲜明的阶级性和政治性,教育效果以其是否符当前党和政府的要求,是否使受教育者形成社会主义价值观念为标准。因此,党和政府的相关政策和文件是评价的重要依据。

2013 年 12 月 23 日中共中央办公厅印发的《意见》全面阐述了培育和践行社会主义核心价值观的意义、依据、原则、途径和方法,成为深入推进社会主义核心价值观培育和践行的重要准则。2017 年 2 月 27 日,中共中央、国务院印

---

① 习近平:《决胜全面建成小康社会 夺取新时代中国特色社会主义伟大胜利——在中国共产党第十九次全国代表大会上的讲话》(单行本),人民出版社,2017,第 45 页。
② 张洋:《习近平在全国宣传思想工作会议上强调:举旗帜聚民心育新人兴文化展形象 更好完成新形势下宣传思想工作使命任务》,《人民日报》,2018 年 8 月 23 日,第 1 版。

发《关于加强和改进新形势下高校思想政治工作的意见》中强调："把社会主义核心价值观体现到教书育人全过程，引导师生树立正确的世界观、人生观、价值观。"① 2017 年 10 月 18 日党的十九大上，习近平强调"要以培养担当民族复兴大任的时代新人为着眼点"，"把社会主义核心价值观转化为人们的情感认同和行为习惯"。2018 年 8 月 21 日全国宣传思想工作会议上习近平强调："要强化教育引导、实践养成、制度保障，把社会主义核心价值观融入社会发展各方面，引导全体人民自觉践行。"② 从中央密集出台的一系列与高校价值观教育密切相关的重要文件中，可以看出以习近平同志为核心的党中央对高校价值观教育工作的高度重视。习近平总书记有关讲话的精神和两个《意见》的精神是否在高校得到贯彻落实，各高校怎样执行，执行的效果如何，只有通过评价才能掌握。

三、以总结高校价值观教育经验为启迪

2012 年党的十八大提出"三个倡导"，培育和践行社会主义核心价值观活动全面开展，活动开展以来取得了哪些成绩？有哪些好的经验和做法？还存在哪些问题？这些问题值得我们深入调查、研究和总结，这既是改进高校价值观教育的需要，也是进行高校价值观教育评价研究的基础工作。

当前社会主义核心价值观的理论研究和培育、践行实践活动已经成为学术研究的热点和重点，有关文章汗牛充栋。高校培育和践行活动紧锣密鼓地开展，这样一件教育实践活动的意义是什么？投入高校价值观教育中的人力物力财力是否与回报成正比？评价标准是什么？这是一系列不容忽视的问题。高校价值观教育工作究竟做得怎么样？是否内化为高校学生的价值追求，外化为大学生的行为自觉？价值观教育目标实现程度如何？教育内容是否落到了实处？教育方法是否科学合理？科学、客观、公正、全面地评价高校价值观教育成为一个亟待研究的重要理论问题和现实问题。

加强大学生价值观教育是促进大学生成长成才、全面发展的需要，是党和国家对大学生成长目标的要求，也是历史发展对大学生的必然要求。近年来，高校各级组织积极倡导、精心组织、全力推进社会主义核心价值观"三进"工作做了不少有意义和有价值的事情。但是，从目前的情况看，我们在培育大学生价值观工作中还存在一些问题，如："立德树人"根本任务的落实中多方

---

① 《中共中央　国务院印发关于加强和改进新形势下高校思想政治工作的意见》，《人民日报》2017 年 2 月 28 日，第 1 版。

② 张洋：《习近平在全国宣传思想工作会议上强调：举旗帜聚民心育新人兴文化展形象　更好完成新形势下宣传思想工作使命任务》，《人民日报》2018 年 8 月 23 日，第 1 版。

面协调的工作格局没有形成，实践养成的途径落实不到位；学生对社会主义核心价值观的知识体系是了解的，但有相当部分的学生没能把社会主义核心价值观内化为自己的信仰并落实到行动中；价值观教育教学目标抽象而空泛，人才评价唯分数、唯升学的顽瘴痼疾仍然存在；价值观理论教育与具体行为习惯的养成脱节，重知而轻行，价值观教育成了知识性教育；没有建立一套科学的符合人的心理发展规律的、循序渐进的引导方式，缺少专门的评价考核机制。针对高校价值观教育开展的现状，对高校立德树人的落实情况、大学生价值观的认同、培育和践行的情况做出客观的评价和分析，从而为下一步创新高校价值观教育实践活动提供政策参考和指导，已经成为当前高校价值观教育的迫切需要。

第四节　本章小结

本章从思想资源、理论基础、现实依据三个方面阐释了"高校社会主义核心价值观评价何以可能、何以必要"的问题。首先，挖掘中国古代德育思想、马克思主义经典作家教育思想、中国共产党的领导人价值观教育思想，为研究提供了丰富的思想资源。其次，马克思主义哲学、教育学、思想政治教育学等为价值观教育评价研究提供了坚实的理论基础。最后，从现实视角，习近平新时代中国特色社会主义思想为评价提供了指导思想；《意见》等文件的出台为评价提供了基本准则；高校价值观教育经验为评价提供了现实依据。

第四章

高校社会主义核心价值观教育评价指标体系的构建

高校社会主义核心价值观教育评价指标体系是由指标系统、各指标的权重和评价标准所组成的集合体。高校价值观教育是一个动态复杂的受多个因素制约的系统，诸因素呈现出复杂性、多元性和多样性，教育的结果又往往是精神产品。设计一个比较有效、简明、科学的评价指标体系是难度很高的工作，而建立评价指标体系又是评价过程中很重要的一环，因为它决定了人们评什么，不评什么，人们重视什么，忽略什么，具有很强的指挥棒作用。因此必须科学地、慎重地设计和构建高校价值观教育评价指标体系，以确保价值观教育评价的质量。

第一节　高校社会主义核心价值观教育评价指标体系构建的原则

鉴于评价指标体系在整个评价活动中具有举足轻重的作用和地位，为了保证其科学性和可行性，高校价值观教育评价指标体系的构建必须按一定的要求，遵循一定的原则。

一、政治性原则

政治性是指高校价值观教育评价指标体系的构建必须坚持社会主义方向，符合党和国家的教育方针，符合党和国家对高校价值观教育的基本要求。高等教育的根本任务是"立德树人"，落实"培养德智体美劳全面发展的社会主义建设者和接班人"的教育目标。高校价值观教育评价指标的构建必须与国家的教育目标和任务一致，将价值观教育的组织领导、制度建设、教育教学、实践活动和文化建设中是否体现政治性要求作为重要的评价标准。在评价指标的设计中要对违背社会主义核心价值观教育方向的行为给予"一票否决"。权重的分配也要有明确的导向，对体现价值观教育政治性的指标要赋予更多的权重。如对价值观教师队伍的评价，要从教师的政治立场、思想觉悟、业务能力、为人师表等多方面设置指标，但政治立场、思想表现是第一位的，应克服重业务能力、轻思想表现的片面性，必须坚持又红又专、教书育人的方向。

二、人文性原则

人文性是指价值观教育评价指标的构建必须坚持"立德树人"，促进学生的全面发展，充分体现学生的主体性。着眼于"培养什么样的人""如何培养人"等人文关怀制定评价标准，满足高校师生真善美的需要和学生成长成才成人的需要。"高校价值观教育工作"指标维度中要在学生制度建设、思政课程、实践活动等二级指标中关注关切学生的合理需求，评价信息的收集要增加学生评价的权重，在学校价值观教育管理、制度建设、思政课程效果、社会实践活动开展、全过程全方位育人的氛围等方面采用学生调查、访谈、座谈等评价方法，将学生的主体性落到实处。在"高校价值观教育效果"的指标维度中，以社会主义核心价值观是否入耳入脑入心构建学生对价值观教育认知、认同、践行效果的二级指标，并主要以学生调查问卷的方法，重视学生的主观感受、情感共鸣和行为认同，突出学生全面发展的需要。

三、整体性原则

整体性是指高校价值观教育评价指标的构建要全面反映价值观教育整体情况，目标细化后的指标体系能够全面、完备地涵盖并反映高校价值观教育评价目标，不能遗漏任何重要指标。一是评价指标体系的构建必须整体把握价值观教育的目标、任务和要求。评价指标不仅包括高校价值观教育整体工作状况（组织领导、制度建设、教育教学、实践活动、文化建设），还要包括高校价值观教育效果，包括高校学生认知、认同和践行情况，校园的精神风貌、师生反应，社会上家长、媒体和用人单位的反馈。二是编制具体指标时要准确地理解和把握上一级指标，不能遗漏反映标准本质属性的重要目标。如社会主义核心价值观二级指标"教育教学"的观测点不仅包括思政课程中核心价值观的相关教育教学和教师队伍，专业课程、日常的宣传教育、网络教育都是核心价值观教育的重要指标。如果遗漏其中任何一项指标，评价结果必然会失之偏颇，从而造成评价工作的失误。

四、科学性原则

科学性原则是指高校价值观教育评价指标体系的构建要符合教育规律、学生成长成才规律，要有科学、客观的尺度。首先，要从高校价值观教育的现状和学生的实际出发，标准不宜定得太高；指标设计时要考虑指标的鉴别能力，大家很容易做到或者很难做到的指标无法区分先进与落后；指标的设计要考虑人力、物力、财力以及时间所允许的条件。其次，每项指标的界定应当清晰简明。指标层级要合理清晰，指标的概括表达尽量精练准确，指标的条目要尽量少而精，表述精练准确，避免冗长烦琐。再次，同一层级的指标要互相独立，相互排斥。从逻辑上讲，不得具有同一关系、交叉关系和因果关系。不能冲突和矛盾，避免重叠和遗漏。最后，指标体系的设计、指标权重的确定方法都应采用科学的方法，防止主观臆断或一时兴起。为避免主观随意性，高校价值观教育评价指标权重可采用较为科学客观的层次分析法（AHP）。

五、可测性原则

可测性原则是指高校价值观教育评价指标体系中最低一级的指标要能够观察或测量到，评价标准的内容要用可操作化的语言概括表达，能够通过定性和定量相结合的方式，依靠动态数据和可追溯的事实进行客观公正的评价。具体方法是将评价指标分解成可操作化的行为要素。指标体系必须抓住关键性行为要素，并使潜在行为变为外显行为。如价值观教育工作的"组织领导"可以分解为"领导体制""工作机制""条件保障"三个指标，这三个指标可分别通过不同的观测点进行评价。其中"领导体制"可通过高校的党委主体责任明确与否、高校党委的价值观教育工作部署情况来观测；"工作机制"可通过价值观教育方案制定与落实、工作机构是否健全、考核与督导是否实现来观测；"条件保障"可通过队伍培训情况、经费落实、办公活动场所落实情况来观测。

第二节 高校社会主义核心价值观教育评价 指标体系构建的依据

为保证高校价值观教育评价指标体系客观、全面、准确、有说服力，评价指标的确立不仅要遵循一定的原则，还要从当前党和国家的政策出发，借鉴相关学科的理论，立足于价值观教育内容，从专业教师那里汲取经验。

一、国家的教育政策和法规

2006 年党的十六届六中全会提出"社会主义核心价值体系"及其基本内容，即马克思主义指导思想、中国特色社会主义共同理想、以爱国主义为核心的民族精神和以改革创新为核心的时代精神、以"八荣八耻"为主要内容的社会主义荣辱观①。2012 年党的十八大报告中首次提出以"三个倡导"为主要内容的社会主义核心价值观。2013 年中共中央办公厅颁布的《意见》要求从落实到社会治理中、加强宣传教育、开展涵养的实践活动、加强组织领导等方面培育和践行社会主义核心价值观。2014 年中共教育部、共青团中央《关于在各级各类学校推动培育和践行社会主义核心价值观长效机制建设的意见》提出从教育教学、社会实践、文化育人、制度建设、组织领导五个方面推进价值观培育践行工作的长效化、常态化和科学化。2017 年中共中央、国务院《关于加强和改进新形势下高校思想政治工作的意见》提出"把社会主义核心价值观体现到教书育人全过程，引导师生树立正确的世界观、人生观、价值观，加强国家意识、法治意识、社会责任意识教育，加强民族团结进步教育、国家安全教育、科学精神教育，以诚信建设为重点，加强社会公德、职业道德、家庭美德、个人品德教育，提升师生道德素养"②。这些规定是构建高校价值观教育评价指标体系的基本依据。

二、相关的学科理论

高校价值观教育评价指标和标准的制定，要依据思想政治教育学和教育评价学、教育测量学的基本原理。价值观教育是思想政治教育的核心内容，因此应符合思想政治教育规律。从教育者和受教育者两个层面，思想政治教育运行包括教育工作和教育结果，在构建高校价值观教育评价指标时，按此原理设计为高校价值观教育工作和高校价值观教育结果两个一级指标。按照种属关系，高校价值观教育评价是教育评价的一个组成部分，在设计评价指标、确定评价权重、制定评价标准时必须依据教育评价的相关原理。

---

① 《中共中央关于构建社会主义和谐社会若干重大问题的决定》，《人民日报》2006 年 10月 19 日，第 1 版。

② 《中共中央　国务院印发关于加强和改进新形势下高校思想政治工作的意见》，《人民日报》2017 年 2 月 28 日，第 1 版。

三、社会主义核心价值观教育教学内容

思想政治理论课是社会主义核心价值观教育的主渠道，《中共中央宣传部教育部关于进一步加强和改进高等学校思想政治理论课的意见》（简称"05 方案"）规定本科思想政治理论课开设"思想道德修养与法律基础""马克思主义基本原理概论""中国近现代史纲要""毛泽东思想、邓小平理论和'三个代表'重要思想概论"（教社科涵〔2008〕15 号将该课程调整为"毛泽东思想和中国特色社会主义理论体系概论"），专科开设"毛泽东思想、邓小平理论和'三个代表'重要思想概论""思想道德修养和法律基础"两门必修课。"05 方案"同时规定，本、专科学生都要开设"形势与政策"课。为推进习近平新时代中国特色社会主义思想进教材、进课本、进头脑，2018 年教育部对四门教材进行了重新修订。四门主修课和一门选修课的教材中以不同视角涵盖了价值观教育的内容。教材内容是设计评价指标和确定评价标准的重要依据，特别是学生的知识、能力和情感态度评价指标及标准的设计时，研读教材，找出教材中的基本知识点，教学重点、难点，是高校价值观教育实效测评量表编制的重要工作。

四、社会主义核心价值观教育教学和工作经验

本研究在构建高校价值观教育评价指标体系时，非常重视一线教师、思想政治教育领域专家的教学经验和研究人员、教育行政部门、党政宣传部门的工作经验。一方面，借鉴前人研究成果，对开展价值观教育评价实证研究的相关文献进行梳理，汲取其在评价指标体系构建中的先进做法，克服其研究不足；另一方面，初拟评价指标之后，在思政领域的教育专家、教师、行政工作者中广泛征求意见，修改并完善评价指标。评价指标确定之后，采用层次分析法（AHP 法）邀请相关专家和教师对评价指标进行评分，再通过 EXCEL 软件计算后得出各指标的权重。

第三节　高校社会主义核心价值观教育评价
指标体系构建的过程

科学合理的构建程序是评价指标体系有效运行的重要保证。一般而言，包括确定评价指标、权重、评价标准三方面的内容。高校价值观教育评价指标的构建工作技术性强、涉及范围广，为保证整个过程有序进行和评价指标的科学合理，必须采用一定的科学程序和方法。

一、构建评价指标系统

（一）初拟评价指标系统

本研究采用文献查阅法、目标分解法、专家访谈法，并借鉴美国和澳大利亚价值观教育评价指标的有益经验，在此基础上将高校价值观教育目标分解为教育工作和教育效果两个一级指标。分解为一级指标后仍比较抽象，就需要继续分解，将教育工作分解为组织领导、制度建设、教育教学、实践活动、文化建设 5 个二级指标，将教育效果分解为学生实效、校园风气、社会效应 3 个二级指标。二级指标仍嫌不够具体，不能直接观测，所以将二级指标进一步分解为 28 个三级指标。

（二）调查论证初拟指标系统

初拟指标提出之后，要对初拟指标进行归纳、筛选，不能反映本质、作用不明显的要删除；同类的要合并；相互矛盾的仔细斟酌，去伪存真；运用德尔菲法广泛征求专家意见，在多轮咨询、匿名反馈的过程中，综合权衡、逐步统一认识，确定评价指标构成。

本研究采用调查统计法对初拟指标进行论证。笔者邀请×××省高校的 12 名思想政治教育领域的专家、6 名教师、3 名相关党政部门的工作人员进行咨询（调查咨询问卷详见附录 A），共发放问卷 21 份，有效回收率 100%，如表 4.1 所示。为确保调查结果的科学性，21 位调查对象严格按照以下要求选取：调查对象对高校价值观教育有丰富的工作或教学经验；调查对象在高校价值观教育研究领域比较活跃且有一定的影响；调查对象对初拟的高校价值观教育指标系统有充分的理解。

表 4.1　专家调查问卷统计表

	频率	有效百分比	累积百分比
思政专家	12 人	57.1	57.1
思政教师	6 人	28.6	85.7
党政工作人员	3 人	14.3	100

1. 关于一级指标的合理性、涵盖性和区分度分析（详见表 4.2）

调查结果显示，关于一级指标的合理性，在 21 名被调查者中，14.3%的人员认为两个一级指标较合适，85.7%的人员认为合适，说明从教育工作和教育效果两个方面评价是合理的；关于一级指标的涵盖性，在 21 名被调查者中，95.2%的人员认为没有遗漏，总体来看涵盖性较好；关于一级指标的区分度，在 21 名被调查者中，100%的人员认为区分得较好或区分得很好。综合三个方面的分析，一级指标设计合理。

表 4.2　一级指标合理性、涵盖性和区分度分析表

	合理性 （合适、较合适）		涵盖性 （很好，无遗漏）		区分度 （区分较好、很好）	
	频率	百分比	频率	百分比	频率	百分比
思政专家	12 人	57.1	11 人	52.4	12 人	57.1
思政教师	6 人	28.6	6 人	28.6	6 人	28.6
党政工作人员	3 人	14.3	3 人	14.2	3 人	14.3
合计	21 人	100	21 人	95.2	21 人	100

2. 关于"教育工作"二级指标的合理性、涵盖性和区分度分析（详见表 4.3）

调查结果显示，关于"教育工作"二级指标的合理性，在 21 名被调查者中，85.7%的人员认为二级指标较合适或合适；关于涵盖性，在 21 名被调查者中，19.1%的人员认为涵盖性有较小遗漏，比如教育理念；80.9%的人员认为没有遗漏，总体来看涵盖性较好；关于区分度，在 21 名被调查者中，19.1%的人员认为有些不太好区分，80.9%的人员认为区分得较好或区分得很好，有的专家提出一些改进意见，如有的专家认为文化活动既是社会实践的内容，又是文化建设的内容，对某些指标的表述应进一步斟酌。综合以上分析和被调查人员的意见，对二级指标及其下设三级指标进行修改、完善。

表 4.3　二级指标合理性、涵盖性和区分度分析表（1）

	合理性（合适、较合适）		涵盖性（很好，无遗漏）		区分度（区分较好、很好）	
	频率	百分比	频率	百分比	频率	百分比
思政专家	10 人	47.6	10 人	47.6	10 人	47.6
思政教师	5 人	23.8	5 人	23.8	5 人	23.8
党政工作人员	3 人	14.3	2 人	9.5	2 人	9.5
合计	18 人	85.7	17 人	80.9	17 人	80.9

3. 关于"教育效果"二级指标的合理性、涵盖性和区分度分析（详见表 4.4）

调查结果显示，关于"教育效果"二级指标的合理性，在 21 名被调查者中，95.2%的人员认为二级指标较合适或合适；关于涵盖性，在 21 名被调查者中，14.3%的人员认为涵盖性有较小遗漏；85.7%的人员认为没有遗漏，总体来看涵盖性较好；关于区分度，在 21 名被调查者中，14.3%的人员认为有些不太好区分，85.7%的人员认为区分得较好或区分得很好。有的专家提出精神风貌与文化建设的下设指标的表述应进一步斟酌。综合以上分析和被调查人员的意见，对"教育效果"二级指标及其三级指标进行修改、完善。

表 4.4　二级指标合理性、涵盖性和区分度分析表（2）

	合理性（合适、较合适）		涵盖性（很好，无遗漏）		区分度（区分较好、很好）	
	频率	百分比	频率	百分比	频率	百分比
思政专家	11 人	52.4	10 人	47.6	10 人	47.6
思政教师	6 人	28.6	5 人	23.8	5 人	23.8
党政工作人员	3 人	14.2	3 人	14.3	3 人	14.3
合计	20 人	95.2	18 人	85.7	18 人	85.7

4. 确定最终指标系统

为了保证设计指标的质量，经过筛选论证之后的指标再请一些专家来论证，专家论证后的指标体系更为合理，经过修改完善之后，形成最终版评价指标系统。如表 4.5 所示。

表 4.5 高校社会主义核心价值观教育评价指标系统

一级指标	二级指标	三级指标
社会主义核心价值观教育工作 A1	组织领导 B11	领导体制 C111
		工作机制 C112
		条件保障 C113
	制度建设 B12	学校规章制度 C121
		教师规章制度 C122
		学生规章制度 C123
	教育教学 B13	思政课程 C131
		专业课程 C132
		日常宣传教育 C133
		网络教育 C134
		教育队伍 C135
	实践活动 B14	实践活动组织 C141
		实践活动内容 C142
		实践基地 C143
		实践考核 C144
	文化建设 B15	校风教风学风建设 C151
		校园物质文化建设 C152
		校园文化活动 C153
		榜样示范活动 C154
社会主义核心价值观教育效果 A2	学生实效 B21	理论认知 C211
		情感认同 C212
		实践行为 C213
	校风校貌 B22	精神风貌 C221
		校园秩序 C222
		师生反应 C223
	社会效应 B23	家长反馈 C231
		媒体反馈 C232
		用人单位反馈 C233

二、制定评价标准

（一）高校价值观教育评价标准的含义

标准（standard）是"事物质变的临界点，事物质变过程中量的规定性。通俗地说是指：要求、优良或完成的程度或水平。因而标准表达到什么程度才是合乎要求的，或者能称上是优良的"。①

高校价值观教育评价标准指价值观教育活动中事物或人物属性的质的临界点以及它们在质变过程中量的规定，是价值观教育评价中对评价客体在质量和数量要求上的一些具体规定。它依据一定时期价值观教育目标以及价值观教育的实际状况而设计，既是衡量价值观教育活动及价值的准则，也是衡量价值观教育成效的尺度与准绳。由于它是行动的准则，所以在高校价值观教育实践中它往往成为开展价值观教育活动的参照系和行动指南；又由于它是高校价值观教育评价的准则，所以在评价中它必然成为评价主体进行价值判断的依据。评价标准不仅具有行为规范的工具价值，而且更具有价值生成的理性价值，即在价值观评价中主体应用于客体的价值尺度是否科学，评价标准是否完善直接关系到评价内容和评价效果的有效性。但正如思想政治教育的效果一样，价值观教育的效果"表现形态非常复杂，它既表现为显性效果，更表现为隐性效果；既表现为近期效果，又表现为远期效果"②，这就增加了研究的难度。高校价值观教育评价标准既是研究的重点，也是难点。

（二）高校价值观教育评价标准的内容结构和表现形式

在具体的高校价值观教育评价过程中，高校价值观教育评价标准是对评价客体在质量和数量要求上的一些具体规定，所以具体地表现为内容尺度和形式结构。

1. 评价标准的内容尺度

高校价值观教育评价标准的内容尺度指评价标准包含了哪些方面的具体内容。时代不同、评价目的不同、评价对象不同，社会主义核心价值观教育评价的标准在内容上会呈现出差异性。新时代对价值观教育的客观要求、高校价值观教育的基本规律、社会主义核心价值观教育目标以及价值观教育的实际状况，是制定价值观教育评价标准内容尺度的依据。

---

① 陈玉琨：《教育评价学》，人民教育出版社，1999，第43页。
② 张耀灿：《现代思想政治教育学》，人民出版社，2001，第305页。

高校价值观教育评价标准的具体内容非常丰富，将这些具体内容进行抽象分析，找出共性和一般特点，构成内容尺度。从内容上，高校价值观教育评价标准有素质标准、职责标准、效能标准。

素质标准是"被评教育客体在完成各项任务时应该具备的条件的角度提出的标准"[1]。高校价值观教育评价中，对被评的高校教师、辅导员等人员来说，指的是他们所具备的政治素质、思想素质、业务素质等品质标准；对被评的高校价值观教育工作条件来说，指的是价值观教育工作的条件标准，如高校价值观办公场所、活动场所、办公经费、实践基地、规章制度等。

职责标准是"从被评教育客体在各种教育任务中应承担责任和应完成任务的角度提出的标准"[2]。高校价值观教育评价中，对被评的人物，如高校领导、院系领导、教师等来说，指的是他们恪守职责时的标准，如高校领导承担全校价值观教育组织领导、具体指导和监督检查职责，院校领导承担的所在学院的领导、监督、检查责任，高校教师承担价值观教育教学，辅导员承担教育实践活动的组织情况等。对被评价的事物，如价值观教育课程、实践活动、校园文化活动等，指的是各种活动所承担的任务标准，如价值观教育课程主渠道发挥情况、文化活动的文化育人标准等。

效能标准是"从被评教育客体完成任务效果的角度提出的标准"[3]。高校价值观教育评价中，对被评的人物，如高校学生，指的是他们认知、认同、践行价值观的效果；对被评事物，如校风校纪、社会反响，指的是价值观教育之后校风校纪的好转、社会用人单位普遍好评等。

2. 高校价值观教育评价标准的表现形式

常见的评价标准表现形式有数量式标准、分等评语标准、期望评语标准。数量式标准是指以明确的数量作为判断最后一级指标等级的标准。分等评语标准是指不同等级所要表达的要求运用文字描述，评价者据此判断相应的等级。例如，某评价制定的标准为 A 和 B，其中，符合 A 为优，符合 B 为一般。期望评价标准是对最后一级指标的要求做出最理想的说明，这个说明就是评价的标准。这种评价标准形式只给出了一个最好等级的标准。在实际使用过程中，往往是同时使用几种标准形式。高校价值观教育评价标准制定中使用了期望评语标准和分等评语标准的结合。

---

[1] 王致和：《高等学校教育评估》，北京师范大学出版社，1995，第99页。
[2] 王致和：《高等学校教育评估》，北京师范大学出版社，1995，第99页。
[3] 王致和：《高等学校教育评估》，北京师范大学出版社，1995，第99页。

（三）高校价值观教育评价标准的制定

制定评价标准是方案设计中最难解决的问题之一，评价标准的制定不能随心所欲，必须遵守一定要求，按照一定的程序进行。否则，这种"标准"不能反映价值观教育的实际情况，不能对价值观教育价值做出准确的判断。

1. 高校价值观教育评价标准制定的要求

首先，要有先进性。党的十九大报告指出，中国特色社会主义进入新时代。新时代价值观教育要"以培养担当民族复兴大任的时代新人为着眼点"[1]，"培养一代又一代拥护中国共产党领导和我国社会主义制度、立志为中国特色社会主义奋斗终身的有用人才"[2]，这些精神是制定高校价值观教育评价标准的根本要求。其次，要符合教育活动规律。高校价值观教育活动的规律是人们对价值观教育活动科学认识的结果。制定评价标准必须符合高校价值观教育活动规律的要求。再次，要与实际情况相符合。评价标准必须考虑当前大学生的实际情况，促使大学生真正接受这些评价标准。评价标准不能太高也不能太低，要适度。另外，制定的评价标准要在一定的人力、物力、财力的条件下去实施，如果忽略了这些实施条件，再好的评价标准也只能束之高阁，发挥不了应有的作用。最后，要与评价指标相一致。高校价值观教育评价标准是评价指标的具体体现，在制定评价标准时，评价标准的内涵、分等、措辞等必须与评价指标保持严格一致，否则会导致评价结果偏离评价指标的要求，违背价值观教育评价的初衷。

2. 高校价值观教育评价标准制定的程序与方法

首先，初拟评价标准。明确高校价值观评价末级指标（第三级）的内涵，将各末级指标分解为若干评价要素，如三级指标"条件保障"可以分解为队伍培训保障、专项经费保障、教育办公和活动场所保障。然后确定标度和等级，标度可以用描述性的语言，也可以用量化形式表述。高校价值观评价标准采用描述性语言："完全达到""基本达到""大部分达到""大部分达不到"四个等级。确定了价值观教育评价标准内容尺度和标准等级的划分之后，将上述内容

---

① 习近平：《决胜全面建成小康社会 夺取新时代中国特色社会主义伟大胜利——在中国共产党第十九次全国代表大会上的报告》，人民出版社，2017，第15页。

② 张烁：《习近平在全国教育大会上强调：坚持中国特色社会主义教育发展道路 培养德智体美劳全面发展的社会主义建设者和接班人》，《人民日报》2018年9月11日，第1版。

编成一个表格，即为初拟评价标准。

其次，优化高校价值观教育评价标准。对于初拟的高校价值观教育评价标准，请专家进行论证，广泛征求意见，以完善评价标准。专家论证后的"评价标准"，为了符合价值观教育工作的实际情况，征求可能的高校迎评小组组长，如宣传部部长、马克思主义学院院长的意见，并进行部分评价标准的预试（部分标准受客观条件限制无法预试），他们工作在价值观教育的第一线，了解价值观教育的现状和存在的问题，做深入的调查研究后，才能编制出合适的评价标准。

三、确定权重

（一）权重的内涵和常用确定方法

评价指标确定以后，就要分配权重。所谓权重，也称权重系数，是统计学中的一个术语，指一个整体被分解成若干指标时，用来表示每个指标在整体中所占比重大小的数字。这些权重系数组成的集合，称为权集。每个指标的权重表示该指标在整体中的相对重要程度，而权集则反映了每个指标与其他指标之间的关系。权重代表了评价指标的重要性程度。在设计评价方案时，确定正确的权重非常重要。权重通常用 W 表示，权重可以用小数（0~1.0）表示，用 W 下标 i（W_i）表示第 i 项指标的权重，W_i 的取值范围是 $0 < W_i \leqslant 1$。确定权重的常用方法包括经验确定法、德尔斐法、层次分析法等。

经验确定法是由有经验的专家、学者根据他们的经验和主观认识，共同商讨决定权重的一种方法。这种方法纯粹凭经验定性的确定方法，优点是简便易行，能集思广益；但缺点是主观随意性大，结论难以进行定量处理，受加权人员的素质、水平以及兴趣、爱好等因素的影响。

德尔斐法是以匿名的形式，就指标权重通过问卷征求意见，经过多次反复后，使专家的意见逐步趋向收敛，最后确定权重。这种方法采用背对背的方式，避免互相干扰，有控制地多次反馈，对问题的探讨更为深入，结论便于定量处理。德尔斐法是一种比较科学、客观的方法，目前在国内外受到广泛的采用，但需要反复进行，工作量较大。

层次分析法（Analytic Hierarchy Process，简称 AHP）是美国运筹学家 Saaty 于 20 世纪 70 年代创立的一种计算指标权重的方法。其工作原理是"将与决策有关的元素分解成目标、准则、方案等层次，在此基础上运用定量和定性相结合的多目标决策分析技术，通过整合评定专家的经验判断，进一步将分散的咨询意见模型化、集中化和数量化"①。层次分析法克服了完全靠主观分析判断来确定权重的片面性，是一种能够对复杂问题做出决策的简易而又实用的方法，具有系统、灵活、简洁、合理、高效的优点，尤其适用于对决策结果难以直接准确计量的场合。目前它是教育评价领域广泛采用的一种计算权重的方法。层次分析法确定权重的过程"要求有关人员对同一层次的评价指标通过两两比较，区分出各项指标反映评价现象数量要求的相对重要程度，给出的数值表示的判断，构成数值化的判断矩阵，经运算后，确定同级指标相对重要程度次序的权重"②。（见表4.6）

表4.6　评价指标相对重要性比较表

指标的相对重要程度	指标相对重要程度的赋值
同等重要	1
略微重要	3
重要	5
重要得多	7
极端重要	9

注：（1）2、4、6、8数字表示两个程度的中间值；（2）如需比较的两个指标分别为i和j，指标i和j比较得出上述一个数值，那么指标j与指标i比较则为该数值的倒数。

（二）采用层次分析法确定高校价值观教育评价指标体系权重的原因

高校价值观教育评价指标系统是一个复杂的系统，由2个一级指标、8个二级指标、28个三级指标构成。这就需要运用科学有效的方法确定其指标权重。层次分析法是对复杂问题的本质、影响因素及其内在关系深入分析基础上，运用数学化的思维过程，将多层次的复杂决策简便化的方法，将其运用到高校价值观教育评价指标权重的确定中，既可以利用专家们对高校价值观教育工作和效果的各指标重要性的专业性理解，又可以最大限度地降低专家们对各级指标间相对重要性排序的不一致，还可以通过层次分析法内在技术原理进一步确保专家主观理解的可靠性。此外，层次分析法在教育研究领域也是被广泛使用的

① Satty, T. L. *Fundamental of Decision Making and Priority Theory with the Analytic Hierarchy Process*. Pittsburgh, Pa：RWS Publications，（1994）：56-58.

② 吴钢：《现代教育评价教程》，北京大学出版社，2008，第109页。

方法，有其经验上的可行性。

（三）运用层次分析法（AHP法）确定高校价值观教育评价指标体系权重的过程

本研究采用层次分析法（AHP法）确定权重，具体步骤如下：

第一步：建立评价指标模型；第二步：设计"一级、二级、三级指标权重配置咨询表"（见附录B）；第三步：开展专家咨询。高校价值观教育评价分2个一级指标，8个二级指标，笔者请全国高校的35名思政专家、教师、党政工作人员对A层、B层和C层的指标分别进行比较，填写专家咨询表；第四步：分别计算每一位专家对指标权重的配置，求出平均值，得到一个有代表性的为多数人所认可的评价指标的权重集。

以某专家的B层指标权重用层次分析法（AHP法）计算为例，权重计算过程如下：

首先，请专家填写咨询表，如表4.7所示。

表4.7 某专家"高校社会主义核心价值观教育工作"权重配置咨询表

	组织领导	制度建设	教育教学	实践活动	文化建设
组织领导	1	1/5	1/7	1/3	1/7
制度建设	5	1	1/5	1/3	1/7
教育教学	7	5	1	3	1
实践活动	3	3	1/3	1	1/5
文化建设	7	7	1	5	1

其次，将表4.7的数据按照AHP方法使用Excel软件进行数据处理，将表内的分数化成小数，如表4.8所示。

表4.8 运用层次分析法（AHP法）处理数据情况表1

	组织领导	制度建设	教育教学	实践活动	文化建设
组织领导	1.00	0.20	0.14	0.33	0.14
制度建设	5.00	1.00	0.20	0.33	0.14
教育教学	7.00	5.00	1.00	3.00	1.00
实践活动	3.00	3.00	0.33	1.00	0.20
文化建设	1.00	7.00	1.00	5.00	1.00

再次，将每列的数字归一化处理，如"组织领导"与"组织领导"的归一

化计算结果为：1.00÷（1.00+5.00+7.00+3.00+1.00）＝0.06。依次计算，结果如表4.9所示。

表4.9　运用层次分析法（AHP法）处理数据情况表2

	组织领导	制度建设	教育教学	实践活动	文化建设
组织领导	0.06	0.01	0.05	0.03	0.06
制度建设	0.29	0.06	0.07	0.03	0.06
教育教学	0.41	0.31	0.37	0.31	0.40
实践活动	0.18	0.19	0.12	0.10	0.08
文化建设	0.06	0.43	0.37	0.52	0.40

又次，将每行的数字相加，如"组织领导"的结果为：0.06+0.01+0.05+0.03＋0.06＝0.21，依次计算，结果如表4.10。

表4.10　运用层次分析法（AHP法）处理数据情况表3

指标	权重
组织领导	0.21
制度建设	0.51
教育教学	1.8
实践活动	0.67
文化建设	1.78

最后，将数字归一化处理，如"组织领导"计算过程如下：0.21÷（0.21+0.51＋1.8+0.67+1.78）＝0.04。依次计算其他指标权重，得出某专家"教育工作"权重表，如表4.11所示。

表4.11　运用层次分析法（AHP法）计算某专家"教育工作"权重表

一级指标	二级指标	权重
高校社会主义核心价值观教育工作	组织领导	0.04
	制度建设	0.10
	教育教学	0.36
	实践活动	0.13
	文化建设	0.36

表 4.12　高校社会主义核心价值观教育评价指标权重表

一级指标	二级指标	三级指标
高校社会主义 核心价值观 教育工作（0.53）	组织领导（0.30）	领导体制（0.46）
		工作机制（0.33）
		条件保障（0.21）
	制度建设（0.27）	学校规章制度（0.56）
		教师规章制度（0.26）
		学生规章制度（0.18）
	教育教学（0.26）	思政课程（0.25）
		专业课程（0.09）
高校社会主义 核心价值观 教育工作（0.53）	教育教学（0.26）	日常宣传教育（0.13）
		网络教育（0.23）
		教育队伍（0.30）
	实践活动（0.10）	实践活动组织（0.31）
		实践活动内容（0.30）
		实践基地（0.13）
		实践考核（0.26）
	文化建设（0.17）	校风教风学风建设（0.40）
		校园物质文化建设（0.11）
		校园文化活动（0.28）
		榜样示范活动（0.21）
高校社会主义 核心价值观 教育效果（0.47）	学生实效（0.54）	理论认知（0.37）
		情感认同（0.30）
		实践行为（0.33）
	校风校貌（0.20）	精神风貌（0.47）
		校园秩序（0.28）
		师生反应（0.25）
	社会效应（0.26）	家长反馈（0.30）
		媒体反馈（0.20）
		用人单位反馈（0.50）

通过此方法，计算出每一位专家对指标权重的配置，再求出平均值，得到一个有代表性的为多数人所认可的评价指标的权重集，如表4-12。

高校价值观教育评价指标体系经过上述三个阶段的构建之后，再根据评价标准的内容选择合适的评价方法，便形成完整的高校价值观教育评价指标体系（参见附录C）。评价方法的选择要考虑评价的目的，高校价值观教育评价的目的之一是把握当前价值观教育工作的现状，以便改进工作，所以应选择定性评价方法，如实地调查、座谈等；目的之二是了解价值观教育效果，了解大学生经过一段时间教育之后达到的程度，并进行同类比较，所以采用Likert自评式5点量表法设计调查问卷，以便通过统计分析量化处理和分析比较。在实际的评价中，收集和评价信息往往是多种方法的组合。因此，应根据实际情况灵活选择，以便收集到尽可能完整的信息，为做出准确判断提供依据。由于高校价值观教育评价指标体系是一个多层级的复杂体系，且评价指标大多是具有模糊性质的定性指标，本研究评价结果的计算采用多层次模糊综合评价法。

第四节 高校社会主义核心价值观教育评价指标系统的内容构成及关系

一、高校社会主义核心价值观教育评价一级指标

高校价值观教育评价是国家高等教育行政部门、教育督导和科研机构，按照一定的评价指标体系，采用定性与定量相结合的方法，对高校社会主义核心价值观教育工作和效果进行价值判断的过程。因此，高校价值观教育评价指标系统由两个一级指标构成。

（1）"高校社会主义核心价值观教育工作"：从教育者的方面来看，价值观教育表现为价值观教育工作过程，就是将价值观教育的构想付诸实践的过程，因此价值观教育工作不仅仅是价值观教育决策过程，也包括了价值观教育实施过程。前者包括了组织领导，后者包括了制度建设、教育教学、实践活动和文化建设。

（2）"高校社会主义核心价值观教育效果"：从受教育者方面来看，价值观教育表现为价值观教育效果，包括直接体现的大学生价值观的认知、认同和践行的发展变化上，间接地反映在价值观教育活动所产生的校风校貌改变和社会效应上。

二、高校社会主义核心价值观教育评价二级指标

高校价值观教育工作包括价值观教育决策过程和实施过程，决策过程就是高校领导制定价值观教育目标、方案并通过组织领导、机构设置、条件保障促使其落实的过程。因此一级指标"教育工作"下设二级指标"组织领导"，"组织领导"下设"领导机制""工作机制""条件保障"三级指标。实施过程就是通过制度建设、思政课程、实践活动、文化建设，全员育人、全程育人、全方位育人的过程。因此，一级指标"教育工作"又设置二级指标"制度建设""教育教学""实践活动""文化建设"。高校价值观教育效果包括"学生实效"（高校价值观教育效果的直接体现）和"校风校貌""社会效应"（高校价值观教育效果的间接体现）三个二级指标。

三、高校社会主义核心价值观教育评价三级指标

高校价值观教育评价的三级指标是评价指标系统的末级指标，又被称为观测点。其中"组织领导""制度建设""教育教学""实践活动""文化建设"5个二级指标的具体观测点分别如下。

组织领导主要观测价值观培育和践行的领导情况，包括领导体制、工作机制和条件保障。领导体制包括价值观教育领导班子是否健全、党委主体责任是否明确、政治纪律和政治规矩的遵守状况、对社会主义核心价值观教育的定位和重视等；工作机制包括价值观教育方案的制定、执行情况，机构是否健全，上下级价值观教育工作的协调、分工情况，对领导干部和党员的理想信念、党性教育情况；条件保障包括价值观教育工作队伍的培训、经费划拨和使用情况、价值观教育办公活动场所保障等。

制度建设主要观测价值观融入制度建设情况，包括建立学校、教师、学生管理制度的情况。学校规章制度可以观测社会主义核心价值观是否融入学校人才培养方案、是否将落实价值观工作情况作为各种学校考核的重要标准；教师管理制度主要观测师德考核、监督、激励和惩处制度是否健全，师德规范是否融入教育、教学、科研管理规范中；学生规章制度主要观测是否建立学生诚信档案，学生守则和行为规范是否体现社会主义核心价值观内容。

教育教学主要观测价值观融入教育教学情况，包括思政课程、专业课程、日常思想政治教育、网络教育和教师队伍。思政课程主要考察价值观教育备课、授课、教育方法手段、学生课堂反馈的情况；专业课程主要考察专业课中是否融合核心价值观内容；日常宣传教育主要考察学校广播、校报、校刊对社会主

义核心价值观宣传情况，价值观主题班会、党团生活会开展情况、日常学生心理疏导和帮助学生解决实际问题情况；网络教育主要考察利用校园网、QQ 群、微信公众号等新兴媒体宣传核心价值观情况和网络监控情况；教师队伍主要考察教师的政治素质、思想素质、教书育人、业务素质情况。

实践活动主要观测价值观融入社会实践情况，包括实践活动组织、实践内容丰富、实践基地建设、实践考核情况。实践活动组织主要考察实践活动计划落实和学生参与度；实践内容主要考察是否开展了丰富多样的公益活动、志愿者服务、学雷锋活动、参观红色基地活动等；实践基地主要考察是否建立多种形式的实践平台和实习基地，是否实施产学研协同育人项目等；实践考核主要考查学生参加社会实践的考核方式方法是否合理。

文化建设主要观测文化育人情况，包括校园文化建设的总体规划、校园特色文化品牌、传统文化活动开展、校园文艺活动、榜样示范。校园文化总体规划主要考察校园景观是否高尚、健康、和谐，校歌、校训是否融入核心价值观，文化阵地管理是否规范等；校园特色文化品牌主要考核是否有特色文化品牌并长期开展、"青马工程"是否实施等；传统文化活动开展主要考察是否利用传统节日开展传统文化普及活动，是否结合学校地缘优势开展形式多样的历史、文化、革命传统教育活动，是否通过体育竞赛、艺术展演推广民族传统体育、传统艺术形式等；校园文艺活动主要考察是否开展高雅艺术进校园活动，是否打造价值观为主题的诗歌、散文、微电影等文艺作品，并进行展演、展播活动；榜样示范主要考察是否选树在践行核心价值观方面表现突出的集体和个人，是否召开先进事迹报告会、进行歌咏朗诵比赛等传颂社会主义核心价值观。

"学生实效""校风校貌""社会效应"三个二级指标的观测点分别为：

学生实效指经过价值观教育后，大学生在知识、情感、行为上发生的变化。主要观测学生理性认知、情感认同和实践行为三个方面。理性认知主要考查学生是否熟记并理解社会主义核心价值观内容、"三个倡导"之间的关系；是否熟知、理解党的指导思想、习近平新时代中国特色社会主义思想的内容；是否熟知、理解民族精神和时代精神的内涵及意义；是否熟知、理解社会主义道德的核心、原则等；情感认同主要考查学生对"三个倡导"的认可接受情况，是否对中国特色社会主义道路充满信心，是否信任党的领导，是否信赖以习近平同志为核心的党中央，是否有爱国之心、报国之志和理性爱国能力，是否有改革、创新思维，是否养成良好的道德意识和品德修养；实践行为主要考查学生是否在日常生活中把社会主义核心价值观作为行为准则，是否有爱国、敬业、诚信、友善的行为表现。

校风校貌主要观测整个学校核心价值观教育之后在精神风貌、校园秩序、师生反映方面的转变。精神风貌主要考察学校整体风貌是否积极向上，高校政治生态是否优良；是否有较强的凝聚力和荣誉感；校园秩序主要考察学校是否秩序良好，无重大事故和群体性事件；师生反映主要考察广大师生对价值观教育工作的评价。

社会效应主要观测家长、社会媒体、用人单位的反馈。家长反馈指标主要考察家长是否肯定学校育人工作和学生入校后的思想行为进步；媒体反馈指标主要考察媒体对学校的正面报道，先进集体和人物事例报道情况；用人单位指标主要考察用人单位对毕业生和实习生品德、素质、能力的评价。

第五节　本章小结

本章通过阐释构建高校价值观教育评价指标体系的基本理论和过程回答了"高校价值观教育评价内容是什么"的问题。首先阐述评价指标体系的内涵和地位。广义上的评价指标体系由评价指标系统、各项指标的权重和评价标准三个部分组成；评价指标体系是价值观教育评价的核心问题。其次，阐释了构建评价指标体系的原则，即方向性原则、完备性原则、科学性原则和可测性原则。再次，阐释评价指标体系确立的依据，有国家教育政策和法规，相关的学科理论；社会主义核心价值观教育教学内容；教育教学和工作经验。复次，阐述评价指标体系的构建过程，包括确定评价指标系统、制定评价标准、确定权重。最后，分别阐述三级评价指标的内容及关系。

第五章

高校社会主义核心价值观教育评价指标体系的实证研究——以×××省某高校为例

为把握高校价值观教育现状，分析价值观教育存在的问题，有针对性地改进价值观教育工作，本章运用构建的高校价值观教育评价指标体系，对×××省某高校价值观教育进行评价，并运用多层次模糊综合评判方法得出评价结论，同时对所建立的高校价值观教育评价指标体系进行验证。

第一节　多层次模糊综合评判法

一般的评价指标体系大多是由多方面属性和因素所组成的指标集合体，末级指标都带有一定模糊性，末级指标测得的数据要进行统计汇总形成综合评价值，这个综合评价值要通过量化处理，才具有量的可比性。价值观教育评价是评价者采用模糊量表给评价对象的每一条指标赋予某个等级（优、良、中、差），这实际上就是模糊定性评价，需要用模糊量化技术。其基本思想是把评价者对高校价值观教育评价对象各项指标的赋值进行汇总，之后算出各指标的等级得分的统计频率，也称作模糊隶属度，并根据最大隶属度原则确定其等级分值。如有 5 名评价者对×××省某高校的价值观教育三级指标"校园文化活动"进行评价，其评价结果如表 5.1 和表 5.2。

表 5.1　"校园文化活动"统计频率

赋值　　等级　　指标	优	良	中	差
校园文化活动	0 人	3 人	2 人	0 人

即是说，评"优"这一等级的为 0 人，评"良"的为 3 人，评"中"的为 2 人，评"差"的为 0 人。各等级的统计频率，即模糊隶属度为：

表 5.2　"校园文化活动"模糊隶属度计算

等级 赋值 指标	优	良	中	差
校园文化活动	0/5	3/5	2/5	0/5

　　根据最大隶属度原则，即可反映该学校"校园文化活动"的等级为"良"。完成了三级（末级）指标的量化处理后，进一步的工作是根据末级指标的结构往上量化二级、一级指标，最后求得评价对象的综合评定值。为了实现这一过程，先介绍模糊综合评判的原理。

一、模糊综合评判法的原理

　　经典数学的基础是普通集合论，它可以用"非此即彼"来描述并且有明确的外延，边界分明。可以用特征函数来 $X_A(x)$。形式如下：

$$X_A(x) = \begin{cases} 1 & 当\ x \in A \\ 0 & 当\ x \notin A \end{cases}$$

　　但是对于没有明确外延、边界不分的模糊概念，即"亦此亦彼"，无法用普通集合表示，便用模糊集合的隶属函数来表示。

$$X_A(x) = a \quad 0 \leqslant a \leqslant 1$$

　　式中 A 为论域 X = $\{x_1, x_2, \cdots, x_n\}$ 上的一个模糊集，$X_A(x) \in [0, 1]$ 为 x 对 A 的隶属度，其中 x ∈ X。

　　若 A 的隶属函数为 X_A，则 A 的向量表示为：A = $\{X_1, X_2, \cdots, X_n\}$

　　如对于某高校的价值观教育工作不能简单地用"是"与"不是"来回答，可以用属于程度的"优、良、中、差"来刻画，而这种"程度"大小的描述就可以用隶属函数来表示。

二、一级模糊综合评判

　　模糊综合评判建立在模糊集合的基础上，能够对受到多个因素影响的一类事物做出全面评价，而且在量化过程中能够综合所有评价者的信息，信息损失极小。因此，在高校价值观教育评价中使用该方法。步骤如下：

　　（1）设立评价等级的评语集合，由 m 个评价等级组成，即评语集合 U = $\{U_1, U_2, \cdots, U_m\}$

　　（2）设立评价因素集合，由 k 个相关因素组成，又可以组成一个因素集合

$V = \{V_1, V_2, \cdots, V_k\}$。再设第 i 个因素的单因素评价为 $R_i = \{V_{i1}, V_{i2}, \cdots, V_{im}\}$，其中 r_{ij} 表示第 i 个因素的评价对于第 j 个等级隶属度。

（3）建立模糊矩阵，因此得到 K 个因素的总的评价矩阵是：

$$R = \begin{pmatrix} R_1 \\ R_2 \\ \cdots \\ R_k \end{pmatrix} = \begin{pmatrix} r_{11} & r_{12} & \cdots & r_{1m} \\ r_{21} & r_{22} & \cdots & r_{2m} \\ \cdots & \cdots & \cdots & \cdots \\ r_{k1} & r_{k2} & \cdots & r_{km} \end{pmatrix}$$

R 为单因素评判矩阵，R 的每行 $R_i = (r_{i1}, r_{i2}, \cdots r_{im})$ 是对第 i 个因素的评价结果，而 r_{ij} 表示第 i 个因素评价对于第 j 个评价等级的隶属度，单因素评判矩阵被称为模糊矩阵，它反映了各因素与评价等级之间用隶属度表示的模糊关系。

（4）根据各因素的权重，建立一个一行 k 列的矩阵 A（权重值个数与评价因素个数相对应）

$A = (a_1, a_2, a_3 \cdots, a_k)$，$a_k$ 是每个因素的权重，且满足 $\sum_{i=1}^{k} a_i = 1$

（5）计算一级综合评价矩阵 B

$B = A°R = (b_1, b_2, b_3 \cdots, b_m)$

$$= (a_1, a_2, a_3 \cdots, a_k) \begin{pmatrix} r_{11} & r_{12} & \cdots & r_{1m} \\ r_{21} & r_{22} & \cdots & r_{2m} \\ \cdots & \cdots & \cdots & \cdots \\ r_{k1} & r_{k2} & \cdots & r_{km} \end{pmatrix}$$

$$b_j = a_1 r_{1j} + a_2 r_{2j} + \cdots + a_k r_{kj} = \sum_{i=1}^{k} a_i r_{ij}$$

其中 bj 是各评价等级隶属度的加权平均值，表示被评对象在第 j 个等级的隶属度。由于运算中考虑了影响评价结果的各种因素，因此其良好结果能较好地反映实际情况。R 如给出，起到一个从 U 到 V 的变换器的作用，每输入一组权重 A，都可得到响应的模糊综合评价 B，如图 5.1 所示：

图 5.1　一级综合模糊评判模型

三、多层次综合模糊评判

一级综合模糊评判是对单因素评价进行的综合，在复杂的教育现象中，需要考虑的因素很多，因素间还有不同的层次，如价值观教育评价中，价值观教育工作可以就组织领导、制度建设、教育教学、实践活动、文化建设等几个方面考虑，每一个方面的单因素评价又是第一层次的多因素综合评价的结果，如"组织领导"是"领导体制、工作机制、条件保障"等因素的综合，为此需要提出二级综合评价模型。这里组织领导、制度建设、教育教学、实践活动、文化建设可作为高校价值教育评价的主因素，而领导体制、工作机制、条件保障又是"组织领导"的这一主因素的子因素。对二级综合评价步骤如下：

（1）对每个主因素的子因素，按一级综合模糊评价模型进行评价。

设主因素集合 $V = \{V_1, V_2, \cdots V_m\}$，各主因素的子因素集合 $V_i = \{V_{i1}, V_{i2}, \cdots V_{it}\}$，$i=1, 2, \cdots, m$.

A_i 是 V_i 各子因素的权重集合，V_i 的总评价矩阵为 R_i，则 $A_i \circ R_i = B_i = (b_{i1}, b_{i2}, b_{i3}, \cdots, b_{im})$，$i=1, 2, \cdots, k$。$B_i$ 就是 V_i 的综合评价结果。

（2）对 V 的 K 个因素按一级综合评价模型做综合评价。结果为 B_i。

$$R = \begin{pmatrix} B_1 \\ B_2 \\ \cdots \\ B_k \end{pmatrix} = \begin{pmatrix} b_{11} & b_{12} & \cdots & b_{1m} \\ b_{21} & b_{22} & \cdots & b_{2m} \\ \cdots & \cdots & \cdots & \cdots \\ b_{k1} & b_{k2} & \cdots & b_{km} \end{pmatrix}$$

把上述步骤写成算式得到二级综合评价模型：

$$B* = A \circ R = A \circ \begin{pmatrix} A_1 \circ R_1 \\ A_2 \circ R_2 \\ \cdots\cdots \\ A_k \circ R_k \end{pmatrix}$$

它的模型如图 5.2 所示：

二级综合评价模型既反映了客观事物间的不同层次，又避免了因素过多难于分配权重的弊端，依次类推，可以得到三级以至更多综合评价模型。本研究高校价值观教育评价指标体系是三级评价指标体系，只能做到二级综合评价。

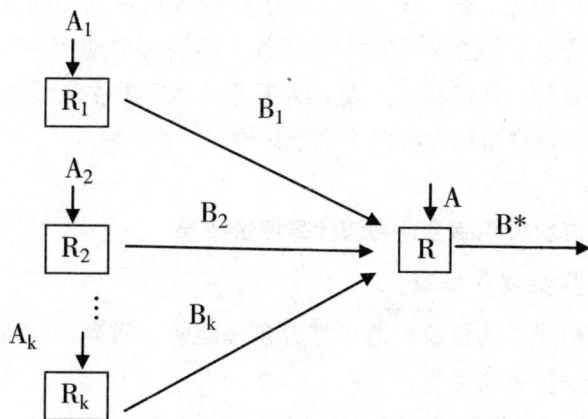

图 5.2 多层次综合模糊评判模型

第二节 ×××省某高校社会主义核心价值观教育评价的实施

×××省某高校是省属普通高校，设有 8 个学院，12 个本科专业。拥有教职员工近 600 人，学生近 6000 人。本研究邀请思政领域的专家组成评价小组，对该校价值观教育工作和效果开展评价。

一、成立评价小组

评价小组由 5 人组成，都是在思想政治教育领域工作多年的专业人员，都具有副高以上的职称。包括有高级职称的思政教师 2 人、二级学院党委书记 1 人、宣传部门的行政干部 1 人、有多年工作经验的处级辅导员 1 人。为提高评价质量，在评价实施之前，对评价小组成员进行价值观教育相关政策文件、价值观教育理论、评价理论与技术的学习与培训，就评价目的、意义、各项评价指标具体内涵进行讲解和说明，帮助评价人员深度理解高校价值观教育评价指标体系的具体内涵，最终形成统一的评价标准。此外，还对评价成员做了心理调控和纪律要求。

二、按评价指标体系开展评价

评价小组成员按照评价指标体系对×××省某高校进行客观评价。评分标准划分为 4 个等级：即优、良、中、差。评价小组成员根据不同评价指标的特点采用不同的评价方法，包括查阅材料、访谈、听课、实地考察等。该评价工作得到该校领导和院办、宣传部、团委、学工部、马克思主义学院等多部门的积极配合，为获取有效评价信息提供了重要保障。

三、运用多层次模糊综合评判法计算评价结果

（一）一级指标评价结果

根据评价小组成员的评价，通过综合模糊运算，得到×××省某高校价值观教育评价向量和一级隶属度为：

$$A_{\text{黑龙江某高校}} = （0.0403, 0.5245, 0.4040, 0.0312）$$

分别对应评价等级 V = （优，良，中，差）

根据最大隶属度原则，×××省某高校的价值观教育总体水平属于"良"，表明×××省某高校的价值观教育处在较好的水平上。

（二）二级指标评价结果

根据综合模糊运算的结果，得到×××省某高校的二级隶属度为：

$$A_{\text{社会主义核心价值观教育工作}} = （0.0761, 0.4758, 0.3893, 0.0588）$$

$$A_{\text{社会主义核心价值观教育结果}} = （0, 0.5794, 0.4206, 0）$$

根据最大隶属度原则，×××省某高校价值观教育工作和教育效果都属于"良"。

（三）三级指标评价结果

将评价等级优、良、中、差分别赋予 4、3、2、1 分值。×××省某高校价值观教育三级指标评价结果如表 5.3 所示。得分较高的是：领导体制、教师规章制度、实践基地；得分较低的是：网络教育、学校规章制度、专业课程。

表 5.3 ×××省某高校价值观教育三级指标评价结果

三级指标	评价等级				平均分
	优	良	中	差	
领导体制	2	3	0	0	3.40
工作机制	0	3	2	0	2.60
条件保障	0	3	2	0	2.60
学校规章制度	0	0	4	1	1.80

续表

三级指标	评价等级				平均分
	优	良	中	差	
教师制度建设	2	3	0	0	3.40
学生制度建设	0	2	3	0	2.40
思政课程	0	4	1	0	2.80
专业课程	0	0	4	1	1.80
日常宣传教育	0	3	2	0	2.60
网络教育	0	0	3	2	1.60
教师队伍	0	3	2	0	2.60
活动组织	0	3	2	0	2.60
活动内容	1	4	0	0	3.20
实践基地	2	3	0	0	3.40
实践考核	0	3	2	0	2.60
校风教风学风建设	0	3	2	0	2.60
校园物质文化	0	3	2	0	2.60
校园文化活动	0	3	2	0	2.60
榜样示范活动	0	4	1	0	2.80
理论认知	0	5	0	0	3.00
情感认同	0	2	3	0	2.40
实践行为	0	1	4	0	2.20
精神风貌	0	4	1	0	2.80
校园秩序	0	3	2	0	2.60
师生反应	0	3	2	0	2.60
家长反馈	0	2	3	0	2.40
媒体反馈	0	3	2	0	2.60
用人单位反馈	0	3	2	0	2.60

第三节　×××省某高校社会主义核心价值观
教育评价结果分析

高校价值观教育是一项复杂的系统工程，衡量一所高校价值观教育的状况应按照价值观教育评价指标体系进行综合考量。通过对×××省某高校价值观教育评价结果分析发现，该学校价值观教育大都处于"良"或"中"的评价等级，在28项三级指标中，只有个别专家在领导体制、教师制度建设和活动内容的评价上赋予"优"等级，个别专家在学校规章制度、专业课程和网络课程3个指标上赋予"差"等级。因此说明，该校价值观教育总体较为均衡。

一、×××省某高校社会主义核心价值观教育的特点

按照三级评价指标对该校价值观教育进行具体分析，发现该校价值观教育有以下几个特点。

（一）对价值观教育工作比较重视

该校能够及时学习和贯彻落实习近平总书记关于价值观教育讲话的精神，特别是《意见》出台之后和全国高校思想政治工作会议之后，能够及时召开党组中心组会议落实相应精神，并进一步明确了党委书记履行高校思想政治工作（含价值观教育工作）第一责任人的职责，将"立德树人"作为学校的根本任务进行落实。该校明确了各二级学院书记负责思想政治工作（含价值观教育工作）的责任制度，形成了党委统一领导、党政齐抓共管、宣传部门组织协调的领导机制和工作机制。

（二）教师制度建设较为完善，将社会主义核心价值观融入师德师风建设

该校坚持教书与育人的统一，重视师德师风建设，师德师风考核、监督、激励和惩处制度较为健全。师德"一票否决"制度执行较好。师德师风规范中体现了核心价值观的相应内容，师德师风的要求很好地融入教育、教学和科研管理规定中。

（三）思想政治理论课程建设较好

该校对发挥思想政治理论课主渠道的作用较为重视。特别是全国高校思想政治工作会议之后，加大对马克思主义学院的重视和投入。该校的社会主义核心价值观理论教育开展得较好。能够紧紧围绕习近平新时代中国特色社会主义思想开展备课、研讨、授课比赛，积极开展集体备课，重视课堂设计，在四门主干课中有效融入价值观教育内容，积极进行教学方式方法的创新，关注学生的思想实际和利益需要，课堂教学效果较好，大部分教师的授课得到学生的好评。

（四）实践活动内容较为丰富

该校能够按照上级部门的要求和该校党委的总体部署，积极落实《培育和践行社会主义核心价值观行动方案》，开展了丰富多样的社会主义核心价值观教育实践活动。该校的实践活动很好地将爱国、敬业、诚信、友善等价值观要求落实在个人层面。如每年学雷锋活动、无偿献血，暑期"三下乡"等活动已经形成制度化。积极实施青年马克思主义者工程，重要纪念日、寝室文化节、艺术节等活动开展得也较为成功。

（五）榜样示范活动开展较好

该校注重社会主义核心价值观教育的典型示范作用。每年积极开展最美教师、优秀学生党员干部等评选活动，并通过网络、广播电台、报告会等平台积极宣传最美教师的典型事迹。该校还对平时学生、教师、工作人员中发生的善行善举及时进行宣传和表彰，传扬美德善行，营造崇德向善的校园氛围。

（六）学生对价值观的理性认知效果较好

该校思想政治理论教学工作开展得较好，直接结果就是学生对价值观的理性认知水平普遍较高，根据实效测评调查问卷的结果显示，该校的学生对社会主义核心价值观（24字）有较好的熟知和理解。对党的指导思想、习近平新时代中国特色社会主义思想、民族精神、时代精神、社会主义道德等内容都有较好的理解和掌握。

二、×××省某高校社会主义核心价值观教育存在的不足及改进的建议

通过综合模糊评价结果可见，×××省某高校一级指标、二级指标的最大隶属度都是"良"，距离"优"还有一定的差距，也说明该校价值观教育存在一些问题，需要按照高校价值观教育评价指标体系巩固已有工作成绩，改进不足之处。

（一）加强政治生态建设

高校政治生态是高校党风、政风、校风的综合体现，是确立和坚持高校社会主义性质、完成高校立德树人根本任务的重要保障。高校政治生态和社会主

义核心价值观教育是相辅相成、相互依赖的辩证关系。有什么样的政治生态，就有什么样的价值观教育工作和效果。高校政治生态好，党委主体责任落实到位、政治纪律和政治规矩严明，才能使高校师生价值理念正确、高校运行有序，形成系统合力。政治生态是成熟的政治主体领导、公权运行法治轨道、刚性监督体制及科学干部制度体系等环环紧扣的能动政治体制系统。① 高校价值观教育评价标准的诸多方面都是政治生态的内在体系。应立足全面从严治党的"全"、深化高校干部制度改革、切实遵守政治纪律和政治规矩等方面营造良好的政治生态建设，将高校价值观工作和意识形态工作推向深入。

（二）进一步完善价值观教育的某些规章制度

制度建设是价值观教育的重要保障，该校在领导体制、工作机制，包括师德师风规范制度方面做得较好，但在学校层面和学生层面的制度建设上仍需进一步完善，如礼仪制度和学生诚信制度的章程建设。以章程建设为核心，创建现代高校治理制度体系，提升价值观工作的实效。此外，健全党政决策程序和议事规则，确保领导班子和领导干部依照规矩治校，按照程序办事，如果领导干部能够以高度的政治自觉，执行好、落实好相关政策和措施，高校广大党员干部和师生就会以此为镜，价值观教育的效果就会水到渠成。

（三）加强全员育人、全过程育人工作

为提高教育实效，价值观教育需要贯彻到教育教学全过程和各个环节，形成长效机制。该校在发挥思想政治理论课教育主渠道方面较为突出，但在专业课程中融入价值观教育工作不够重视，价值观教育的内容在专业课程计划、教案中体现得不够明显，结合学生不同专业融入价值观的教育需要加强。应树立全员育人的理念，挖掘专业课程中的价值观教育资源，创新教育方法和手段，将"立德树人"的根本任务落到实处。

（四）加强网络建设

网络教育是价值观教育的重要载体，特别是互联网迅速发展的时代，网络已经成为学生学习、交往、生活的重要方式。该校网络建设总体较为落后，利用网络开展价值观教育也必然落后，主要表现在自媒体平台内容更新不够及时，内容缺少吸引力，网络舆情监控工作不够健全，缺少网络宣传员与学生的互动。因此，该校应提高对网络教育的重视程度，创新网络教育的方式，组建网络平台建设团队，积极利用大数据等技术手段，打造高质量的网络教育平台。

---

① 祝福恩，隋芳莉：《政治生态的四维结构及营造对策》，《探索》2016 年第 3 期。

（五）强化学生行为实践，实现价值观教育知行合一

实践是提高学生价值观认同和践行能力的重要手段。价值观教育重在践行，实现知行合一。该校价值观理性认知效果较好，但情感认同和行为实践的得分低于理性认知，说明存在认知、认同和践行发展不平衡的问题。该校应通过多种方式提高促进学生的知行合一。通过进一步丰富实践活动、建立实践基地、完善实践考核等提高实践活动的综合效果。通过开展传统文化普及活动、打造社会主义核心价值观主题文艺作品、榜样示范等引导学生在潜移默化中提高对价值观的认同，在不知不觉中践行。

（六）提高价值观教育工作的主动性

评价小组通过查阅该校与价值观教育工作有关的文件和多次访谈发现，该校价值观教育往往是按照省教育厅的部署开展工作，很多工作往往迫于行政压力。这一方面说明价值观教育效果主要来自自上而下的顶层设计和推动，同时也说明该校正是由于价值观教育缺少主动性，按照整体评价必然会出现某些工作的疏忽，如网络教育缺失，未建立学生诚信档案等。因此，该校应立足于价值观教育的长远价值，提高工作的主动性，以价值观教育为契机，为该校的可持续发展提供不竭动力。

第四节　高校社会主义核心价值观教育评价指标体系实证研究的结论

一、该评价指标体系具有必要性

通过对×××省某高校价值观教育评价指标体系的实证研究，从教育主管部门和行政部门层面，帮助其宏观上掌握了×××省某高校贯彻和落实习近平总书记相关讲话精神和核心价值观教育相关文件的落实情况，帮助其把握了某高校价值观教育的总体情况，及时发现了价值观教育工作中存在的薄弱环节和问题，进而促使其及时调整价值观教育策略，增强价值观教育实效，推动价值观教育向纵深发展；从高校自身层面，帮助某高校认清了价值观教育工作目标的实现程度、价值观教育内容和方式方法合理与否，了解了经过社会主义核心价值观教育之后，该校的整体精神风貌的转变情况和学生在理性认知、情感认同、行为实践上的变化程度，对于进一步有针对性地改进价值观教育工作、保证教育

目标的实现具有重要的意义；从大学生层面来说，对其价值判断和价值选择产生引导，激发其进行自我教育，形成更为持久的内在推动力，激发其潜移默化地运用社会主义核心价值观提升自己，进而成为担当民族复兴的时代新人。

二、该评价指标体系具有科学性

通过对×××省某高校价值观教育评价指标体系的实证研究，根据评价小组成员的反馈，该评价指标体系能够真实全面地反映高校价值观教育工作和效果。该评价指标体系指标界定较为清晰简明，逻辑结构较为严谨，层级设计较为合理清晰，能够通过评价标准较好地区分出"优、良、中、差"等级，指标的设计满足了人力、物力、财力以及时间所允许的条件，充分考虑到高校和学生的实际，因而该评价指标体系较为科学合理。

三、该评价指标体系具有可行性

通过对×××省某高校开展评价指标体系的实证研究，28 个三级指标对应的观测点即评价标准大都是可操作化语言的概括表达，能够通过动态数据和可追溯的事实进行公正的评价。收集信息、整理信息、处理信息的方法是切实可行和客观公正的，能够对某高校的价值观教育工作和效果进行长期监测和评判，具有较强的可操作性和可重复性，可在进一步修正完善之后推广。

总之，通过对×××省某高校价值观教育评价指标体系的实证研究验证了评价指标体系的必要性、科学性和可行性，该评价指标体系为高校价值观教育评价提供了具有实用价值的工具。

第五节　本章小结

本章以×××省某高校开展价值观教育评价指标体系的实证研究。首先，阐释评价方法——多层次模糊综合评价法的原理、一级模糊综合评价模型和多层次模糊综合评价模型；其次，按照评价小组成员给出的评价等级，运用多层次模糊综合评价法得出×××省某高校价值观教育评价结果；最后，分析×××省某高校价值观教育评价结果，该校的价值观教育工作在师德师风制度建设、思想政治理论课程建设、文化活动开展等方面比较突出，在学生制度建设、专业课融入价值教育、网络建设等方面需要加强。

第六章

高校社会主义核心价值观教育实效测评的
应用研究——以×××省部分高校为例

　　高校价值观教育实效测评体系是高校价值观教育评价指标体系的重要组成部分。构建教育实效测评体系并开展应用研究，既能够促进高校价值观教育评价理论与实践的有机结合，增强高校价值观教育评价实效，又能够推动评价实证研究的深入、评价实践的开展。本章阐释了构建高校价值观教育实效测评体系的意义、构建程序，编制了实效测评量表，在×××省部分高校开展大规模测评，分析测评结果和影响教育效果的原因，并以系统论为视角探索增强高校价值观教育实效的对策。

第一节　高校社会主义核心价值观教育实效测评的必要性

　　高校价值观教育评价指标体系包括高校价值观教育工作指标体系和高校价值观教育效果指标体系。实效测评体系是高校价值观教育效果指标体系的重要组成部分。实效即实际效果，高校价值观教育实效是高校价值观教育实践取得的实际效果。现实中，人们往往将其理解为高校价值观教育目标在教育过程中的实现程度。高校价值观教育目标的实现本质是教育内容被教育对象认同接受。高校价值观教育实效就是价值观教育内容被大学生认同、接受和实践的现实状况，即价值观的要求和规范内化于大学生之心、外见于大学生之行的效果。高校价值观教育要求可以概括为理性认知、情感认同和行为实践三个维度，实效测评就是测评大学生对社会主义核心价值观理性认知、情感认同和行为实践的程度和状况。

一、实效测评是教育实践的呼唤
　　社会主义核心价值观教育从本质上说是一项有目的的实践活动，追求实效是实践活动的本质内容。与一般的实践活动相比，社会主义核心价值观教育突出特色就是追求实效。追求实效不仅是教育者的目的，也是国家和社会的期待，教育对象的需求。习近平总书记指出价值观教育的目标是"培养担当民族复兴大任的时代新人"，要引导学生"成为有大爱大德大情怀的人"。因此，高校价值观教育实现习近平总书记提出的价值观教育目标，就要关注实效，关注实效就要通过高校价值观教育实效测评来认识实效、发现实效。

二、实效测评是理论创新的需要

高校价值观教育实效测评不仅是一个实践问题，也是一个理论问题。高校完善价值观教育评价理论要从高校教育实效测评出发，抽象概括出高校价值观教育评价的本质和规律。目前高校价值观教育评价研究开始关注测评，但高校价值观教育实效测评的研究成果"实效低下"等结论没有令人信服的依据。从理性认知、情感认同、行为实践三个维度构建实效测评体系，不仅提高了评价结论的科学性、可行性，而且为进一步探索提高和改进实效的对策提供理论依据，开展高校价值观教育实效测评体现了理论研究的创新性和前瞻性。

三、实效测评是评价发展的需要

传统的高等教育评价、思想政治教育评价、德育评价等教育评价大多是"以教评教"模式，主要考察教育的投入、教学资源和条件，教学过程与规范等内容，这种评价模式存在不少局限性：受评学校往往弄虚作假、搞形式主义。即便这类评价能够实事求是，但还不能直接回答教育效果如何。教育效果最终主要从学生身上体现，因而通过学生的"学"来评价，即"以学评教"模式显得更为重要。"以学评教"模式顺应了国际高等教育质量评价重心由"院校"到"学生"转移的新趋势，把学生学得了什么、怎样学得的、学得如何、是否学会作为评价教学质量高低的标准。其评价信息的获取靠对学生相关知识、态度、情感、行为的测量。只要评价方法和工具科学、合理，就能获得相对客观和真实的评价结果。[①]

从目前高校价值观教育评价的现实来看，评价的主要目的是把握价值观教育运行的整体状况，对其组织领导、制度建设、教育教学、实践活动、文化建设的评价十分必要，这些条件能够保障或促进价值观教育质量的提高。但随着教育评价的开展，这些工作、资源、条件的逐渐改善，评价模式必然实现由

---

① 张耀灿，等：《高校思想政治理论课教育教学质量监测体系研究》，经济科学出版社，2014，第122页。

"以供给者本位"向"以需求者本位"的转变，即由对价值观教育投入、教学资源、条件和过程的评价转向对学生学习效果的评价。正如党的十九大报告强调的"把社会主义核心价值观转化为人们的情感认同和行为习惯"，而是否"内化于心，外化于行"的实效测评正是价值观教育现实发展的需要。

第二节 高校社会主义核心价值观教育实效测评
体系的构建过程及施测

实效测评体系的构建要有明确的测评目标，测评内容要经过理论上的论证和专家评判，测评指标体系结构要科学完整，选择合适的测评工具，选取学生初测后，用统计分析软件进行科学性论证，根据分析结果对初测结果进行修改完善，才能形成科学的测评量表。

一、明确实效测评的目的和内容

高校价值观教育实效测评的目的是了解当前社会主义核心价值观内容被大学生认同、接受和实践的现实状况，即核心价值观内化于心、外见于行的效果。通过横向和纵向的对比，采用定量分析为主的方法，考查学生知识、情感、行为的动态表现，通俗地说就是看学生是否"真学、真懂、真信、真用"。

实效测评体系由三部分组成：一是测评对象的基本状态，主要是采集大学生的基本信息（性别、专业、年级、生源地等），便于进行比较分析和归因分析，基本形式是选择题；二是实效测评量表，主要目的是了解社会主义核心价值观认知、认同、践行状况，基本形式是测评量表；三是教育效果影响因素调查问卷，主要目的是对学生学习效果进行归因分析，基本形式是调查问卷。

二、编制《高校社会主义核心价值观教育实效测评量表》及施测

量表是一种测量工具，"用以测量人们的主观态度、意见或价值观念等难以直接测量的变量，它由一套相关联的语句（题项）构成，并且这些题项构成一个分数，反映变量水平。量表最为核心的环节是在理论分析的基础上，进行题项编制，并选择反映形式的具体类型"①。题项编制是量表编制中非常重要的环

---

① 蒋荣，代礼忠：《大学生思想政治教育实效性的测评研究》，《重庆大学学报》（社会科学版）2012年第4期，第149页。

节，主要采用验证性因素分析方法，即选取小规模样本对编制的量表进行试测，之后对题项进行科学性验证，在此基础上修正完善，形成最终的量表。最后要对题项运用统计分析方法进行数字化处理，以量化形式反映实际效果。量表工具的采用及量化便于比较、分析和价值判断，使测评更加科学化、标准化，便于数据库的建设和趋势分析，为相应的教育政策调整提供有效的参考指标和依据。Likert 自评式 5 点量表法能够通过快速直观地获取被调查对象对某主题的认同程度并对其进行量化，具有操作性强、效果和信度高及分析性强等优点，是目前统计分析中应用最广泛的一种量表法。高校价值观教育实效测评对象是高校学生，实效又表现为对核心价值观的认知、认同和践行程度，为方便比较分析和科学性论证，采用 Likert 自评式 5 点量表法是一种比较科学高效的方法。

本研究采用 Likert 自评式 5 点量表法，编制两套量表：一是《高校社会主义核心价值观教育实效测评量表》（附录 F），每一题有完全不同意、不同意、不好说、比较同意、非常同意 5 个答案，分别对其计分为 1、2、3、4、5 或者 5、4、3、2、1（反向题计分）。该量表由 3 个维度构成，分别是理性认知、情感认同、行为实践，理性认知维度主要观测点是：对"三个倡导"总体认知；"马克思主义指导地位"认知；"中国特色社会主义基本理论和共同理想"认知；"民族精神和时代精神"认知；社会主义道德认知。情感认同维度主要观测点是：对"三个倡导"总体认同；政治信仰；爱国情感；改革创新意识；道德意识。行为实践维度主要观测点是：对"三个倡导"总体践行；爱国、敬业、诚信、友善在学习生活中的行为体现（附录 E）。二是《影响高校社会主义核心价值观教育实效影响因素调查问卷》（附录 H），每一题有完全不赞同、不赞同、不好说、比较赞同、非常赞同 5 个答案，分别对其计分为 1、2、3、4、5 或者 5、4、3、2、1（反向题计分）。该量表由 4 个维度构成：教育主体、教育客体、教育介体、教育环体。

（一）编制初测版量表

通过文献查阅法、专家访谈法，结合价值观教育内容和要求，从理性认知、情感认同、行为实践三个维度编制陈述清楚的语句，最终以题项的形式表达，请心理学和思想政治教育专业的研究生对语句进行语义、表述上的修改，以提高学生的答题效果。经过上述步骤，形成初测版量表，共有题项 62 个。所有题项均随机排列，为提高测评实效，设置 26 道反向题。见附录 D。

（二）选取学生进行初测

2018 年 6—7 月在×××省三所不同层次不同类型的高校选取 282 名学生进行

施测，进行科学性论证。

（三）形成最终版量表

根据科学性论证结果对题项进行删减，编制出最终版量表（附录 F），保留题项 34 个。

（四）正式施测

2018 年 9 月在×××省 10 所不同层次不同类型的高校选取 1041 名学生进行大规模施测，发放问卷 1041 份，有效问卷 930 份，问卷回收率 89.34%。（详情见表 6.13 基本信息统计表）

三、编制《高校社会主义核心价值观教育实效影响因素量表》及施测

为全面把握价值观教育效果的影响因素，深入剖析影响实效的原因，进而为增强实效提供依据，本研究编制了教育实效影响因素调查量表。

（一）编制初测版量表

采用文献查阅法、专家访谈法、学生访谈法，从教育主体、教育客体、教育环体、教育介体四个方面对影响价值观教育效果的因素编制陈述性语句，请心理学和思想政治教育学专业的研究生对语句进行语义、表述性的纠错、修改，形成初测版量表（附录 E），共有题项 43 个。所有题项均随机排列，为提高测评实效，设置 7 道反向题。

（二）选取学生进行试测

2018 年 6—7 月在×××省 3 所不同层次不同类型的高校选取 160 名学生进行试测，之后进行科学性论证。

（三）形成最终版量表

对题项进行了删减和完善，删去不符合科学性验证的 4 项，编制出最终版量表，共有题项 39 个（见附录 H）。

（四）正式施测

2018 年 9 月在×××省 10 所不同层次不同类型高校选取 594 名学生（大一新生刚入学，不适合做此问卷，因此未选取大一新生）进行大规模的施测，发放问卷 620 份，有效问卷 594 份，问卷回收率 95.81%。

第三节　高校社会主义核心价值观教育实效测评
体系的科学性论证

为保证价值观教育实效测评量表的信度和效度，需要进行试测，根据试测结果进行科学性论证。本研究在 2018 年 6—7 月进行了试测，为论证量表的科学性提供了数据支撑。

一、教育实效测评量表的科学性分析

本研究选取×××省 3 所不同层次不同类型高校 282 名学生进行试测，使用 SPSS19.0 统计软件对问卷进行科学性论证，主要进行了项目分析、信度分析和效度分析等，发现该测评体系大部分项目鉴别力指数达到了显著水平，KMO 系数和 Bartlett 球形检验结果显著，信度、效度俱佳，为高校价值观教育实效测评提供极具实用价值的工具。

（一）项目分析

以×××省 3 所高校 300 名大学生为试测对象，共发放问卷 300 份，收回有效问卷 282 份，回收率为 94%，对数据进行项目分析。

（1）使用题总相关法对试测量表的数据（N=282）进行项目分析。如表 6.1 所示，大部分题项得分（r>0.3）与总分相关显著，r<0.3 的题项被删除。

表 6.1　各题项与总分的相关系数（N=282）

题项	与总分的相关系数	题项	与总分的相关系数
A1	0.380	A32	0.574
A2	0.233	A33	0.495
A3	0.266	A34	0.636
A4	0.257	A35	0.480
A5	0.218	A36	0.370
A6	0.287	A37	0.539
A7	0.402	A38	0.454
A8	0.465	A39	0.572
A9	0.467	A40	0.519

题项	与总分的相关系数	题项	与总分的相关系数
A10	0.331	A41	0.245
A11	0.143	A42	0.509
A12	0.513	A43	0.301
A13	0.369	A44	0.264
A14	0.414	A45	0.582
A15	0.216	A46	0.412
A16	0.351	A47	0.511
A17	0.412	A48	0.503
A18	0.433	A49	0.306
A19	0.563	A50	0.546
A20	0.427	A51	0.632
A21	0.455	A52	0.492
A22	0.310	A53	0.548
A23	0.497	A54	0.552
A24	0.562	A55	0.469
A25	0.508	A56	0.530
A26	0.445	A57	0.423
A27	0.337	A58	0.422
A28	0.229	A59	0.533
A29	0.369	A60	0.520
A30	0.214	A61	0.633
A31	0.577	A62	0.466

（2）检查项目鉴别力指数分析。若项目的临界比例达到了显著性水平（$p < 0.05$ 或 $p < 0.01$）证明该项目有良好的区分度，否则删掉该项目。根据项目鉴别力指数表显示（表6.2），删掉题项 A28。

（二）探索性因素分析

对试测量表的61个题项（项目鉴别力指数分析已删除 A28）进行 Bartlett 球形检验和 KMO 系数检测是否合适做因素分析。如表6.3所示，结果显示 KMO =

0.830，Bartlett 球形检验 $\chi^2 = 2762.484$，$df = 561$，$p < 0.001$，说明题项之间存在明显的相关，有共同因素存在，适合进行因素分析。采用限定因子方差极大正交旋转的方法和碎石图，再根据理论构想抽取三个因素。根据因素分析的结果对题项进行筛选。本问卷共 61 个题项，删除 27 个题项，保留 34 个题项。三个因子揭示总变异的 51.06%，见表 6.2 及图 6.1。

表 6.2 项目鉴别力指数表

题项	t 值	p 值	题项	t 值	p 值
A1	7.297	0.000	A32	10.022	0.000
A2	3.7838	0.000	A33	8.086	0.000
A3	4.929	0.000	A34	9.594	0.000
A4	5.694	0.000	A35	8.969	0.000
A5	5.037	0.000	A36	5.949	0.000
A6	4.224	0.000	A37	10.340	0.000
A7	6.574	0.000	A38	8.565	0.000
A8	8.881	0.000	A39	8.908	0.000
A9	8.404	0.000	A40	12.542	0.000
A10	6.016	0.000	A41	5.092	0.000
A11	3.021	0.003	A42	9.542	0.000
A12	10.557	0.000	A43	6.289	0.000
A13	7.266	0.000	A44	4.770	0.000
A14	6.407	0.000	A45	7.311	0.000
A15	2.665	0.008	A46	6.206	0.000
A16	4.964	0.000	A47	9.109	0.000
A17	8.326	0.000	A48	6.488	0.000
A18	3.122	0.002	A49	5.186	0.000
A19	3.810	0.000	A50	8.414	0.000
A20	8.896	0.000	A51	13.166	0.000
A21	8.561	0.000	A52	5.197	0.000
A22	4.707	0.000	A53	7.371	0.000

续表

题项	t 值	p 值	题项	t 值	p 值
A23	6.679	0.000	A54	6.864	0.000
A24	10.850	0.000	A55	9.010	0.000
A25	10.094	0.000	A56	7.331	0.000
A26	7.340	0.000	A57	6.617	0.000
A27	3.948	0.000	A58	5.444	0.000
A28	1.567	0.119	A59	9.851	0.000
A29	5.629	0.000	A60	8.112	0.000
A30	3.922	0.000	A61	9.305	0.000
A31	7.845	0.000	A62	7.791	0.000

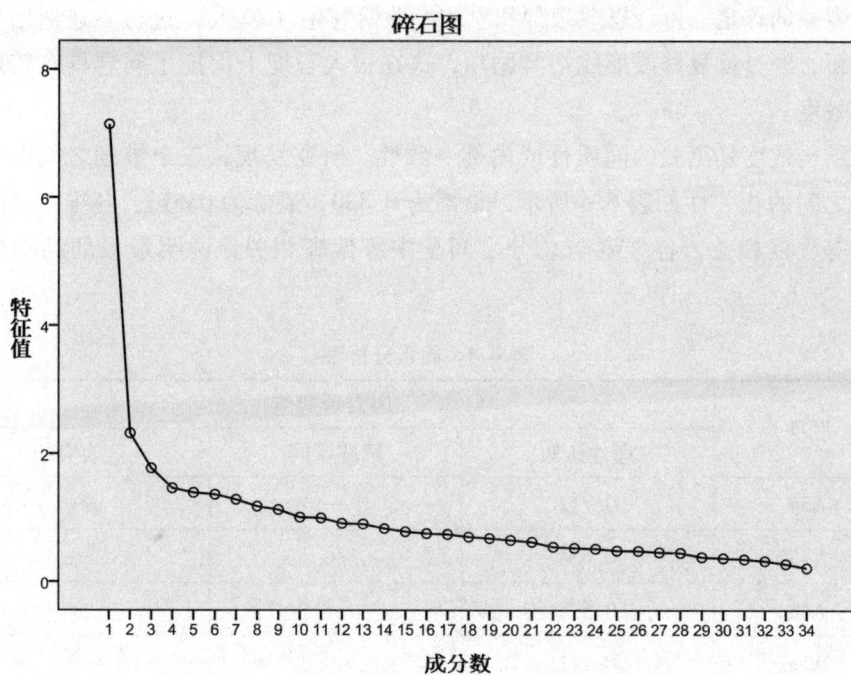

图 6.1 因素分析碎石图

表 6.3 KMO 和 Bartlett 球形检验结果

KMO 测量系数		0.830
Bartlett 球形检验	近似卡方	2762.484
	自由度	561
	显著性	0.000

（三）信度分析

如表 6.5 所示，量表三个维度的内部一致性（Cronbach's α）系数为 0.869，信度较好。

（四）效度分析

效度分内容效度和结构效度。内容效度是一个测验实际测到的内容与所要测量的内容之间的吻合程度。本问卷的题项内容来自文献综述、开放式访谈和有关专家的评定，再请思政教师和思政专业研究生（20 人）进行表述纠错和语义分析，经过反复修改形成初测题项，这在很大程度上保证了问卷具有较好的内容效度。

结构效度是测验的同质性或内部一致性。研究发现，三个维度之间以及与总分之间的相关性如表 6.6 所示，最高为 0.880，最低为 0.573，各维度之间具有中等程度相关，各维度与总分之间呈中等偏高相关，说明量表的结构信度较好。

表 6.4 因素分析表

题项	因素负荷值		
	理性认知	情感认同	行为实践
A54	0.712	——	——
A45	0.634	——	——
A48	0.592	——	——
A55	0.571	——	——
A40	0.571	——	——
A24	0.568	——	——
A57	0.507	——	——
A58	0.486	——	——

题项	因素负荷值		
	理性认知	情感认同	行为实践
A53	0.481	—	—
A52	0.471	—	—
A7	0.460	—	—
A35	0.439	—	—
A19	0.415	—	—
A2	0.402	—	—
A37	—	0.689	—
A50	—	0.595	—
A9	—	0.595	—
A25	—	0.578	—
A10	—	0.539	—
A51	—	0.519	—
A17	—	0.502	—
A59	—	0.452	—
A15	—	0.426	—
A18	—	0.367	—
A60	—	0.353	—
A3	—	0.306	—
A61	—	—	0.576
A20	—	—	0.541
A21	—	—	0.534
A27	—	—	0.486
A1	—	—	0.489
A22	—	—	0.463
A36	—	—	0.435

续表

题项	因素负荷值		
	理性认知	情感认同	行为实践
A13	—	—	0.424
特征值	9.144	5.318	2.774
解释率	2.012%	17.817%	11.217%

表 6.5　Cronbach's α 系数表

Cronbach's α 系数	维度	项数	Cronbach's α 系数
0.869	认知	14	0.816
	认同	12	0.601
	践行	8	0.669

表 6.6　维度间、维度与总分相关表

	认知	认同	践行	总分
理性认知	1	—	—	—
情感认同	0.573**	1	—	—
行为践行	0.580**	0.629**	1	—
总分	0.880**	0.840**	0.830**	1

表 6.7　各题项与总分的相关系数（N=156）

题项	与总分的相关系数	题项	与总分的相关系数	题项	与总分的相关系数
B1	0.626	B16	0.146	B31	0.185
B2	0.627	B17	0.571	B32	0.327
B3	0.648	B18	0.703	B33	0.349
B4	0.696	B19	0.652	B34	0.347
B5	0.591	B20	0.674	B35	0.247
B6	0.681	B21	0.726	B36	0.558
B7	0.552	B22	0.718	B37	0.386

续表

题项	与总分的相关系数	题项	与总分的相关系数	题项	与总分的相关系数
B8	0.610	B23	0.608	B38	0.491
B9	0.583	B24	0.613	B39	0.508
B10	0.588	B25	0.542	B40	0.557
B11	0.561	B26	0.684	B41	0.645
B12	0.547	B27	0.672	B42	0.621
B13	0.735	B28	0.595	B43	0.359
B14	0.626	B29	0.676	—	—
B15	0.565	B30	0.463	—	—

二、教育实效影响因素量表的科学性分析

(一)项目分析

2018 年 6—7 月在×××省 3 所不同类型不同层次高校以 160 名大四或研究生为试测对象进行试测,共发放问卷 160 份,收回有效问卷 156 份,回收率为 97.5%,对测试的数据进行项目分析,结果如下。

(1)使用题总相关法对试测量表的数据(N=156)进行项目分析。结果如表 6.7 所示,大部分题项得分(r>0.3)与总分相关显著。

(2)检查项目鉴别力指数分析。若项目的临界比例达到了显著性水平(p<0.05 或 p<0.01)证明该项目有良好的区分度,否则删掉该项目。根据表 6.8 结果显示删掉 B31 题和 B35 题。

表 6.8　项目鉴别力指数表

题项	t 值	p 值	题项	t 值	p 值
B1	8.085	0.000	B23	9.217	0.000
B2	8.176	0.000	B24	10.997	0.000
B3	8.219	0.000	B25	6.779	0.000
B4	9.119	0.000	B26	11.615	0.000
B5	7.011	0.000	B27	11.866	0.000

147

题项	t 值	p 值	题项	t 值	p 值
B6	9.852	0.000	B28	9.274	0.000
B7	7.165	0.000	B29	9.426	0.000
B8	7.809	0.000	B30	−0.423	0.013
B9	8.586	0.000	B31	1.513	0.127
B10	8.130	0.000	B32	4.279	0.000
B11	7.483	0.000	B33	2.308	0.024
B12	9.835	0.000	B34	5.694	0.000
B13	16.136	0.000	B35	3.257	0.278
B14	11.059	0.000	B36	1.218	0.000
B15	8.482	0.000	B37	6.612	0.000
B16	9.189	0.000	B38	4.258	0.000
B17	10.159	0.000	B39	6.443	0.000
B18	12.894	0.000	B40	7.429	0.000
B19	10.506	0.000	B41	8.668	0.000
B20	11.117	0.000	B42	9.223	0.000
B21	15.251	0.000	B43	2.810	0.006
B22	12.714	0.000	—	—	—

（二）探索性因素分析

对试测量表的 41 道题（项目鉴别力指数分析已删除 B31 题和 B35 题）进行 Bartlett 球形检验和 KMO 系数检测是否合适做因素分析。如表 6.9 所示，结果显示 KMO=0.881，Bartlett 球形检验 $\chi^2=4405.490$，df=861，p<0.001。说明题项之间存在明显的相关，有共同因素存在，适合进行因素分析。采用限定因子方差极大正交旋转的方法和碎石图，再根据理论构想抽取四个因素。根据因素分析的结果对题项进行筛选。本问卷共 41 道题，删除 B9 题和 B11 题，保留 39 个题项。四个因子揭示总变异的 52.84%，见表 6.10 及图 6.2。

表 6.9　KMO 和 Bartlett 球形检验结果

KMO 测量系数		0.881
Bartlett 球形检验	近似卡方	4405.490
	自由度	861
	显著性	0.000

（三）信度分析

如表 6.11 量表的内部一致性（Cronbach's α）系数为 0.935。4 个维度内部的一致性系数为 0，信度较好。

表 6.10　因素分析表

题项	因素负荷值			
	教育主体	教育客体	教育介体	教育环体
B3	0.874	—	—	—
B2	0.866	—	—	—
B1	0.849	—	—	—
B4	0.807	—	—	—
B5	0.790	—	—	—
B7	0.660	—	—	—
B8	0.594	—	—	—
B6	0.508	—	—	—
B38	—	0.758	—	—
B39	—	0.755	—	—
B12	—	0.527	—	—
B41	—	0.507	—	—
B40	—	0.501	—	—
B42	—	0.452	—	—
B43	—	0.249	—	—
B18	—	—	0.732	—
B17	—	—	0.730	—

续表

题项	因素负荷值			
	教育主体	教育客体	教育介体	教育环体
B21	—	—	0.725	—
B26	—	—	0.714	—
B19	—	—	0.705	—
B27	—	—	0.689	—
B22	—	—	0.685	—
B20	—	—	0.669	—
B14	—	—	0.644	—
B28	—	—	0.630	—
B13	—	—	0.545	—
B23	—	—	0.541	—
B29	—	—	0.538	—
B24	—	—	0.446	—
B16	—	—	0.424	—
B25	—	—	0.402	—
B15	—	—	0.377	—
B10	—	—	0.347	—
B34	—	—	—	0.783
B33	—	—	—	0.675
B32	—	—	—	0.674
B37	—	—	—	0.517
B36	—	—	—	0.410
B30	—	—	—	0.381
特征值	6.320	4.643	8.065	3.162
解释率	15.05%	11.06%	19.20%	7.53%

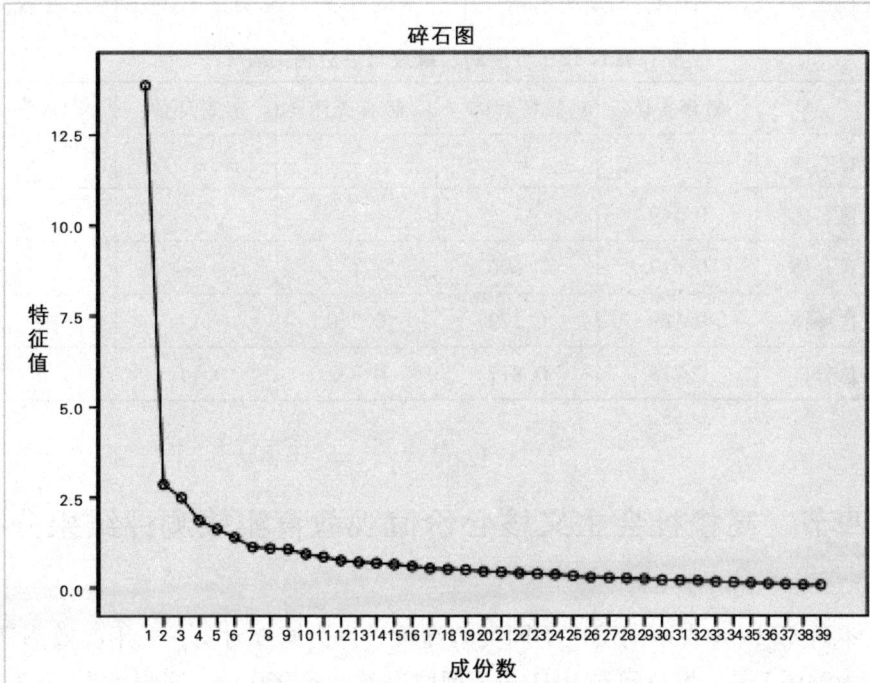

图 6.2　因素分析碎石图

表 6.11　Cronbach's α 系数表

维度	项数	Cronbach's α 系数
教育主体	8	0.920
教育客体	7	0.738
教育介体	18	0.910
教育环体	6	0.676
总计	39	0.935

（四）效度分析

效度分内容效度和结构效度。本问卷的题项内容来自文献综述、开放式访谈和有关专家的评定，再请思政教师和思政专业研究生（20 人）进行表述纠错和语义分析，经过反复修改形成初测题项，这在很大程度上保证了问卷具有较好的内容效度。

结构效度是量表的同质性或内部一致性。三个维度之间以及三个维度与总分之间的相关性如表 6.12 所示，最高为 0.932，最低为 0.441，各维度之间具有中等程度相关，各维度与总分之间呈中等偏高相关，说明量表的结构信度较好。

表6.12 维度间、维度与总分相关表

	教育主体	教育客体	教育介体	教育环体	总分
教育主体	1	—	—	—	—
教育客体	0.549	1	—	—	—
教育介体	0.617	0.696	1	—	—
教育环体	0.189	0.273	0.260	1	—
总分	0.778	0.817	0.932	0.441	1

第四节 高校社会主义核心价值观教育实效测评结果分析

本研究以×××省不同层次不同类型高校学生为调查对象，采用实效测评量表作为测评工具，发放问卷1041份，回收有效问卷930份，回收率为89.34%，被试学生分布情况如表6.13所示。回收的问卷数据用SPSS19.0统计软件处理分析。通过分析高校教育实效测评问卷的数据，判断高校价值观教育效果。

一、总体情况分析

对高校价值观教育实效测评的分数情况进行统计，最高平均分为4.91分，最低平均分为2.24分，得分越高说明学生认知认同践行状况越好，得分越低说明效果越差。由表6.14可知，×××省高校价值观教育效果的总平均分为4.15分，属中等偏高水平。这一方面说明×××省高校学生在认知、认同和践行社会主义核心价值观方面呈现出积极向上的状态。大部分学生都熟知社会主义核心价值观基本内容，具有坚定的政治立场，认同以习近平同志为核心的党中央的领导，认同中国特色社会主义发展道路，具有良好的道德认知和爱国、敬业、诚信、友善行为。大部分学生能够将社会主义核心价值观内化于心，外化于行，实现了知行合一。另一方面也说明×××省高校价值观教育工作是成功和有效的。高校对价值观教育重要意义的深刻把握，采取多种形式对培育活动的精心组织和全力推进，才会有现在较好的效果。

表 6.13　基本信息统计表

基本资料分类		人数	百分比（%）
性别	男	434	46.7
	女	496	53.3
政治面貌	中共党员	60	6.4
	共青团员	838	90.1
	民主党派	2	0.2
	其他	30	3.3
专业	理工类	502	54.0
	文史类	140	15.1
	艺术体育类	144	15.4
	医药类	68	7.3
	其他	76	8.2
年级	大一	180	19.4
	大二	321	34.5
	大三	232	24.9
	大四或大五	104	11.2
	研究生	93	10.0
生源所在地	大城市	158	17.0
	中小城市	415	44.6
	乡镇	177	19.0
	农村	180	19.4

6.14　实效测评总体情况表

维度与总平均分	平均值（M）	标准差（SD）	极小值	极大值
理性认知	4.3633	0.53394	2.00	5.00
情感认同	3.9423	0.41824	2.00	4.92
行为实践	4.1265	0.58921	2.00	5.00
总平均分	4.1592	0.43352	2.24	4.91

二、三个维度分析

由表 6.14 可知，高校价值观教育存在三个维度不平衡的问题，三个维度中理性认知得分最高，总平均分为 4.3633；行为实践总平均分位列第二，为 4.1265；情感认同最低，总平均分为 3.9423。这说明高校价值观教育工作在宣讲"三个倡导"和党的路线方针政策、发挥思政课主渠道方面的效果显著，大部分学生也能身体力行地在学习生活中贯彻落实。但情感认同的得分低于其他两个维度，也说明如何让大学生在了解的基础上产生满意喜爱肯定的态度是工作的难点，这既和当代大学生崇尚自由、思想独立，具有批判性、追求多样化的思想特点有关，也和当今国际国内环境、网上网下环境出现的深刻变化有关。今后工作的重点是在学生认知、认同和践行三个维度协调推进效果提升的同时，如何创新情感认同的方式，完善情感认同的机制，提升学生对社会主义核心价值观教育的情感认同度。

根据附录 I 实效测评调查问卷各题项得分统计表发现，在理性认知维度，88.4% 的学生（同意或完全同意）已经熟记"24 个字"，说明绝大部分学生对社会主义核心价值观认知较好。但对中国特色社会主义基本理论、民族精神等理论的深入掌握和理解有待进一步加强，如"中国特色社会主义理论包括毛泽东思想"（该词条的正确说法是中国特色社会主义理论不包括毛泽东思想）一题项只有 16.1% 的学生得到满分；"勤劳勇敢是中华民族精神的核心"（该词条的正确说法是爱国主义是中华民族的精神）只有 9.2% 的学生得到满分。理论的认知不能停留在死记硬背和表面形式的掌握，而应深入地理解、弄懂"三个倡导"和社会主义核心价值体系的内容。

在情感认同维度，大部分学生都表现出较强的认同情感。90.8% 学生认为开展培育和践行核心价值观教育活动非常有必要。92.2% 的学生同意或完全同意以习近平同志为核心的党中央的领导。在爱国情感方面，绝大部分学生都具有强烈的爱国情感，94.4% 的学生同意或完全同意"每看到五星红旗升起时，心中的自豪感便会油然而生"。但在爱国情感认同测评中，也发现部分学生存在实用主义、拜金主义倾向，缺少坚定的报国之志。如题项"我爱国，但更爱西方高度发达的物质文明"只有 38.3% 的学生表示完全不赞同。部分学生对社会主义的制度认同表现出矛盾心理，题项"资本主义制度还是比中国特色社会主义制度优越"，有近四分之一的学生对此观点没有正确认识。部分学生创新意识不够强烈，题项"'敢为天下先'是一种鲁莽的行为"，有近五分之一的学生表示对此观点的认识是不正确的。对社会主义核心价值观的认同既体现在学生对中国特色社会主义道路的信念、对党的领导的信任、对以习近平同志为核心的党中央的信赖之外，爱国情感、改革创新意识、社会主义道德意识也是不能忽视的领域。

在实践行为维度，大部分学生都表现出较强的践行意愿。76.8%的学生同意或完全同意"按照社会主义核心价值观的要求去学习生活已经成为习惯"。爱国行为方面，64.2%的学生有看时事政治新闻的习惯；敬业行为方面，66.7%的学生认为"下苦功夫学习是我的一种生活方式"；友善行为方面，79.2%的学生表示"尽管并不富裕，会为灾区捐款"。75.2%的学生做过志愿者。但在行为实践方面，还有一些行为有待进一步改进，如诚信行为方面，10%的学生承认"写论文时有过抄袭、伪造实验、修改数据的行为"，8.5%的学生承认考试有偶尔作弊行为。如何进一步提高学生对社会主义核心价值观的知行合一，特别是将爱国、敬业、诚信、友善等观念认识变成学生一贯的习惯和行为方式是价值观教育应深入研究的话题。

三、学生差异分析

根据实效测评调查量表统计发现，性别、专业、生源地、政治面貌不同，大学生群体在认知、认同和践行方面表现出程度不同的差异。

（一）性别差异

以性别为自变量，以实效测评总分及其各维度的平均得分为因变量进行比较发现，如表6.15所示，高校价值观教育效果在性别上存在差异，女生的总平均得分（4.1789）高于男生（4.1367）。特别是在理性认知维度，女生（4.4225）明显高于男生（4.2955），差异显著。此调查数据也提醒价值观教育工作和研究者关注价值观教育的性别差异，既要深入分析男女性别不同价值观效果不同的原因，又应针对不同性别探索采用不同的教育方式方法。

表6.15 实效测评性别差异分析表

维度与总分	性别	人数（N）	平均值（M）	标准差（SD）	F	p
理性认知	男	434	4.2955	0.60147	13.232	0.000
	女	496	4.4225	0.45960		
情感认同	男	434	3.9471	0.43384	0.104	0.748
	女	496	3.9382	0.40449		

续表

维度与总分	性别	人数（N）	平均值（M）	标准差（SD）	F	p
行为实践	男	434	4.1437	0.61804	0.697	0.404
	女	496	4.1114	0.56291		
总分	男	434	4.1367	0.47673	2.185	0.140
	女	496	4.1789	0.39130		

（二）政治面貌差异

以政治面貌为自变量，以实效测评总分及其各维度的平均得分为因变量进行比较，如表6.16所示，高校价值观教育效果在政治面貌上存在显著差异，学生党员的总平均得分（4.3691）明显高于共青团员的平均得分（4.1564），差异显著，党员学生的教育效果更好。此调查结果也表明党员是大学生中的先进分子，在学习、认同和践行社会主义核心价值观上发挥了模范作用。如何把党员的先进性要求和社会主义核心价值观内容有机结合，发挥学生党员在价值观教育中的示范作用是价值观教育提升实效的一个工作思路。

表6.16　实效测评政治面貌差异分析表

维度与总分	政治面貌	人数（N）	平均值（M）	标准差（SD）	F	p
理性认知	中共党员	60	4.5655	0.46072	9.746	0.004
	共青团员	832	4.3647	0.52432		
情感认同	中共党员	60	4.1250	0.37754	7.898	0.001
	共青团员	832	3.9380	0.41463		
行为实践	中共党员	60	4.3917	0.59191	6.837	0.000
	共青团员	832	4.1186	0.57541		
总分	中共党员	60	4.3691	0.40917	11.073	0.000
	共青团员	832	4.1564	0.42396		

（三）专业差异

以专业为自变量，以实效测评总分及其各维度的平均得分为因变量进行比较，如表6.17、6.18所示，艺术体育类学生的得分（4.0433）明显低于其他专业学生，差异显著。文史类学生总平均得分（4.2134）高于理工类学生（4.1596），但差异不显著。不同专业学生的特点是价值观教育效果差别的重要原因，文史类学生人文素养较高，文化课基础较好，因此得分高于其他专业学生；艺术体育类学生文化课基础较弱，自控能力和约束能力低，因此得分低于其他专业学生。如何针对专业差异提出更具有符合专业学生特点的价值观教育内容和方法是值得深入研究的课题。

（四）年级差异

以年级为自变量，以实效测评总分及其各维度的平均得分为因变量进行比较，结果如表6.19、6.20所示，研究生的实效测评平均得分（4.3716）明显高于本科生，差异显著。理性认知维度大三与大二差异显著，大三学生得分（4.3832）高于大一学生（4.2656）；情感认同维度不同年级差异显著，得分从高到低依次是研究生（4.1353）、大四或大五（3.9784）、大三（3.9336）、大二（3.9354）、大一（3.8454）。行为实践维度，除研究生外其他年级之间差异不显著。高年级大学生的得分高于低年级的大学生既体现了价值观教育阶段性成果显著，又说明大学生价值观教育是一个长期的过程，需要持之以恒地进行。不同年级学生具有不同的特点，价值观教育应针对不同年级的学生探索不同的教育模式。

表6.17　实效测评专业差异分析表（1）

维度与总分	专业	人数（N）	平均值（M）	标准差（SD）	F
理性认知	理工类	502	4.3859	0.50919	6.036
	文史类	140	4.3995	0.47170	
	艺术体育类	143	4.1736	0.68666	
	医药类	68	4.3934	0.43437	
	其他	77	4.4812	0.47715	
情感认同	理工类	502	3.9143	0.41482	3.350
	文史类	140	4.0298	0.44153	
	艺术体育类	143	3.8951	0.41897	
	医药类	68	4.0172	0.38325	
	其他	77	3.9879	0.39877	

维度与总分	专业	人数（N）	平均值（M）	标准差（SD）	F
行为实践	理工类	502	4.1317	0.60673	2.115
	文史类	140	4.1694	0.56639	
	艺术体育类	143	4.0411	0.59576	
	医药类	68	4.0478	0.54977	
	其他	77	4.2549	0.51090	
总分	理工类	502	4.1596	0.43585	4.091
	文史类	140	4.2134	0.40956	
	艺术体育类	143	4.0433	0.47616	
	医药类	68	4.1817	0.36412	
	其他	77	4.2539	0.39661	

表 6.18　实效测评专业差异分析表（2）

总分（p）	理工类	文史类	艺术体育类	医药类	其他
理工类	—	—	—	—	—
文史类	0.191	—	—	—	—
艺术体育类	0.005	0.001	—	—	—
医药类	0.692	0.620	0.030	—	—
其他	0.076	0.510	0.001	0.318	—
理性认知（p）	理工类	文史类	艺术体育类	医药类	其他
理工类	—	—	—	—	—
文史类	0.787	—	—	—	—
艺术体育类	0.000	0.000	—	—	—
医药类	0.913	0.938	0.005	—	—
其他	0.143	0.278	0.000	0.321	—
情感认同（p）	理工类	文史类	艺术体育类	医药类	其他
理工类	—	—	—	—	—
文史类	0.004	—	—	—	—

总分（p）	理工类	文史类	艺术体育类	医药类	其他
艺术体育类	0.626	0.007	—	—	—
医药类	0.056	0.838	0.047	—	—
其他	0.151	0.481	0.116	0.674	—
行为践行（p）	理工类	文史类	艺术体育类	医药类	其他
理工类	—				
文史类	0.573	—			
艺术体育类	0.104	0.080	—		
医药类	0.269	0.184	0.938	—	
其他	0.089	0.275	0.011	0.035	—

表6.19　实效测评年级差异分析表（1）

维度与总分	年级	人数（N）	平均值（M）	标准差（SD）	F
理性认知	大一	180	4.2656	0.48429	4.808
	大二	320	4.3620	0.50420	
	大三	231	4.3832	0.63478	
	大四或大五	104	4.3953	0.48721	
	研究生	95	4.5392	0.44775	
情感认同	大一	180	3.8454	0.42866	7.832
	大二	320	3.9354	0.42219	
	大三	231	3.9336	0.39523	
	大四或大五	104	3.9784	0.38758	
	研究生	95	4.1353	0.41283	
行为实践	大一	180	4.0451	0.57666	7.901
	大二	320	4.1219	0.58546	
	大三	231	4.1088	0.57401	
	大四或大五	104	4.0469	0.60142	
	研究生	95	4.4328	0.56403	

续表

维度与总分	年级	人数（N）	平均值（M）	标准差（SD）	F
总分	大一	180	4.1158	0.41717	6.948
	大二	320	4.1440	0.42767	
	大三	231	4.1505	0.45485	
	大四或大五	104	4.1676	0.40428	
	研究生	95	4.3716	0.40620	

表 6.20　实效测评年级差异分析表（1）

总分（p）	大一	大二	大三	大四或大五	研究生
大一	—	—	—	—	—
大二	0.341	—	—	—	—
大三	0.901	0.240	—	—	—
大四或大五	0.329	0.778	0.261	—	—
研究生	0.000	0.000	0.000	0.001	—
理性认知（p）	大一	大二	大三	大四或大五	研究生
大一	—	—	—	—	—
大二	0.634	—	—	—	—
大三	0.021	0.031	—	—	—
大四或大五	0.883	0.579	0.075	—	—
研究生	0.024	0.005	0.000	0.058	—
情感认同（p）	大一	大二	大三	大四或大五	研究生
大一	—	—	—	—	—
大二	0.019	—	—	—	—
大三	0.032	0.960	—	—	—
大四或大五	0.009	0.356	0.358	—	—
研究生	0.000	0.000	0.000	0.008	—
行为实践（p）	大一	大二	大三	大四或大五	研究生
大一	—	—	—	—	—
大二	0.156	—	—	—	—

总分（p）	大一	大二	大三	大四或大五	研究生
大三	0.271	0.793	—	—	—
大四或大五	0.981	0.253	0.367	—	—
研究生	0.000	0.000	0.000	0.000	—

（五）生源地差异

以生源地为自变量，以实效测评总分及其各维度的平均得分为因变量进行 t 检验，如表 6.21 及表 6.22 所示，高校价值观教育效果在理性认知、情感认同维度不存在显著差异，在行为实践维度差异显著，来自大城市学生的平均得分（4.2081）明显高于来自乡镇和农村学生的平均得分（4.0671、4.0424）。城市学生在社会环境和家庭环境上相比农村学生处于优势，在学习能力、思维能力、语言表达、交流合作等方面呈现出不同的特征，价值观教育效果得分上出现了差异。因此，在先赋因素不利的情况下，价值观教育应探讨激发农村学生的内在动力，提升其对价值观的认知、认同和践行实效。

表 6.21　实效测评生源地差异分析表（1）

维度与总分	生源	人数（N）	平均值（M）	标准差（SD）	F
理性认知	大城市	158	4.3462	0.55993	0.898
	中小城市	414	4.3932	0.52349	
	乡镇	177	4.3519	0.50765	
	农村	181	4.3204	0.55979	
情感认同	大城市	158	3.9325	0.44357	0.294
	中小城市	414	3.9564	0.41082	
	乡镇	177	3.9261	0.39166	
	农村	181	3.9347	0.43948	
行为实践	大城市	158	4.2081	0.60314	3.233
	中小城市	414	4.1573	0.59001	
	乡镇	177	4.0671	0.58797	
	农村	181	4.0424	0.56479	

维度与总分	生源	人数（N）	平均值（M）	标准差（SD）	F
总分	大城市	158	4.1695	0.45140	1.135
	中小城市	414	4.1831	0.43037	
	乡镇	177	4.1346	0.41238	
	农村	181	4.1196	0.44452	

表 6.22 实效测评生源地差异分析表（2）

总分（p）	大城市	中小城市	乡镇	农村
大城市	—	—	—	—
中小城市	0.738	—	—	—
乡镇	0.462	0.213	—	—
农村	0.292	0.102	0.745	—
理性认知（p）	大城市	中小城市	乡镇	农村
大城市	—	—	—	—
中小城市	0.348	—	—	—
乡镇	0.923	0.389	—	—
农村	0.659	0.128	0.578	—
情感认同（p）	大城市	中小城市	乡镇	农村
大城市	—	—	—	—
中小城市	0.541	—	—	—
乡镇	0.889	0.420	—	—
农村	0.961	0.562	0.845	—
行为实践（p）	大城市	中小城市	乡镇	农村
大城市	—	—	—	—
中小城市	0.355	—	—	—
乡镇	0.028	0.087	—	—
农村	0.010	0.029	0.691	—

第五节　高校社会主义核心价值观教育实效影响因素分析

　　价值观教育是一个复杂的系统工程，受到教育主体、教育客体、教育介体、教育载体、教育体制等诸多要素及其相互关系的影响，本研究以此为视角，结合教育效果影响因素调查问卷的统计分析表（附录 J），剖析影响高校价值观教育效果的因素。

　　本研究采用回归统计分析、多层线性统计分析方法，研究发现价值观教育主体、教育客体、教育介体、教育环体与教育效果之间存在不同程度的相关性（表 6.23），理性认知维度得分与教育效果影响因素相关性排序从高到低依次是：教育客体（0.552）、教育介体（0.530）、教育主体（0.513）、教育环体（0.320）；情感认同维度得分与教育效果影响因素相关性排序从高到低依次是：教育客体（0.501）、教育介体（0.478）、教育主体（0.453）、教育环体（0.289）；行为实践维度得分与教育效果影响因素相关性排序从高到低依次是：教育客体（0.567）、教育介体（0.553）、教育主体（0.471）、教育环体（0.273）。可见，价值观教育效果受到诸多因素综合影响，而教育客体（大学生）是影响教育效果的最重要因素。

表 6.23　教育效果各维度与教育效果影响因素相关性统计分析表

	理性认知	情感认同	行为实践	教育主体	教育客体	教育介体	教育环体
理性认知	—		—		—		—
情感认同	0.607	—					
行为践行	0.613	0.602					
教育主体	0.513	0.453	0.471	—			
教育客体	0.552	0.501	0.567	0.592			
教育介体	0.530	0.478	0.553	0.707	0.719		
教育环体	0.320	0.289	0.273	0.360	0.380	0.415	—

　　（$|r|=0$ 完全不相关　　$0<|r|\leqslant 0.3$ 微弱相关　　$0.3<|r|\leqslant 0.5$ 低度相关

　　$0.5<|r|\leqslant 0.8$ 显著相关　　　$0.8<|r|<1$ 高度相关　　　$|r|=1$ 完全相关）

一、教育队伍相对弱化

教育队伍是价值观教育的主导者和设计者,包括价值观教育领导、管理者、教师、辅导员和其他工作人员。其中思政课教师是最重要的主体之一,"他们的阐释赋予思想以鲜活性,赋予课程以价值和意义"。① 根据教育效果影响因素调查问卷得分统计表(附录 J)可知,81.9%的学生赞同或完全赞同"思政课教师是影响教育效果的最重要因素"。思政课教师的理论素养、教学能力、敬业精神和师德师风等的不同表现是价值观教育效果好坏的重要因素。详细分析教育队伍的理念、政治信仰、能力表现,可发现对价值观教育效果产生不利影响的因素有:

(一) 教育主体理念相对滞后

教育理念是对教育现象的理性认识和哲学反思,是教育必然规律和应然规律的结合。教育理念是否科学决定教育过程的实施,影响教育效果。习近平强调:"发展理念是发展行动的先导。发展理念不是固定不变的,发展环境和条件变了,发展理念就自然要随之而变。如果刻舟求剑、守株待兔,发展理念就会失去引领性,甚至会对发展行动产生不利影响。"② 中国特色社会主义进入新时代,如果教育理念不能随时代的变化而改变,其教育效果必然受到影响。

1. 社会主义核心价值观教育价值认识相对不够

部分教育行政部门和高校领导没有认识到价值观教育在"立德树人"中起到的重要作用,未能认识到价值观教育的巨大价值。在实际工作中社会主义核心价值观教育的地位常常摇摆不定,"说起来重要,做起来次要,忙起来不要";部分高校党组织政治生态恶化,政治主体责任丧失,政治敏锐性和政治鉴别力不够③,在宣传教育活动的形式上做文章,把价值观教育当成硬性任务,未能深入领会价值观教育对国家、社会发展和大学生个人发展具有的重大现实和深远意义。

2. 受教育者主体性理念缺失

受教育者主体性是指"受教育者自觉认同教育目标和教育要求,独立做出判断和选择,自主调节行为,并在实践中完善自身品德,丰富和发展社会道德

---

① 何海兵:《从"怎么教"到"怎么看";马克思主义课程化传播的视角转换》,《唐都学刊》2012 年第 2 期。

② 《习近平春节前夕赴江西看望慰问广大干部群众:祝全国各族人民健康快乐吉祥 祝改革发展人民生活蒸蒸日上》,《人民日报》2016 年 2 月 4 日,第 1 版。

③ 祝福恩,隋芳莉:《政治生态的四维结构及营造对策》,《探索》2016 年第 3 期。

规范的自主性、能动性和创造性"①。在高校价值观教育中，部分高校领导、教育者和管理者缺少受教育者主体性理念，依然采用单向灌输的方式，认为受教育者是被改造者和被教育的对象，忽视受教育者的价值追求和利益需要，大大降低价值观教育的实效。根据教育效果影响因素调查问卷得分统计表（附录 J），62.2%的学生赞同或完全赞同"社会主义核心价值观教育中学生没有主体地位"，57.7%的学生认为"社会主义核心价值观教学仍然是'填鸭式''满堂灌'"。

3. 协同育人理念相对缺失

价值观教育是一个复杂的系统工程，需要各子系统（或要素）之间相互协调、相互合作，需要社会、学校、家庭多个领域教育资源的整合，需要高校教师、管理者、工作人员等多个主体之间的有机协同。现实中教育主体缺少协同育人理念，导致各部分之间的疏离，系统出现"互信缺失、资源争夺、观点抵牾"的现实危机和薄弱环节，如价值观教育的各职能部门条块分割；价值观教育目标、教育内容缺乏连续性和一致性，教育方法的实施各自为营；思政教师、党团干部辅导员、学生日常管理工作人员之间缺乏协作和互动，很多专业课教师未意识到自身的使命和责任，未参与德育育人；高校与家庭、社会的合作交流不足，导致社会主义核心价值观教育效果上出现相互牵制和抵消。

4. "供给侧改革"思维相对缺乏

"供给侧改革"实质是"根据市场需求的变化调整和优化供给方生产结构，从而提高要素生产率，更好地满足消费者的需求"②，其不仅是经济领域的新常态，也是当下社会生活中的热词，作为高等教育重要组成部分的价值观教育也应该具有"供给侧改革"思维。正是由于传统的价值观教育缺少"供给侧改革"思维，无视学生的需求，供给的教育理念不能适应形势的发展，教育内容与大学生的现实脱节，教育方法单一，不能契合大学生的思想特点，教育手段落后，与信息社会的特征不相吻合，"供给侧"和"需求侧"不平衡，影响并制约教育实效的发挥③。根据教育效果影响因素调查问卷得分统计表（附录 J）发现，教育方式方法、教育手段、社会实践等部分题项分数不高，暴露出"供给侧改革"思维的缺乏。

---

① 张耀灿，郑永廷，吴潜涛，等：《现代思想政治教育学》，人民出版社，2006，第 276 页。

② 马建堂：《供给侧结构性改革的意义与途径》，《人民日报》2016 年 6 月 24 日第 16 版。

③ 白强：《以"供给侧"改革思维推进大学生社会主义核心价值观教育》，《理论导刊》2017 年第 7 期。

（二）教育主体信仰相对偏移

随着全球化、信息化、网络化程度的不断加深，个别教育者的价值取向出现多元化，共产主义信仰不够坚定，思想政治教育工作者的使命感和责任感相对不足，还有个别教师如辽宁日报《老师，请不要这样讲中国》报道，缺乏理论认同、政治认同，缺少以情感人，要么用戏谑方式讲思想政治理论课，要么公开质疑中央出台的政策，诋毁自己的国家和人民，要么满腹牢骚，吓唬学生"社会险恶"①，这对于大学生正确价值观的形成产生严重的阻碍。教育效果影响因素调查问卷也发现类似的问题存在。得分统计表（附录J）显示14.7%的学生对思政课教师具有马克思主义信仰、敬业精神持不确定或不赞同态度。说明现实中的确存在个别思政课教师政治信仰偏移的问题，其必然会对价值观教育造成不利影响。

（三）教育主体的能力素养相对匮乏

时代发展迅猛，对人才的要求越来越高，价值观教育者既要有扎实的理论功底和教学科研的基本能力，如发现问题能力、语言表达能力、课堂驾驭能力、危机处理能力，又要紧跟日新月异的时代发展出的新生事物，善于创新和反思。然而现实中很多教师专业素养良莠不齐，"讲道理的能力、底气和艺术不足"，加上繁重的教学任务和科研压力，很多老师出现本领恐慌，如对自身能力不足、经验缺乏导致的素质恐慌，对教育方式方法转变带来的职业恐慌，对年龄增长带来的成长恐慌，对各种课堂意外考验的角色恐慌，追赶时代与协调师生关系、发展学生个性与能力的恐慌。根据教育效果影响因素调查问卷得分统计表（附录J），11.5%的学生对"思政课教师具有深厚的马克思主义理论素养、专业素养和较强的教学能力"持不确定或不赞同态度。此结果表明部分思政课教师存在教学能力和理论素养、专业素养匮乏的问题，也会影响价值观教育的效果。

二、受教育者差异化

本研究采用回归统计分析、多层线性统计分析方法研究发现教育客体（大学生）是影响教育效果的最重要因素。教育效果影响因素调查问卷得分统计表（附录J）也发现，58.4%的学生赞同或完全赞同"个人喜好是影响社会主义核心价值观教育效果的最重要因素"。当今大学生的主体由"90后"构成，"00

---

① 龚云，李霞：《高校社会主义核心价值观传播范式的反思与建构》，《武陵学刊》2015年第2期。

后"也已经入学，与以前的大学生相比，他们的成长环境发生了很大的变化，他们能接触到各种意识形态的碰撞，思维活跃、求知欲强，善于接受新鲜事物，创新能力强。但不能忽视的是，随着全球化的加剧、社会矛盾的凸显、家庭环境的优越，部分学生功利心强，耐挫能力弱，心态浮躁，自制力不足，易受外界干扰，行动力不足，甚至出现价值认知和价值取向的紊乱、价值目标和行为选择上的迷茫和彷徨，势必影响价值观教育效果。

（一）价值取向出现功利性、实用性特点

大学生处于身心成长的关键时期，思想呈现出多变性和差异性特点。受享乐主义、拜金主义、实用主义思想的影响，大学生价值评判标准和价值导向出现重功利轻理想信念、重专业技能轻思想道德修养、重奢侈享受轻艰苦奋斗、重个人利益轻集体利益等价值选择的混乱。实效测评调查也发现大学生存在此类问题，高达69.4%的学生同意或完全同意"我爱国，但更爱西方高度发达的物质文明"；28.3%的学生赞同或完全赞同"社会主义核心价值观教育相关课程不如专业课重要，对未来工作意义不大"。

（二）价值判断的感性化、不稳定

部分大学生思想心理不成熟，缺乏生活的历练，又面临理想与现实的冲突，思想活动出现不稳定的特点，价值判断迷茫，对待事情的看法更加随意化、更加易变。当学生课堂上学到的、老师教的与社会上现实东西不符合时，他们的价值判断往往很容易被现实改变。调查发现，11.1%的学生同意或完全同意"资本主义制度还是比中国特色社会主义制度优越"，15.2%的学生则表示不确定。7.6%的学生赞同或完全赞同"乘车、买东西时插队不必大惊小怪"，还有5.1%的学生表示不确定。面对中国各种社会矛盾的凸显，腐败问题、贫富分化问题、食品安全问题时，有的大学生受理论水平和思维方式的局限，不能辩证地、发展地看问题，对马克思主义的信仰、对中国共产党执政的合法性、对中国特色社会主义道路、社会主义道德等问题表现出怀疑、矛盾和负面心态。

（三）行为选择追求个性、行动力差

一方面，在行为选择上，当代大学生表现出鲜明的个性特征。在学习知识、提升素养的过程中，有的大学生"喜欢从实践体验中获得快乐，反感空泛的书本知识，喜欢自主的讨论交流；反感刻板的理论课程，喜欢合作的项目研究；

反对简单的经验说教，喜欢独立的实践探索"①。另一方面，缺少执着地去追求和发现的行动力，常常出现知行分离的矛盾。根据教育实效测评调查问卷得分统计表（附录 I）发现，12.6%的学生不同意或完全不同意"下苦功夫学习是我的一种生活方式"，还有20.8%的学生表示不确定；14.6%的学生认为"现代社会没有必要以'韦编三绝、悬梁刺股'的劲头去学习"，15.2%的学生表示不确定。大学生善于接受新鲜事物，他们的兴趣很容易点燃，但理性思维能力和执行力的不足使他们未能进一步获取更系统、更深入的认识，他们往往心态浮躁，看上去什么都懂，其实是一知半解。有的大学生实践经验不足，缺少实干精神，往往思考多，行动少，不愿从自我做起，从现在做起，经常处于脱离实际的空想、幻想中。还有的大学生对学习无兴趣，沉迷于网络。

三、教育内容表层化

（一）教育内容强调整体性，忽视针对性

90后、00后的大学生，面临人生发展的关键期、自我角色定位的困扰，还存在着智力水平、认知方式、生活境遇等方面的差异，如果不加区分地、千篇一律地采用同样的价值观教育内容，不可能走进大学生的内心世界，不可能赢得大学生的喜爱，也不可能取得较好的教育实效。

（二）教育话语抽象化，脱离现实生活

传统的价值观教育内容具有高度的理想主义，教育内容因经典而权威，因权威而僵化，生硬刻板，过于"理论化""知识化"，脱离了生活的根基，让学生感到社会主义核心价值观"高高在上"，甚至产生抵触情绪。当今时代，大学生的价值观念、思维方式呈现个性鲜明、追求实用的特征，如果一味地使用理论化、抽象化的教育话语，传授的都是空洞的教条，脱离了现实的、具体的人，不接地气，就不能有效地指导人们的行为，不能提升人们的精神生活，不能使理论有说服力，严重影响教育实效。

（三）强调迎合学生，缺少真理性

面对教育理论政治性和学术性难以做出令人信服的分析和解释的巨大的挑战，部分教师以技术化、娱乐化的形式来调动学生的积极性，丰富教学内容，个别学校出现了教育内容媚俗化、庸俗化现象，导致"例子多理论少，娱乐多

---

① 张会军：《大学生践行社会主义核心价值观的路径探讨》，《思想政治教育研究》2014年第3期。

快乐少，感动多感悟少；理论解释变成了调侃和戏谑，滑向了娱乐化、碎片化、简单化的边缘"①。如此的教育，即使博得学生的眼球和点赞，效果也只是肤浅的而不是深层次的，只是短期的而不是长远的，只是急功近利的而不是久久为功的。

（四）强调统一性，缺少与时俱进

中国特色社会主义进入新时代，如果价值观教育内容未能适时调整，与时俱进，就不能体现社会发展的新风貌，不能满足社会发展的新要求，不能适应大数据、互联网+的时代变化。无论怎样层次的高校、怎样地区的学生，教育内容总是一纲一本，一味地照搬教材，强调教学内容的统一性，教学章节标题的标准化，漠视新时代的新变化，甚至出现个别教师讲稿、案例、幻灯片多年不更新的现象，如此这样，不能满足思维活跃、求知欲强、接受新鲜事物快的当代学生的需要，进而使教育效果大打折扣。

四、教育方式方法单一化

在价值观教育过程中，如果教育方式方法选择使用不当，开发利用不足，其功能和作用就不能实现，就会影响教育效果。根据教育效果影响因素调查问卷得分统计表（附录J）发现，高达82.3%的学生认为教育方式方法是影响价值观教育效果的最重要因素。

（一）教育方式方法缺少针对性

传统的价值观教育是一种"你说我听""你讲我做"的学校模式，许多教育者的教育方法刻板单一，教师自说自话，自娱自乐，缺少针对性，有的教育者简单依靠课本或新闻案例进行教育，没有和学生交流和互动。单一化的教育形式不会有持久的吸引力，不能满足大学生的需要，不会收到好的教育效果。

（二）教育方式方法以灌输式宣讲式为主

一些高校教师、学生德育工作者教育方式过于传统，往往是家长式"一言堂""照本宣科"的强制性灌输，不讲究语言的艺术，缺少生活化和形象化教育，限于空洞无物的说教和长篇大论。根据教育效果影响因素调查问卷得分统计表（附录J）发现，近四分之一的学生不认同"社会主义核心价值观教学能够与学生积极互动，运用启发式、讨论式和研究性教学"。口头说教、强制灌输

---

① 何海兵：《从"怎么教"到"怎么看"：马克思主义课程化传播的视角转换》，《唐都学刊》2012年第2期。

的教育方式无法走入学生的内心，不能激发学生的学习兴趣，削弱价值观教育的亲和力，难以实现大学生的情感认同及在此基础上的真正践行，因此教育效果不佳。

（三）教育方式方法陷入形式主义误区

有的高校在宣传和开展社会主义核心价值观文化活动时，追求形式的新颖忽略了教育的内容，追求活动外表华丽时偏离了教育的初衷，追求"高、大、上"的形象时未必能震撼学生的内心，给学生的印象往往是"作秀""徒有其表"，让学生产生"审美疲劳"和反感，形式主义的做法往往适得其反，影响教育的效果。

五、教育载体缺失化

教育载体是"能够承载和传递思想政治教育内容或信息，能为思想政治教育主体所运用，促使思想政治教育主客体之间相互作用的一种活动形式和物质实体"[1]。价值观教育载体是教育介体必不可少的组成部分，载体是否得到合理开发利用，直接影响教育效果。

（一）制度载体缺位

制度是将教育内容寓于一定的组织纪律、管理规范中来约束、规范和引导人们行为的载体，是影响价值观教育成效的重要因素。"制度本身就在向人们传递某种正确的价值观念，以至于各种规章制度对人们思想的形成及转换都具有直接的作用。"[2] 根据教育效果影响因素调查问卷得分统计表（附录 J）发现，近四分之一的学生完全不认同"校园各种规章制度健全，奖惩分明，执行效果好"。当前高校价值观教育中，无论教育方式如何改进，效果都有不尽如人意之处，正是由于社会所倡导的价值原则和规范缺乏制度的支撑和保障。

（二）网络载体缺位

在互联网时代，大学生是网络社会的主力军、"土著居民"，特别是互联网进入以主动性、大数据、多维化为特征的 Web3.0 大互联时代[3]，网络已经成为价值观教育的重要场域和载体，互联网时代价值观教育的时空进一步扩展，内容和形式更加丰富，但互联网给价值观传播带来机遇的同时，也为高校价值观

---

① 张耀灿，郑永廷，吴潜涛等：《现代思想政治教育学》，人民出版社，2006，第 392 页。
② 王淑芹：《思想政治教育成效的制度分析》，《思想教育研究》2006 年第 12 期。
③ 冯刚：《互联网思维与思想政治教育创新发展》，《学校党建与思想教育》（高教版）2018 年第 3 期。

教育带来一系列挑战，当前价值观教育网络载体建设中仍然存在不少问题，导致效果不佳。如网络管理和教育主体缺少创新意识、协同意识、"以人为本"意识，在互联网科技面前教育者似乎总是比学生"慢一拍"，缺少网上网下的工作统筹，缺少与学生之间网上沟通和交流；网络话语创新和转化力度不够，社会主义核心价值观解释与宣传的话语较为直接和生硬，难以走入大学生的内心世界，网络话语权被边缘化；网络话语教育内容浅显化甚至庸俗化，真正结合互联网进行价值观内涵解析的成果较少，学生"只知其然不知其所以然"问题较为突出；尚未形成基于网络传播特点和符合大学生喜好的传播模式，缺少针对性，仍然是"说教式"的表达方式①，缺少政治性、科学性与通俗性、趣味性的融合；网络教育平台单一化，正能量传播平台不够，对价值观教育题材的挖掘不够深入和具体，QQ、微信、微博、知乎等新媒体传播载体的开发利用不够。根据教育效果影响因素调查问卷得分统计表（附录 J）发现，近三分之一的学生完全不赞同或不赞同、不确定"学校会利用网站、微信、微博与学生互动，了解学生思想困惑等"。

（三）文化载体缺位

文化载体具有渗透力强、影响持久及生动、形象、直观的特点。文化是价值观教育载体，要重视文化建设。当前文化建设存在的问题有：文化建设目标存在设定脱离现实的倾向；理念上忽视"人"的终极对象和以文化人的规律，导致融入方式欠缺日常化、具体化、形象化、生活化，缺少体验式的熏陶；效果上很多历史题材的电影和电视剧，有的表面看似宣扬传统文化，但宣扬的是传统文化的糟粕和消极的价值观念，如官场权谋等，未能达到"润物无声"的正面效果。有的文化活动，单纯追求感官娱乐，单纯追求形式和好玩，丢掉文化教育的根本和宗旨，缺乏思想内涵和正面价值导向。

（四）社会实践活动载体缺位

当前不少高校价值观教育实践活动流于形式。根据教育效果影响因素调查问卷得分统计表（附录 J）发现，近三分之一的学生不认为思政课实践活动形式丰富、效果好；一半以上的学生认为"目前社会实践活动形式单一，可参与性不强、效果不好"。有的学校未能认识社会实践的重要意义，存在重视知识学习轻视实践环节的倾向；有的学校实践管理多头分散，质量效益不高；有的学校

---

① 王红：《"互联网+"时代大学生社会主义核心价值观培育路径》，《华南师范大学学报》（社会科学版）2018 年第 3 期。

社会实践活动缺少实践平台、教师指导、资金保障，存在组织不力、走过场或放任学生自己实践的倾向；有的学校对实践的考核要求较松，放任自流，甚至一篇网上复制的论文就可应付交差；很多高校只选部分学生代表参加，受益面不大；有的学校实践评价体系不完善，实践收效甚微。

六、教育环境复杂化

现代社会是一个多元、开放的社会，大学生的成长、价值判断和价值选择无时无刻不受到复杂、多维、开放环境的影响，既包括经济、政治、文化、网络舆论环境，也包括学校物质精神环境、家庭环境、同伴群体的影响。

（一）国际环境影响

随着全球化程度的加深，价值观教育面临越来越复杂的局面。西方国家西化分化我国的图谋从未改变，一些西方国家利用各种方式和手段推销自己的价值标准和意识形态，高校尤其是意识形态争夺的重要场所，国际环境的复杂化、意识形态竞争的激烈化必然会对高校价值观教育产生一定影响。根据教育效果影响因素调查问卷得分统计表（附录J）发现，63.5%的学生完全赞同或赞同"西方国家抹黑中国、诋毁中国形象等宣传影响社会主义核心价值观教育效果"，18.1%的学生表示不确定。

（二）国内环境影响

我国取得了改革开放和现代化建设的历史性成就，但还存在不少困难和挑战，如城乡区域发展和收入分配差距仍然较大，社会文明水平尚待提高，社会矛盾和问题交织叠加等。如果未能辩证看待当代中国复杂化、多元化的社会环境，加上西方国家的歪曲报道和网络媒体的负面报道，大学生没有足够高的网络素养和辨别能力，认为理想与社会现实反差太大，就会对高校价值观教育产生消极影响。根据教育效果影响因素调查问卷得分统计表（附录J）发现，73.4%的学生完全赞同或赞同"现实社会官员腐败、分配不公等现象影响价值观教育效果"。

（三）学校环境、家庭环境影响

学校是大学生学习、生活的主要场所，学校的政治生态、校风、教风、学风会直接影响教育效果。高校政治生态是高校政治文化建设特别是价值观建设的面貌和目标呈现。高校政治生态在大学政治方向和价值导向的形成和发展中发挥着潜移默化的导向作用。有什么样的政治生态就有什么样的政治文化和价值观教育工作。高校党组织政治生态好，就能发挥好领导主体责任，党支部的战斗堡垒作用强，在多元多样多变的文化影响下就能具有较强的政治分辨能力，形成引导师生形成正确思想观念和行为规范的氛围。反之，政治生态恶劣，高校领导和党员干部理想信念不够坚定，拜金主义、官本位、虚无主义、功利主义等不良风气滋长，学校的政风、党风、教风、学风都会受到严重的影响，价值观教育效果必然受到影响。根据教育效果影响因素调查问卷得分统计表（附录 J）发现，近五分之一的学生完全不赞同或不赞同、不确定"学校校风、教风、学风好"。有的学校只重视专业知识的学习，忽视高校立德树人的根本任务，有的学校对教师和学生管理不够严格，大学"宽进严出"的现象普遍存在，甚至有媒体报道学生组织"官僚化""功利化""庸俗化"，学生干部沾染"官气"的做法。大学校园的上述消极或负面的环境必然消解价值观教育效果。

家庭环境在大学生成长和价值观的形成中有着非常重要的作用。根据教育效果影响因素调查问卷得分统计表（附录 J）发现，高达 83.2% 的学生完全赞同或赞同"家庭是否和睦、温馨会影响价值观教育效果"。"90 后""00 后"大学生多是独生子女，在家庭中成为核心，相对优越的物质生活和家庭环境，家长的思想境界和综合素养参差不齐，有的家长会尽可能满足学生一切要求，忽视他们世界观、人生观、价值观的培养，滋生他们任性、自私、依赖的性格，导致他们生活能力、交往能力、抗挫折能力、容忍能力弱，增加教育难度。

（四）网络环境影响

网络为人们学习工作生活带来了极大的便利，"90 后"的大学生是伴随互联网长大的一代，网络已经成为他们不可或缺的工具和生活方式，但"90 后""00 后"处于人生的成长期，心理尚未成熟，自我控制能力不足，网络素养不够，辨识能力不强，极易受到西方价值观念的影响，导致价值观偏离正确的轨道，甚至个别大学生沉迷于网络游戏和网络小说的虚拟世界，产生人格异化、心理扭曲。根据教育效果影响因素调查问卷得分统计表（附录 J）发现，近三分之二的学生完全赞同或赞同"网络电视等新闻媒体负面报道影响价值观教育效果"。

七、教育机制碎片化

教育机制是教育各个有机组成部分在工作过程中形成的整体关系①。机制在所有系统中都起到基础性作用，如果价值观教育机制各要素结构优化、关系

---

① 马福运：《新时期思想政治教育机制创新简论》，《河南师范大学学报》（哲学社会科学版）2009 年第 5 期。

协调、覆盖全面、可持续发展，价值观教育就能够常态化、稳定化，教育效果就会最优化发展；反之，教育效果就会大打折扣。当前高校价值观教育机制割裂与封闭也是其效果不佳的重要原因。现行价值观教育管理机构虽然设置多，但缺乏强有力的领导机制；横向联系、协作机制往往停留在形式层面，而且缺少合力，缺少沟通和协调，职责不清；缺少教育评价机制，使得教育没有压力和动力。此外，价值观教育机制没有结合新的时代特点不断创新，现实的价值观教育活动发挥不了效果，达不到预期的目的，一个重要原因是"过多利用制度因素对活动形式的承袭，而缺乏对活动规律的总结"①。

第六节　增强高校社会主义核心价值观教育实效的对策

社会主义核心价值观教育是一个关系高校立德树人根本任务的重大问题，准确把握价值观教育在高等教育中的灵魂地位，不断进行教育创新，要树立"大思政"的理念，运用马克思主义系统性整体性的观点，借鉴西方国家的经验，通过系统中教育者、教育对象、教育内容、教育方式方法、教育载体、教育环境各要素的有机协同，使价值观教育全方位、全过程地融入高等教育，增强教育实效。

一、以"六个要"打造教育队伍

习近平总书记在 2019 年 3 月 18 日学校思想政治理论课教师座谈会上强调"办好思想政治理论课关键在教师，关键在发挥教师的积极性、主动性、创造性"，并对思政课教师提出六点希望：政治要强、情怀要深、思维要新、视野要广、自律要严、人格要正②。培育高校价值观教育队伍要以这"六个要"为遵循，不断转变教育理念，加强队伍建设。

---

① 师帅朋，杨航征：《构建大学生思想政治教育长效机制的再思考》，《思想教育研究》2013 年第 1 期。
② 张烁：《用新时代中国特色社会主义思想铸魂育人 贯彻党的教育方针落实立德树人根本任务》，《人民日报》2019 年 3 月 20 日，第 1 版。

（一）转变教育理念

1. 充分领会价值观教育的价值

高校是培养接班人的主阵地，高校的管理者和教育者要充分领会价值观教育的价值，自觉增强培育价值观主动性的理念，以高度的历史使命感和责任感帮助学生增加"三个层面"的认知、认同，有"功成不必在我"的觉悟。高校管理者和工作者要充分认识到通过价值观教育，国家和社会层面培养德才兼备、热爱祖国、自强不息的社会主义建设者，个人层面提升大学生的精神追求，规范大学生行为实践，自觉地将个人发展与祖国发展相统一，成为可靠接班人。

2. 受教育者主体性理念

与一般的知识教育不同，价值观教育有较强的现实性和实践性，因此要关注学生的生活世界，树立受教育者主体性理念，以学生为本，满足学生的成长成才需要。一要"精准把握大学生的思想特点和变化规律，找到其利益关切的深层动因，积极回应、整合、反馈大学生的利益关切，提升教育的主动性和前瞻性，激发大学生的内生动力"；二要树立教学中的问题导向，以问题导向探寻学生思想世界，改进教育教学方式，使学生以主体身份进行反思和探究，形成自觉的价值选择和判断能力；三要坚持教育教学中的对话思维，以对话启发学生的价值智慧，教师和学生共同成为价值观教育的理解者和构建者；四要强调教育教学与生活世界的融合，注重学生生活世界的需要，关注学生的现实需要，在解决学生的经济贫困、心理困扰、就业困难中树立正确的价值观念和价值取向；五要挖掘社会主义核心价值观与大学生成长发展需求的同构性，大学生成长发展的学业需求、生活需求、情感需求、社交需求与"富强、民主、文明、和谐"等理念相契合，深入挖掘二者的同构性，并运用到教学和管理实践中，有助于提高践行的内驱力，提升实效性。

3. 协同育人理念

价值观的教育是塑造人的精神世界、规范人的行动的系统工程，绝非单靠某个部门和某些人就可以完成。因此，教育者必须树立协同育人理念。协同是指"系统中多个子系统（或要素）之间相互协调的、相互合作的或同步的联合作用"。发挥协同效应的关键是发挥教育者和受教育者积极性和主动性，以及两者的协调。实现协同育人就是要运用协同学原理，坚持目标性原则、制度性原则、共享性原则、匹配性原则、开放性原则，实现价值观教育主体协同、介体协同、载体协同、环体协同和制度协同。要有顶层设计，建立协同管理领导小组，统一制定工作计划和方案；实施全程育人的目标管理，实现教师交叉任职、定期沟通的常态化；实行"跟踪辅导"制度，构建思想政治理论课、网络思想政治教育、社会实践、文化活动、日常管理之间的有机融合；充分利用现代网络通信技术的便利，挖掘及利用各方面的教育资源，建立高校—家庭协同机制和高校—社会协同机制。

4. 供给侧改革思维

供给侧改革以人们的现实需要为出发点，提供"引领性""精准性""有效性"的教育供给，实现供给侧与需求侧的平衡和良性互动，从而提高教育的实效。随着教育环境出现的新变化，当代大学生在价值取向、个性特点、行为方式方面表现出新特点，原有"供给侧"和"需求侧"的平衡被打破，为提高价值观教育实效，教育者也应该具有"供给侧改革思维"。"供给侧"改革要对"供给侧"的教育理念、教育内容、教育话语、教育方式等要素进行新的优化整合，加强"供给"与"需求"之间的互动，多从学生的需求一端反思教育者的供给是否是"有效供给"，最大限度地实现"供给结构"的优化转型，进而达到供需平衡，实现供需良性互动。

（二）加强教育者队伍建设

习近平总书记在多次讲话中强调了教师队伍建设。全国高校思想政治工作会议上习近平强调："教师是人类灵魂的工程师，承担着神圣使命。传道者自己首先要明道、信道。高校教师要坚持教育者先受教育，努力成为先进思想文化的传播者、党执政的坚定支持者，更好担起学生健康成长指导者和引路人的责任。"① 以德为先，树立立德树人的工匠情怀；以才为基，培养专注的工匠品质；以情为本，要有干一行爱一行的工匠情操。

1. 以德为先

新时代的高校教师首先要有高尚的道德，以德立身，以德立学，以德施教。高校教师不应仅是学问之师，更应是品行之师，是宣教者、信仰者和践行者的统一。要站稳政治立场，充分认识到价值观教育的重大责任，坚定理想信念，补足"精神上的钙"；要增强教育的责任感和使命感；要不断加强自己的价值观修养，用自己高尚的人格影响和感染学生，发挥示范引导作用。

2. 以才为基

教育者要加强学习，不断地提升教育教学能力，要真懂真学马克思主义理论，"读原著、学原文、悟原理"，系统地而不是零碎地学，实际地而不是空洞

---

① 张烁：《习近平在全国高校思想政治工作会议上强调：把思想政治工作贯彻教育教学全过程 开创我国高等教育事业发展新局面》，《人民日报》2016年12月9日，第1版。

地学。一要理解价值观的优秀文化本质，又要关照现实，结合国家发展和时代特征，理解价值观具体问题。只有真正弄懂，才能教会学生做出正确的价值判断、价值选择。二要把握时代的脉搏，不断更新自己的知识储备，把习近平新时代中国特色社会主义思想作为理论武器，夯实学术功底，不断地钻研教学方法和工作方法，有创新精神，打破思维的限制，转换话语形式，完善话语内容，探索适应时代需要和符合学生实际的教育模式和教育方法，运用新技术、新话语与学生交流互动。三要努力提升专业课教师科研、教育能力的同时，提高价值观教育的能力，在专业课的学习中潜移默化地融入社会主义核心价值观。重视辅导员队伍文化和职业能力建设，辅导员要聚焦学生的成长，而不是具体事务的完成。

3. 以情为本

教育者要热爱自己的职业，热爱自己的学生，身教胜于言教，用情感的力量、人格的力量感染学生，"好老师把自己的温暖和情感倾注到每一个学生身上"。"要执着于教书育人，有热爱教育的定力。"在物欲膨胀的时代，淡泊名利，坚守职业操守和信念，守住三尺讲台，踏实任教，不忘初心。

（三）搭建平台，推进改革

1. 领导管理制度改革

高校党委书记、校长和分管校长要负起领导责任，建立高标准、高要求的制度标准，通过一系列制度约束，保障教育者的理论素养、课程教授、课后服务。在各个环节画定红线，使教育者按照高标准要求自己。要确保思政教师、辅导员在人才培养、评奖评优、职务评聘等方面得到优先支持，为这支队伍提供强大的激励和组织保障。要完善教师培训制度，形成攻读学位、实践研修、社会调查、挂职锻炼等立体化的教育培训机制。建立引进优秀思政教师机制，吸引优秀人才从事思政教师和辅导员工作，并使之成为受人尊重、令人羡慕的职业。

2. 人事制度改革

为确保高校价值观教育队伍的素质，应该严把入口关，完善准入制度，不仅考察教育者的专业资格、教学水平，而且重点考察教师的师德师风。要完善符合思政教师和辅导员职业特点的职称和考核制度，完善他们的待遇保障机制。高校辅导员是价值观教育工作的重要群体，他们的工作方式、行为表现对学生有重要影响，可通过择优选拔、培训学习等方式确保辅导员队伍党性坚定、富于修养、素质过硬。对于优秀的教育者给予物质上的激励，对于反面典型给予严惩，取消不合格者教师资格。

二、以强化受教育者主体性激发内生动力

从心理过程看，社会主义核心价值观教育是内化、外化、评估反馈三个阶段的有机衔接、循环往复的过程①。内化是人学正真正度受社会主义核心价值观，并将其转变成自身价值追求和信仰，它是从理性认知到情感认同的过程。外化是指"受教育者把已经内化的思想观点、价值观念、道德准则自主地转化为自己的思想政治行为表现和行为习惯的过程"。② 它是行为实践的过程。评价反馈是对受教育者内化、外化情况进行价值判断的过程，它既能激发大学生的行为动力，也对大学生的行为具有积极的引导作用。将内化、外化、评估反馈有机结合，提高教育对象认知、认同、践行的实效。

（一）内化过程中主体性的强化

内化过程包括理性认知和情感认同的过程。理性认知阶段要改变灌输式教育方式，坚持贴近大学生的思想特点和认知水平进行教育，用紧密联系实际的素材和案例，让学生从已经熟悉的认知世界去了解和认识价值观教育的重要意义，去熟悉和理解社会主义核心价值观理论体系的真理性和科学性，要始终坚持"从他学到自学"的培育方向，形成学习动力。我们可借鉴国外价值观教育认知路向理论的长处，重视培养学生的判断能力、推理能力和选择能力，重视学生在判断选择中所经历和感受到的内容。③

情感认同阶段要以激发学生的内在需求为关键，促进情感认同的生成。英国德育学家彼得·麦克菲尔提出的"体谅模式"和美国教育哲学家内尔·诺丁斯提出的"关怀模式"对我们很有启发，价值观教育应放弃"无情"的说教，创建关爱的环境。一是教育者要了解学生的思想动态、学习需求和生活需要，做到"三知三进"：进课堂、宿舍、食堂，知思想、知学习、知生活④。二要积极回应学生的愿望、需求和利益关切，激发大学生培育和践行的内生动力。要把大学生所普遍关心的实际问题与价值观教育融合，促进大学生从内心接受这

---

① 王华敏，周双双：《主体性发挥与社会主义核心价值观教育的内在逻辑——基于大学生群体的教育研究》，《重庆大学学报》（社会科学版）2018 年第 1 期。

② 张耀灿：《现代思想政治教育学》，人民出版社，2006，第 335 页。

③ 吕金函：《国外价值观教育方法理论的路向及其启示》，《思想理论教育》2019 年第 4 期。

④ 史国君，龙永红，刘朝晖：《"三进三知"：大学生思想政治教育协同新机制》，《江苏高教》2018 年第 9 期。

一价值体系①。三要加强人文关怀，引领情感认同的层次，把教育人、理解人、关心人结合起来，解决大学生的实际困难，激起大学生的情感共鸣，使之真正感悟到社会主义核心价值观的行动感召力。四要注重心理疏导，化解情感认同危机，用正确的价值立场和恰当翔实的方式对普世价值、历史虚无主义、自由主义等予以评判，帮助学生树立价值观自信，形成正确的价值取向。

（二）外化过程主体性强化

价值观教育经历理性认知和情感认同的内化之后，最终要进入行为实践阶段，在实践中自觉践行，即外化阶段。内化是基础，外化是内化的外显和表现，只有经过外化，价值观教育的最终目的才能实现。美国道德教育学家提出了社会行动法，鼓励学生积极参与到促进社会发展的活动中去，让学生用正确的行为来参与公共事务，改变社会。为此我国价值观教育要积极开展涵养价值观的实践活动。各高校要通过建立实践养成机制将社会实践真正落到实处，让大学生在生活实践中感知、领悟核心价值观，形成良好行为习惯。外化阶段还要发挥党员干部和先进人物的模范带头作用。榜样对大学生有巨大的影响力，让大学生感受"爱国、敬业、诚信、友善"离他们如此之近，进而激励和感召他们也按照核心价值观要求和规范自己的言行。

（三）评价反馈中主体性强化

科学的评价对大学生价值观形成起到激励、导向和调控作用。澳大利亚十分重视价值观教育评价，将其看作是学校价值观教育有效开展的关键环节，他们重视评价中学校教师的责任，也重视有效的价值观教育的知行统一。从发挥大学生主体性视角，加强大学生的自我评价，通过分析自我活动，评价自身的善恶，反思自身的行为，为行为纠正和提升做铺垫。因此应建立和完善评价机制。纠正高校综合测评中重智育、轻德育的倾向，增加学生思想政治理论课和参加社会实践的行为表现在学生综合测评体系中的权重，加大对践行核心价值观表现突出的学生的表彰力度，充分发挥评价的导向、激励功能在大学生价值观形成中的作用。

三、以"供给侧改革"思维优化教育介体

通过高质量的教育内容，多样立体的教育形式，有效开发教育载体，美化

---

① 翟小满，杨宗友：《大学生社会主义核心价值观培育论——机理、过程与路径选择》，《重庆大学学报》（社会科学版）2018 年第 4 期。

教育环境，实现教育的深度供给，让大学生有更多的认同感和获得感，以多元化的教育途径激发大学生的热情，使社会主义核心价值观内化于心、外化于行。

（一）优化教育内容

任何教育方式方法的探索始终服务于内容，或者说不能离开内容谈方式方法的改革。教育内容是否有效对教育效果有直接的影响。提升教育效果，在内容优化方面需要整体规划，因材施教，与时俱进。要有历史眼光和世界眼光，又要立足于国情，从学生实际出发，提高教育内容的质量，教育内容既要"有意义"，又要"有营养"，既要"有内涵"，又要"有颜值"①，让大学生获得悦纳感、愉悦感和满足感，增强大学生践行的内驱力。

1. 用理论的魅力征服学生，打牢价值观认同的思想根基

理论只有符合科学性、思想性、实践性、深刻性才有持久的魅力。价值观教育内容的优化上不仅要把相关内容"讲准、讲透、讲全"，还要用真理的力量、逻辑的力量征服人，提升话语权和思想竞争力，让大学生认识到社会主义核心价值观理论的科学性、逻辑的严密性，提升理性认同；要培育学生的批判性思维、理论思维和反思能力，帮助大学生培育创新思维、价值判断能力、价值选择能力，在多元价值取向的世界里识别意识形态合理性外衣下的负面价值倾向，在纷繁复杂的世界里把握和洞察社会信息和社会变化，做出符合社会要求和规范的价值判断和行为选择。

2. 从大学生关切的视角入手，实现教育内容通俗化、生活化、生动化

价值观教育内容具有高度概括和凝练的特点，往往是抽象的、难懂的，而要提高大学生的理性认知和情感认同，就要用通俗的、生动的语言去表达、去阐述，无论思政教师还是高校其他工作者都应该将此作为工作的着眼点，广泛收集价值观教育素材，创造性地融入思政课堂、实践活动、文化活动中，实现理论由抽象到具体、由枯燥到生动，达到润物无声的效果。此外，价值观教育内容必须贴近大学生的生活实际，从大学生关切的问题和视角入手，吸引大学生的眼球，正视大学生的思想困惑，解开大学生的心结，如针对老人跌倒扶不扶、反腐是否影响经济、日货是否应该抵制、手机是否应该只用国产等现实问题，解答疑惑，厘清认识，切中大学生的思想脉络和兴奋点，引领他们的思维脉络，激起他们的热情和探索的兴致，促进大学生成长进步。高校辅导员应加强与思政教师的联系，形成学校价值引导的合力。

---

① 熊钰：《高校网络思想政治教育理念的发展和完善》，《思想理论教育》（上半月综合版）2018年第7期。

3. 与时俱进地扩展教育内容，增强教育的持久实效

价值观教育内容要适应时代的需要和适应时代发展的新趋势，适应新时代对大学生政治观念、道德规范等方面的要求，调整教育内容，如增加诚信教育、媒介素养教育、创新创业教育等。要把握时代的脉搏，还要深入研究学生的语言习惯和话语特点，创新教育话语的表达方式，在坚持政治性、方向性前提下将"理论化""知识化""政治性"的教育话语转化成学生爱听、愿听的"时代性""大众化"的话语，用他们的语言和他们进行沟通和交流，有效地增进亲和度和接受度。

4. 思政课程与课程思政相结合，拓宽教育领域

课程思政是指高校发挥思想政治理论课的主渠道作用，明确思想政治理论课在大学生信仰塑造中的核心地位，在思政课程中推动核心价值观进教材、进课堂、进学生头脑，"精学"社会主义核心价值观；课程思政是提倡专业课教师授课中渗透价值观内容，"泛学"社会主义核心价值观，变革教育方式，使大学生在专业课程的学习中，增进理解和认同[1]。美国价值观教育方面非常重视通过其他课程进行价值观教育。里克纳指出："如果我们不能把这种课程利用为培养价值观和伦理意识的手段，我们就正在浪费一个大好时机。"[2] 美国的大多数高校中专业课教材内容大都有价值观教育的精神。高校教委会还为教师提供学科教学中的价值观教育方法指导。我们可以借鉴美国高校的做法，在专业课的教学和学习中有机融合社会主义核心价值观内容，形成塑造大学生价值观的合力。

（二）优化教育方式方法

1. 灌输教育和以学生为主体的自我建构的教育方式相结合

价值观教育的最终目的是实现学生道德价值的自我构建，形成以社会主义核心价值观为核心的稳定的价值信念和行为准则[3]，因此要改革传统的正面灌输为主的教育方式，更多地运用启发式、讨论式、辩论式、探究式等调动学生思维、激发学生的求知欲，在多元多变的环境中做出符合价值观要求的价值判断和行为选择。要建立激励机制和监督机制，在诱发大学生自主学习积极性的

[1] 翟小满，杨宗友：《大学生社会主义核心价值观培育论》，《重庆大学学报》（社会科学版）2018 年第 4 期。
[2] ［美］托马斯·里克纳：《美式课堂——品质教育学校方略》，刘冰，董晓航，邓海平，译，海南出版社，2001，第 12 页。
[3] 白强：《以"供给侧"改革思维推进大学生社会主义核心价值观教育》，《理论导刊》2017 年第 7 期。

基础上，发挥制度监督作用，督促自我教育的开展和实现；要创新教育模式，"实践化教育模式和生活化教育模式有机融合，同步实施，全面提升整体实效"。①

2. 显性教育和隐性教育相结合，注重渗透式教育

全球化时代，西方国家对我国进行无孔不入、无所不在的价值观渗透，我国的意识形态安全和价值观教育面临风险，传统的"说教式""灌输式"教育方式收效甚微，隐性教育方式作用凸显。"隐性培育就是指在人们的正式或非正式培养与教育环境中，使人们有意或无意地通过直接或间接的方式，获得对价值观的某种体验，这种意义上就是对价值观的认知、认同或践行。"② 它是文化育人、活动育人、管理育人、环境育人的全方位渗透的培育方式。通过隐性教育，能够有效抵御西方国家的价值观渗透，整合价值观念，引领社会思潮，提高文化软实力，进而提高教育实效。要发挥隐性培育教育者的主导作用、示范作用；提升高校教育宣传工作者的素质，增强对隐性培育的助推作用；借助中华优秀传统文化的深厚滋养，挖掘网络文化的隐性资源，打牢深厚核心价值观隐性培育的根基；推进学校规章制度和行为规范融入价值观的基本精神和内容，为隐性培育提供制度保障。

3. 形象化教育方式是增强教育实效的必然选择

随着现代信息技术的发展，图像时代已经到来，深刻影响和改变着大学生的思想行为方式，深刻影响教育方式。抽象化的教育方式，已经不能适应时代发展的需要，正如习近平总书记在上海考察时强调："要把社会主义核心价值观日常化、具体化、形象化、生活化。"运用形象化的方式进行价值观教育，提高教育的吸引力、感染力和说服力，是增强实效的必然要求。形象化教育方式就是"通过可触摸、可感知、可识别的载体和形式，将抽象的事物、无形的精神清晰地勾画出来，为人们所感知、所认可，进而产生情感的共鸣和思想的共振"③。社会主义核心价值观广泛存在于我们丰富多彩的工作、学习和生活中，运用形象化的教育方式，将抽象的教育理论变成具体生动的图景和鲜明的形象，"越是抽象的价值，越要用形象化的方式来诠释。越是形象化的方式，越能揭示

---

① 武兵，杨颖：《大学生认知和践行社会主义核心价值观教育现状及策略》，《教育理论与实践》2017年第21期。
② 付安玲，张耀灿：《社会主义核心价值观隐性培育论纲》，《学习论坛》2016年第8期。
③ 吴刚：《构建高校培育践行社会主义核心价值观的具象化机制》，《学习与实践》2016年第2期。

价值观的本质，越能产生吸引力、感染力，加深人们的认同"。①

　　形象化的教育方式，符合人的认识规律，更加具有吸引力和感染力，所以要大力加强形象化教育。一要利用多媒体技术，形象地塑造正面典型，震撼大学生的心灵，启迪大学生的思想；二要运用视觉图像传播、普及、传承优秀艺术作品和艺术形象，加深大学生对优秀艺术形象所承载的先进价值观观念的认同；三要通过现代虚拟技术融合核心价值观内容，创作动漫、网络游戏等积极向上的虚拟形象，让大学生在欣赏动漫、参与游戏的过程中，实现价值认同；四要运用生动丰富的图片、音乐、视频，全方位立体化地再现和展现人民群众现代化建设的实践，以视觉的冲击、心理的震撼、情绪的感染激励学生投身于现代化建设，承担民族复兴的重任。

　　（三）优化教育载体

　　1. 优化制度载体

　　优化制度载体是提升实效的重要举措。"一种价值原则，只有获得社会结构中的制度支撑，才能成为社会大多数人的实践原则。"② 西方国家通过有计划、有秩序的制度安排推进价值观教育，价值观教育已经成为"国家工程"。我国价值观教育发展思路符合这种潮流，具体的制度安排方面，把社会主义核心价值观的理念和要求渗透到学校人才培养和教育教学的各项制度和行为规范中，以制度规约高校师生的行为，通过大学生自我管理提升文明素养。完善学校、教师、学生的各项规章制度，建立学校礼仪制度，建立学生诚信档案，建立对师生违背价值观要求和精神的约束和惩治制度。

　　完善学校与家庭、社会联系的互动机制，形成教育合力。新加坡建立起以政府为主导的学校教育、家庭教育、社会教育纵横联系的教育体系，政治制度、法律制度、社会制度、文化制度有机结合的制度安排，新加坡的价值观教育路径值得我们借鉴。家庭教育是学校教育的基础和延伸，学校、老师和家长要经常联系和交流，保持一致的教育理念，通过微信群或短信平台反馈教育结果，促进学生的成长进步。高校还要加强与社会的联动，根据社会的需求调整育人导向，通过社会实习、产学研结合、志愿服务等方式，让大学生融入社会，在践行中实现价值认同。

------

　　① 孙婷婷，骆郁廷：《图像时代的核心价值观认同教育》，《教学与研究》2016 年第 1 期。

　　② 王淑芹，刘畅：《我国核心价值观培育成效的反思与超越》，《马克思主义研究》2017 年第 2 期。

2. 优化网络载体

全国高校思想政治工作会议上，习近平强调"要运用新媒体技术使工作活起来，推动思想政治工作传统优势同信息技术高度融合，增强时代感和吸引力"①。互联网迅速发展的时代，高校价值观教育要以习近平关于网络的重要论述为遵循，充分利用网络载体的优势，扩大网上宣传的覆盖面和影响力。一要基于"互联网用户思维"的启示，树立"服务学生成长发展需求"理念，创新网络教育和传播的方式，注重"用户体验"，着力于"用户参与"，引发"用户共鸣"②，满足学生成长发展的期待，激发学生的主体性和成长发展的内生动力；二要汇聚思想政治教育、传播学、信息技术领域的专家，发挥各自专业优势，研究网络时代信息传播规律和大学生的网络思想行为特点，挖掘适于网上传播的题材资源，创作格调健康的作品，打造精品栏目；三要拓展核心价值观网上传播平台，深入大学生的阅读习惯、思维习惯和行为方式中，推动大学生的理性认同；四要借助大数据、云计算等技术手段，"精准识别"教育对象的需求和喜好，"量身定制"价值观教育内容，保持高质量的传播生态圈；五要积极开展网络虚拟实践，以实践内化教育。通过技术层面的创新与创造，将互联网技术与公益活动、志愿服务、网络在线培训、文艺作品创作等结合，扩展价值观教育领域，提高大学生践行的主动性。

3. 优化文化载体

优化文化载体就是让教育者充分利用各种文化产品，将价值观教育内容渗透于各项文化建设之中，让文化活动承担教育功能。文化载体的优化，一要构建"大融入"的工作格局，突出整体性设计和落实，构建起党委统一领导、各部门各负其责、党支部积极参与的机制；二要通过班会、社团活动等活动帮助学生进一步认知并深入理解核心价值观的丰富内涵和重大意义；三要更好地发挥校报、校园广播、宣传橱窗和宣传条幅等校园媒介的作用，潜移默化地吸引学生的注意力，端正认识问题的立场，凝聚学生的意志，弘扬社会主义核心价值观；四要开展积极、健康、向上的校园文化活动，充分利用传统节日、重大纪念日，传播主流价值观念和中国优秀传统文化，增强学生的认同感和践行的自觉性；五要挖掘、评选、大力宣传先进团体和人物事迹，诠释核心价值观的具体形态和真谛，让大学生获得更为生动、具体的理解、认同和感化。

---

① 张烁：《习近平在全国高校思想政治工作会议上强调：把思想政治工作贯彻教育教学全过程 开创我国高等教育事业发展新局面》，《人民日报》2016年12月9日，第1版。

② 王红：《"互联网+"时代大学生社会主义核心价值观培育路径》，《华南师范大学学报》（社会科学版）2018年第3期。

4. 优化社会实践活动载体

优化活动载体是指教育者有意识地开展各种活动，将价值观教育内容寓于活动之中，使人们在活动过程中受到教育，提高认识水平和践行能力。国外的价值观教育尤其重视社会实践，他们认为与单纯的理论灌输相比，实践活动是更为有效的教育活动。美国有竞选宣传、环境治理等种类繁多的实践活动；英国高校积极鼓励学生参加志愿者和慈善活动；新加坡专门制定和推行参与社区服务的计划。价值观教育重在践行，实现知行合一。一是高校要强化实践体验环节，引导学生在实践中感受体验，提高行为能力，实现价值观由知到信和由信到行的飞跃；二是高校要丰富实践载体，有计划、有组织地开展丰富的实践活动，如开展社会调查、志愿服务、科技创新、公益活动等，并将价值观教育内容贯穿其中，引导学生积极参与、互相学习、互相帮助、共同成长，在具体的实践和体验中内化核心价值观；三是高校要积极搭建实践平台和基地，整合学校、企业、社会资源，将核心价值观内化为学生的价值认同，外化为自觉行动；四是高校要整合大学生的实践形式和资源，协调配合，扩大受益面，积极学习兄弟院校实践育人的先进经验，结合自己学校实际情况创造自己的实践模式；五是高校要重视创新创业实践训练，让学生在创新创业实践中刻苦钻研，培养改革创新、敬业诚信精神。

四、以隐性视角营造教育环境氛围

教育环境是影响大学生价值观形成和发展，影响价值观教育活动运行的一切外部因素的总和。社会生态系统理论认为："个体在发展的过程中与家庭、学校、社会、自然等因素发生着千丝万缕的联系。"[1] 环境的变化影响人们思想的变化，通过环境的优化和开发，将核心价值观渗透于环境之中，环境的强化功能、导向功能、感染功能得到发挥，起到"润物无声"、文化育人的效果。

（一）营造良好的社会环境

教育是一个开放的系统，高校不是一个孤立的王国，价值观教育要跳出高校，重视社会环境的塑造和导向作用，从政治机制约束、法律约束、文化规范等方面营造环境。将社会主义核心价值理念融入社会决策和治理中，解决当前迫切需要解决的社会问题，如贫富分化、部分干部党员腐化堕落、环境恶化、

---

[1] 车广吉，丁艳辉，徐明：《论构建学校、家庭、社会教育一体化的德育体系——尤·布朗芬布伦纳发展生态学理论的启示》，《东北师大学报》（哲学社会科学版）2007 年第 4 期。

食品安全等，充分显示社会主义的优越性，引起大学生的情感共鸣，让社会主义核心价值观更有说服力。将社会主义核心价值观贯彻到依法治国中，营造良好的法治社会环境。动员全社会规范文化舆论导向，创设良好的社会文化环境，让广大学生更加自觉地认同和践行。

（二）营造良好的高校政治生态和校园文化环境

高校政治生态是高校坚持社会主义办学方向的重要政治保证，是高校政治文化建设特别是价值观建设的面貌和目标呈现。高校政治生态在大学政治方向和价值导向的形成和发展中发挥着潜移默化的导向作用。校园文化是无形的教育资源，充满人文关怀的校园，会对大学生产生积极影响。校园文化环境营造重在政治生态、自然环境、精神环境和人文环境的整体规划。加强高校党建工作，彻底消除有害政治生态健康的负能量，构建风清气正、和谐民主的政治生态①；将核心价值观的精神意蕴融入校园环境建设中，积极营造美丽、整洁的校园自然景观和朴素自然、以人为本的建筑景观，抵制不良校园文化。将核心价值理念与"大学精神""校歌""校训""校风""教风""学风"相融合，并不断地提升和传播，让这些精神和思想转化为"实"的力量。通过家校互动，家庭环境与学校环境互为补充，相得益彰，营造家庭与学校协同育人的环境。美国价值观教育中环境营造方面的做法值得我们学习。在美国随处可见的美国国旗，美国校园硬件的建设上也会精心设计，以景育人。

（三）营造良好的网上环境

在互联网深刻影响大学生思维方式、生活方式、交往方式的新形势下，充分利用互联网络、移动通信给传播核心价值观提供的便利条件，优化互联网环境。一要重在营造良好的舆论氛围，主动利用学生喜闻乐见的网络媒体平台，"弘扬主旋律，唱响好声音，传递正能量"；二要捍卫互联网平台上的领导权和话语权，防御和回击西方国家利用网络对我国主流意识形态的侵蚀，发出中国声音，传播中国价值观念；三要营造核心价值观传播的良性生态，密切关注并主动回应网络舆论动态，特别是对违反核心价值观基本要义的舆论热点，相关管理主体要及时介入并针对性回应②；四要提高高校党政干部、教师和辅导员驾驭互联网的本领；五要加强制度建设，国家要进一步详细制定互联网管理规章制度，明确哪些行为可以做，哪些行为不可做；六要做好网络信息监管和过

---

① 祝福恩，隋芳莉：《政治生态的四维结构及营造对策》，《探索》2016 年第 3 期。

② 侯邵勋：《互联网环境下大学生认同与践行社会主义核心价值观的思考》，《思想理论教育》（上半月综合版）2018 年第 4 期。

滤，防止负面信息发酵①，给价值观教育带来负面影响。

五、以制度保障夯实教育基础

立足系统论视角，高校价值观教育机制应从系统的整体性、动态性、层次最优性等路径进行构建和完善。既要合规律性又要合目的性，既要契合国家的主导思想，又要适应未来社会发展方向，更要符合大学生发展变化的规律。一要建立和完善价值观教育领导机制，这是提高整体效应的关键。建立健全领导机制，是实现顶层设计的制度保障，也能够明确教育的决策权和责任制，应建立齐抓共管、密切合作、各司其职、信息畅通、覆盖面广的价值观教育网络。二要建立和完善价值观教育运行机制，这是实现教育科学化的关键。通过健全动力机制、预警机制、调控机制，实现价值观教育各要素之间的相互协调、相互作用，达到教育功能的最优化。三要建立和完善价值观教育保障机制，保障教育状态的最优化。通过组织保障、物质保障、人才保障、环境保障和学科支撑，促进价值观教育功能的正常发挥。四要建立和完善价值观教育评价机制，确保教育效果的最大化。根据评价对象和范围的不同确立科学的评价指标体系，选择恰当的评价方法，对价值观教育工作和效果进行价值判断和综合考量，为价值观教育科学决策、为教育对象的自我教育和约束提供支撑和保障。

第七节　本章小结

本章以×××省为例，通过建立实效测评体系回答"怎样进行高校社会主义核心价值观教育评价"的问题。第一，阐释研究高校价值观实效测评的意义，它是实践的需要、理论创新需要和评价发展的需要。第二，构建实效测评体系的过程和施测，拟定实效测评的目的和内容基础之上，编制实效测评量表，进行科学性分析并施测；编制教育实效影响因素量表，进行科学分析并施测。第三，对高校实效测评结果进行分析表明，高校价值观教育总体情况良好，但理论认知、情感认同、行为实践三个维度存在差异，性别、政治面貌、专业、年级、生源地不同，价值观教育效果也有所不同。第四，以系统论观点分析影响教育实效的因素，主要有教育主体相对弱化、教育客体差异化、教育内容表层

---

① 武峥，孟宪平：《高校网络主流意识形态建设路径创新研究——基于社会主义核心价值观培育的视角》，《广西社会科学》2017 年第 3 期。

化、教育方式方法单一化、教育载体缺失化、教育环境复杂化、教育机制碎片化。第五，探索增强教育实效的对策，以"六个要"打造教育者队伍，以强化受教育者主体性激发内生动力，以"供给侧改革"思维优化教育介体，以隐性视角营造教育环境氛围，以制度保障夯实教育基础。

第七章

高校社会主义核心价值观教育评价长效机制的构建

高校社会主义核心价值观教育评价的重要作用和特点决定了评价不是一次性的活动，而是一项长期的系统工程。因此，有必要从高校价值观教育评价的未来发展出发，探索高校价值观教育评价长效机制，推进高校价值观教育评价理论和实践成果的转化，推动我国价值观教育改革。坚持问题导向，通过建立科学评价观、深化评价基础和理论应用研究、积极借鉴西方国家价值观教育评价的成果、运用现代评价技术、营造评价文化等路径构建评价长效机制，解决高校价值观教育工作体制不完善、力度不刚性问题，保证评价工作的科学化、制度化、规范化和可操作化[①]，开创高校价值观教育评价的新局面。

第一节 建立高校社会主义核心价值观教育评价长效机制的意义

党的十九大报告指出"中国特色社会主义进入新时代"，高校价值观教育评价置身于新的历史方位之中。党的十九大报告同时指出核心价值观教育"要以培养民族复兴大任的时代新人为着眼点"，高校价值观教育评价必须紧紧围绕价值观教育的总体部署和培育时代新人的要求，以长效性的评价工作推动价值观教育任务的完成，以高效有序的机制保障价值观教育质量的稳步提升。反之，没有建立长效机制，价值观教育评价就会出现一阵风，不能产生真正的实效。

从1998年起，我国各类高校开始大规模扩招。为了保证大学的教育质量，从2003年开始，我国实施了大规模的普通高校教学工作评估，2008年底评估结束，这次评估推动了政府对教学工作的投入，引起了各级领导和教师的高度重

---

① 祝福恩，隋芳莉：《党领导经济社会发展工作机制的创新》，《理论探讨》2016年第4期。

视和参与，规范了教学管理，促进了教育质量的提高，但由于评估主客体的自身因素及社会舆论等影响，这场评估存在弄虚作假、形式主义、资源浪费、评估主体单一、缺少统筹协调和必要的整合等问题。总结本科教学水平评估的不足，加强统筹管理，建立评估的长效机制就成为改进评估的重要方面。有鉴于此，在高校建立价值观评价体系的过程中也应该重视评价的机制建设，特别是对于刚刚起步阶段来说，重视价值观教育评价的统筹管理、评价资源的有效组织、评价环境的优化等环节会为今后评价工作的有效、顺利开展打下坚实的基础。

一、落实立德树人根本任务的需要

党的十九大报告指出："要全面贯彻党的教育方针，落实立德树人根本任务。"[①] 2018 年 9 月 10 日全国教育大会上习近平强调"健全立德树人落实机制，扭转不科学的教育评价导向，从根本上解决教育评价指挥棒问题"[②]，这充分彰显了立德树人在整个教育事业中的核心地位，不仅契合了核心价值观的教育目标，而且为价值观教育评价提供基本遵循。要立的"德"本质上就是立"社会主义核心价值观"，要树的"人"就是社会主义建设者和接班人，即担当民族复兴大任的时代新人，这正是价值观教育的着眼点。贯彻落实立德树人的根本任务就要考评价值观教育工作和效果，即通过对立德树人教育各要素的分解，确立评价指标。价值观教育评价必须围绕立德树人任务的实现而开展。立德树人是一项长期的系统工作，要通过建立长效机制，改进教育方式方法，培育学生的爱国情感，加强品德修养，提高政治觉悟等长期系统的工作来实现。通过建立价值观教育评价长效机制，不断总结立德树人工作经验，为加强与改进立德树人提供建设性意见，进而改进立德树人的各项政策措施，立德树人教育各个系统根据评价结果的不断反馈，最大化地调动整个系统的一切资源与力量，工作更加顺畅，人才培养质量不断提升，最终形成一个螺旋式上升的良性循环过程。因此，评价长效机制在立德树人根本任务的实现中发挥着承上启下的作用，具有特殊的意义。

---

① 习近平：《决胜全面建成小康社会 夺取新时代中国特色社会主义伟大胜利——在中国共产党第十九次全国代表大会上的报告》（单行本），人民出版社，2017，第 45 页。
② 张烁：《习近平在全国教育大会上强调：坚持中国特色社会主义教育发展道路 培养德智体美劳全面发展的社会主义建设者和接班人》，《人民日报》2018 年 9 月 11 日，第 1 版。

二、应对高校社会主义核心价值观教育评价特殊性和复杂性的需要

价值观教育的特殊性首先体现在评价效果的特殊性。评价对象是高校价值观教育工作和效果,这种效果要么表现为学校校风、教风、学风和大学生的思想观念,要么表现为大学生的行为实践,要么表现为家长、社会、用人单位的反映,这种效果有时是有形的,更多的时候是无形的,有时是长期的,有时是短期的,有时思想和行为又不是一一对应的,便增加了评价难度。评价的特殊性还体现在教育效果的延时性,很多价值观教育的效果不是立竿见影的,而是在日后的长期实践中才能体现出来,价值观的培育是一个由量变到质变的过程,这种时间的延时性和渐进性决定了对高校价值观教育做出准确的、科学的判断需要一个长期积累的过程。

高校价值观教育具有复杂性,既涉及高校领导、教师、辅导员、管理人员等教育工作者,又涉及不同专业、生源地、政治面貌的大学生;既受学校环境、同伴群体的影响,又受时代条件、社会环境、家庭环境的影响;既涉及价值观教育的目标、内容、方法、环境、管理等各个要素,又涉及价值观教育的制度、体制、机制建设等各个方面。正因为评价具有上述特殊性和复杂性,建立长效机制就显得尤为重要。通过建立组织领导机制实现价值观教育评价的顶层设计并确保评价活动有序运行;通过建立实施运行机制确保评价的顺利实施;通过建立管理监督机制确保教育评价的最大合力;通过建立动力保障机制确保评价工作状态的最优化。

三、增强高校社会主义核心价值观教育评价实效的需要

高校价值观评价的目的之一是检测价值观教育效果,掌握大学生经过价值观教育之后,在知识、态度、观念、实践行为上有无变化,以及变化的方向和程度。如果通过评价实现了上述目的,这样的评价就是有效的,反之则是无效的。评价是一把双刃剑。科学的评价能对教育产生积极的促进作用;而无效的评价不仅浪费了大量的教育资源,还会导致种种不良的后果。因此,一方面需要专门的机构、专业的人员运用科学的评价程序和评价手段进行科学有效的评价。另一方面,对价值观教育评价本身的再评价也非常必要,它能保证我们投入大量的人力、物力、财力所从事的评价活动是有意义的。这就需要建立评价机制深入研究高校价值观教育评价理论,揭示评价的重要性,探索评价的规律,并对完成的评价效果做出评价。通过建立健全科学、合理的长效评价机制,价值观教育主管部门和决策部门可以对价值观教育实施情况进行跟踪评估,价值

观教育工作者可以对教育活动的过程、内容、方法等做出合理调整，广大高校师生可以对自己的思想和行为进行调节，既可提高评价实效又可提高教育质量。

四．推广高校社会主义核心价值观教育评价的需要

社会主义核心价值观教育不仅贯穿在整个小学、中学和大学的教育，走入社会之后也非常必要，正如《意见》所要求的那样："把社会主义核心价值观纳入国民教育总体规划，贯穿于基础教育、高等教育、职业技术教育、成人教育各领域。"① 价值观教育的评价应贯彻在整个价值观教育过程。随着高校价值观教育评价的开展，价值观教育评价推广到小学、中学甚至全社会，对不同学校、单位、部门、阶层、团体进行价值观教育评价，这对于科学确立价值观教育的地位、提高价值观教育实效等具有重要的价值。因此，建立评价长效机制就显得更为重要。只有建立评价机制，专业机构从事相关的理论研究和统一管理，专门人员对不同群体完成价值观教育信息收集、整理、分析、反馈和跟踪，资金、技术等保障及时到位，相应的研究任务才能顺利、有效地完成。

第二节　高校社会主义核心价值观教育评价长效机制的构成

中共中央、国务院《关于加强和改进新形势下高校思想政治工作的意见》指出，要健全高校思想政治工作评价体系。高校价值观教育是思想政治教育的核心，建立科学合理的高校价值观教育评价机制是其应有之义。

价值观教育评价长效机制是保证价值观教育评价活动长期正常运行并发挥预期功能的评价要素之间稳定的联系和运行方式。把握高校价值观教育评价长效机制的内涵应注意评价机制与评价制度不同。评价机制是动态的，是评价的整体运行过程和方式，强调评价的动态性、过程性、关系性；评价制度是静态的，是评价过程中人们必须遵守的办事规程或行为准则，强调评价的规范性、约束性、实体性。

从机制的内涵可以看出，高校价值观教育评价长效机制涉及评价过程中诸要素及其要素之间稳定的关系，涉及评价过程中各环节的有机运行，其内部结

---

① 《关于培育和践行社会主义核心价值观教育的意见》，《人民日报》2013 年 12 月 24 日，第 1 版。

构十分复杂。高校价值观教育评价长效机制具有目标性、系统性、动态性、科学性的特点：

第一，目标性。价值观教育是具有很强的目的性的实践活动。价值观教育评价的目的是判断教育目标是否实现，检测价值观教育工作和效果。评价目标的实现需要有机制做保障。建立高校教育评价长效机制能够建立评价要素之间长期、稳定的关系，能够保证评价有序、高效运行，能够增强价值观教育的针对性和实效性，进而确保评价目标的实现。评价长效机制的构建必须紧扣价值观教育目标和任务，服务于"立德树人"的根本任务。

第二，系统性。价值观教育评价长效机制本身是一个系统，由组织领导机制、协调运行机制、激励保障机制、反馈应用机制等子机制构成。各子机制之间相互联系、相互影响、相互促进，共同实现评价的目标和功能。每一个子机制内部诸要素、环节之间相互联结、相互交叉、相互制约，并按照一定的秩序联结，共同完成评价任务。构建高校价值观教育评价长效机制要尽量发挥各要素耦合效果，有效降低能效损耗，从而实现整体功能大于部分之和。此外，高校价值观教育评价长效机制又是整个高校价值观教育的一个组成部分，与其他教育机制如教育引导机制、实践养成机制等之间相互影响、相互制约，评价机制影响高校价值观教育的实效，关系到教育价值的实现。高校价值观教育评价长效机制构建时要注重各子机制之间的整合，每一个环节都要做到全面、协调、合理，以突出评价机制的整体性构建，还要注重评价机制与教育运行其他机制之间的统一和协调，以减少内耗，达到整个教育机制的高效运转，实现效益的最大化。

第三，动态性。高校价值观教育评价机制要"长期有效"，必须随环境的变化而改变。一方面，高校价值观教育评价要经历一个探索、试运行、推广、发展完善的过程。评价机制必然随着评价发展的不同阶段、评价水平的提高、评价技术的改进而调整。另一方面，高校价值观教育评价要随着外部环境的发展变化而变化。随着中国特色社会主义进入新时代、高等教育改革的深入、社会主义核心价值观教育的推进、网络信息技术的迅猛发展，高校价值观教育评价长效机制不可能一成不变，必然要"因事而化、因时而进、因势而新"。评价长效机制的构建要充分认识到这一动态特点，根据内外部要素和条件的变化，根据形势和任务的变化，及时调整各构成要素，时刻保持评价长效机制的动态平衡和活力。

第四，科学性。高校价值观教育评价长效机制只有遵循科学性才能获得长久生命力，才能实现其功能和价值。评价指标体系的构建、评价内容的选择和评价方法的选择运用等层面上，遵循学生价值观形成和发展规律。评价目标方案的制定、评价的实施运行、评价的管理监督、评价的动力保障必须按照一定的机理有序运行，符合教育评价规律、符合价值观教育规律，自觉遵循"评价质量统一规律，社会评价与自我评价衔接规律，整体评价与局部评价结合规律"①。

高校价值观教育评价长效机制包含的要素众多，涉及不同部门与人员，按照不同的分类标准可以分为不同的类型。本书从社会主义核心价值观教育评价过程视角分为组织领导机制、实施运行机制、管理监督机制、动力保障机制和反馈应用机制。按照评价启动—评价实施—评价反馈的内在逻辑过程，五个机制之间互相联系、互相作用，构成高校社会主义核心价值观教育评价长效机制的整体。

一、组织领导机制

组织领导机制是高校价值观教育评价活动能够有序持续运行的首要机制，起主导作用，没有组织领导就不可能有评价活动的开展。主要功能是通过领导责任的明确和组织机构的设置，实现顶层设计和全局规划，解决的是"谁组织评"的问题。首先，实现评价的顶层设计。国家教育行政部门充分认识到价值观教育评价的重要意义，出台相应的制度规定，对评价目标、评价组织、评价机构、评价人员、评价对象、评价具体实施等做出相应的制度安排，就"为什么评""谁来评""评什么""怎么评"等做出要求和规定。顶层设计者要高瞻远瞩、集思广益，做好评价工作的科学性论证和可行性论证，要经常性地研究和分析影响评价运行的制约因素，有针对性地完善评价管理制度和方案。其次，确立发展性的评价观，建立理论指导机制，并将发展性评价观贯彻于评价的整体规划和评价工作的过程与各环节中。用理论指导机制保证党领导评价工作的科学性、战略性和可行性。实现党领导价值观评价工作的机制化、科学化、规范化，使评价工作不走弯路，少交成本②。最后，建立评价领导小组，明晰领导分工，明确职责，健全评价目标实现的有效领导方式。对评价机制中各要素的职能和作用进行明确的界定，确保评价工作扎实有效地得到落实。

---

① 冯刚：《思想政治教育工作质量评价的时代特征》，《思想教育研究》2018年第5期。
② 祝福恩，隋芳莉：《党领导经济社会发展工作机制的创新》，《理论探讨》2016年第4期。

二、实施运行机制

实施运行机制是高校价值观教育评价具体开展过程中各环节、各要素之间形成的内在有机联系和运行方式。具体地说就是评价人员在价值观教育领导机构的指挥下，根据评价实施方案，对某一高校价值观教育工作和效果进行评价过程中形成的工作程序与工作方式。实施运行是整个评价的中心环节，因此实施运行机制是构建高校价值观教育评价长效机制的关键，其主要功能是评价工作的具体实施。实施运行机制按照程序可以分为搜集评价信息、整理评价信息、处理评价信息、做出综合评价四个阶段。评价的实施运行涉及评价主体、评价对象、评价标准、评价方法等诸多要素、诸多环节的整合、协调、配合，为提高评价效率，保证评价质量，评价实施运行机制应以推进科学化、规范化、协同化为目标。

三、管理监督机制

管理监督机制是高校价值观教育评价领导部门、主管部门及其管理人员，运用计划、组织、指挥、协调和监督等手段，对评价要素有效整合所形成的运行方式，是高校价值观教育评价目的和任务得以实现的重要保证。管理监督机制的主要功能是调动评价的积极因素，防止评价权力的失控和滥用，形成价值观教育评价的强大"合力"，保证评价任务高效有序完成。在高校价值观教育评价过程中，难免会出现偏离评价目标的情况，这就需要通过管理监督机制把"偏轨"和"脱轨"行为整合到评价目标和根本任务的方向上，实现整体优化。监督管理机制包括目标管理、计划管理、规范管理、信息管理和队伍管理。在评价管理中，人是最重要的一个因素，为保证评价方案的有效执行，要充分调动评价参与者的积极性，要在评价活动开始前做好思想动员工作，还要加强对评价参与者的心理调控。

四、动力保障机制

动力保障机制是保证高校价值观教育评价工作状态的最优化所形成的机制。它通过建立保障贯彻机制，健全评价规章制度，增加经费投入，建立评价机构，培养评价专业人员、激发评价参与者的积极性等措施把评价工作做实、落实、见效，使评价工作不虚、不弱、不空①，实现评价功能最大化。高校价值观教育评价保障机制包括、制度保障、机构保障、资金保障、人员保障。

（一）评价制度

评价制度是在教育评价活动中必须共同遵守的办事规程和行为准则。高校价值观教育是培养社会主义事业接班人和建设者的客观要求，中共中央办公厅印发的《意见》《关于加强和改进新形势下高校思想政治工作的意见》是社会主义核心价值观教育的重要指导性文件。《普通高等学校教育评估暂行规定》和《中国普通高校德育大纲》把高校德育工作作为评估指标列入评估，但目前没有明确的关于高校价值观教育评价的文件出台，鉴于价值观教育评价的重要意义，应该制定价值观教育评价政策，出台相应的评价文件，作为评价活动开展的法规依据，指导高校价值观教育评价的顺利进行。

（二）评价机构

评价机构是确保高校价值观教育评价顺利进行，落实评价制度，提高评价的科学性和客观性而建立的机构。主要包括两类：一类是外部评价机构，即官方和半官方的价值观教育评价系统，主要指相关党政部门、教育主管部门和社会中介机构等组织构建的评价机构，它兼顾过程监控和结果评价。价值观教育评价中介组织是受高校党政管理部门委托，对高校价值观教育进行评价的执行机构，为高校提供专业化的评价服务。价值观教育评价中介机构应具有独立性、公正性、权威性、专业性和可行性。另一类是内部评价机构，主要指学校内部自行组织的评价机构，由高校负责对本校价值观教育实施情况进行督促，检查和评价。高校价值观教育自评机构由各高校负责宣传的校领导、宣传部门、学工部、团委、督导室、各院系相关领导组成。价值观教育内部评价偏重于对高校价值观教育过程的质量监控和能力养成。

此外，为了做好价值观教育评价和信息反馈工作，可考虑设置专门的评价机构，如政策研究室或价值观教育研究室，负责收集分析来自各方面的有关价值观教育的信息，对决策执行情况进行反馈，为新决策提供依据。这些负责信息处理的部门，要运用多种形式，如调查表、座谈会、工作汇报、量化评估等收集价值观教育的信息；要开辟多种信息采集渠道，要加强对教育信息的分析。通过分析，准确预测人们价值观发展趋势，及时调整目标和计划。随着价值观

---

①　祝福恩，隋芳莉：《党领导经济社会发展工作机制的创新》，《理论探讨》2016 年第 4 期。

教育评价的深入开展和良性运行，可考虑建立纯民间性质的评价系统，以结果评价为主，注重考查社会对价值观教育的满意度等。

（三）评价经费保障

高校价值观教育评价是一项复杂的系统工程，要动员专门的价值观教育评价人员，经历复杂的收集信息、分析研究过程，通过建立评价基金解决评价经费来源非常重要。美国、澳大利亚等国家在价值观教育评价领域都投入了大量经费。因此，建立评价经费的保障非常必要。首先，价值观教育评价的自评小组花费额外的时间和精力处理评价事物时，应得到必要的补偿。其次，高校还要提供足够的经费支持来支付外评专家的相关费用。另外，评价反馈阶段采取一定的奖励也是非常必要的，奖励包括物质奖励和精神奖励，而这个过程中也需要一定的资金支持。

（四）评价人员保障

高校价值观教育评价是一项专业而复杂的工作，需要系统地收集相关数据与复杂的价值判断，这种活动需要具备较强的资料收集与分析能力。高校价值观教育评价人员的价值观念、专业水平、实践经验、道德素养等专业素质会直接影响评价的过程和结果。因此，加强对评价人员的培训，提升他们的评价能力是取得评价成功的必要条件。不掌握一定的评价理论，不具备一定的评价技术，是不可能做好评价工作的。要想真正做好评价工作，必须有一支有较高教育评价理论素质，有一定评价经验和强烈教育事业心、责任心的专兼职结合的评价队伍。我国目前教育评价专业人员的整体水平比较低，对于价值观教育评价这样更加专业性的教育评价人员更加缺乏，因而要完成复杂的高校价值观教育评价任务，必须加强评价专业人员队伍建设。随着价值观教育评价的开展，必须尽快建立一支数量足够的、高水平专业评价队伍，不断改进和完善价值观教育评价机制，包括评价内容、方法、技术与手段，站在国家、社会和受教育者自身利益的角度上制定相关政策，真正实现价值观教育的专业化和科学化。

五、反馈应用机制

"反馈是指通过某种方式将输出返回到输入，并以此改变输入，导致系统功能发生变化调整的过程。"[1] 反馈评价机制是评价结果返回评价对象或有关部门，并成为决策依据的过程中各有关人员、要素、环节之间的相互关系和运行

---

[1]　占志勇：《系统论视域下高等教育运行机制之创新》，《学术交流》2012 年第 8 期。

方式。评价反馈应用机制的主要功能是引导、激励评价对象不断改进、完善自己，为价值观教育领导和管理部门提供决策依据。反馈应用机制是整个机制得以运转的价值目标，是评价成效和功能实现的重要保障。定期研判高校价值观教育工作，并形成价值观教育工作结论和科学决策意见，通过畅通化、规范化机制，进入价值观教育工作决策层，转化为价值观教育工作实践。随着高等教育的发展和价值观教育的深入，评价不仅是工作的评定和价值的判断，更是反馈和改进价值观教育的重要方法，反馈对于提升评价实效具有越来越重要的作用。根据评价结果的反馈，高校通过优化社会主义核心价值观教育方案、改进教育工作，从而在新一轮的价值观教育过程中，最大化地调动整个教育系统的一切资源和力量，激发教育的新活力，工作效率更高，教育效果更好，最终形成一个螺旋式上升的良性循环过程。

第三节 高校社会主义核心价值观教育评价
长效机制的构建路径

评价长效机制不会自发形成，它是教育部门、高校、研究机构有目的、有计划努力的结果。为建立能够有效运转并产生预期目的的评价长效机制，应置身中国特色社会主义进入新时代的历史方位，贯彻习近平总书记相关讲话精神以及党和国家价值观教育的方针政策，紧紧抓住"立德树人"的根本宗旨，立足价值观教育实际，适应高校学生全面发展成长成才的实际需要，从理念保障、学理支撑、技术支持、环境保证四个方面着手。

一、树立科学评价观

理念的本质是"理想、观念和信念"。① 整个高校社会主义核心价值观教育评价机制的构建中，理念居于主体地位，发挥主导功能，充当整个评价机制的指南针和牛鼻子。只有在科学理念保障下，才能构建起稳定长效的机制，才能发挥评价机制的积极作用。

（一）充分把握建立评价机制的重要价值

从澳大利亚价值观教育的历程来看，每个阶段都十分重视教育效果的评价，

---

① 路丽梅，王群会，江培英，主编：《辞海（上册）》，光明日报出版社，2012，第789页。

它是检测教育努力是否达到教育目标和达到程度的重要手段。澳大利亚的经验启示我们在价值观教育实践中，应充分认识到价值观教育评价的重要性。从我国的价值观教育现实来看，党的十八大提出"三个倡导"，2013年12月24日中共中央办公厅颁布《意见》之后，培育和践行活动开展得如火如荼，国家投入大量的人力、物力、财力进行教育活动，但对如此重要的教育活动的评价却非常滞后，价值观教育评价仍处于起步探索阶段，呈现出碎片化、随意化特点。究其原因，一方面是由于价值观教育评价理论研究比较薄弱；另一方面，更重要的原因是人们对价值观教育评价的认识不够，没有认识到建立评价机制的重要价值。因此，建立评价长效机制的首要任务就是让全社会尤其是价值观教育的领导部门、行政部门和高等院校充分认识到建立评价机制的重要意义。人们充分认识到建立价值观教育评价机制的价值，既能够保证评价科学有效，促进评价功能的充分发挥，也能够长期稳定地为相关部门宏观管理提供决策依据、为评价对象自我改进提供持久动力。长远来看，建立评价长效机制既有助于高校"立德树人"根本任务的完成，又有助于"凝魂聚气、强基固本"工程的深入推进。

（二）坚持"以人为本"的价值取向

高校价值观教育评价的准备、实施、反馈的整个过程中，都和人有着密切的联系。评价机制的构建应坚持"以人为本"的评价理念，将人本理念、思想和精神贯彻到价值观教育评价的各个环节、各个层面，让评价充分彰显人文性。评价的指导思想和目的充分体现尊重人、理解人、关爱人、培养人的基本原则；评价内容和指标体系的确定要克服把人客体化、物性化的弊端，把"以人为本"纳入评价视域，体现对大学生现状和未来发展的关注和关怀；评价方式方法的选择上要摒弃"技术至上"和"工具至上"，加强与大学生的人文交流和人文关怀，更加细致研判大学生的心理特征和认知认同程度。

（三）树立发展性评价理念

高校价值观教育是有组织有计划地引导大学生树立核心价值观的教育实践活动，是对大学生思想行为持续影响的活动，其特殊性在于它的育人功能和价值塑造功能。将发展性评价理念引入高校价值观教育评价中，是对传统教育评价、思想政治教育评价的超越，必将极大地提高评价的实效性。首先，要以促进大学生全面发展为指导思想。评价的目的不是做出评价，而在于发挥发展、激励、诊断功能，引导大学生认识自我、完善自我、发展自我。高校价值观教育不仅需要国家教育行政部门的评价以及学校自身的评价，更需要社会中介的评价以及学生的自我评价。再次，要注重定性评价与定量评价相结合。高校价值观教育评价应在定性分析的同时注重定量分析，建立多元化的评价指标体系，对评价对象进行全面评价。最后，重视评价结果的形成性评价。评价程序应由目标方案的制定、方案的实施、评价结果的分析和反馈等若干环节构成，不断循环，持续改进。发展性价值观教育评价关注价值观教育效果的提升，着眼于未来，一个评价周期的结束意味着价值观教育发展的新起点，从而为高校价值观教育评价提供可持续发展的强大动力。

（四）强化公正评价理念

公正性是评价的灵魂和生命，"公正"又是核心价值观的基本理念，是全社会应树立的理想和信念，也是培育和践行的实践内容和方式。价值观教育评价中必须树立"公正"理念。公正性是"教育评价制度牢固大厦的法理基石"，能够保障教育评价对象平等地位的实现，有助于化解教育评价过程中的各种矛盾。[1] 只有保障价值观教育评价各项制度、程序的公平公正，才能维护评价的权威、提高评价的运行能力。在价值观教育评价目标、评价制度、评价程序、评价结果中都要促进"评价公正"的实现。

首先，切实保证价值观教育评价目标公正。在价值观教育评价中，厘清价值观教育评价目标，然后在整个运行实施中都要紧盯目标不放。评价目标面前人人平等。其次，着力建设价值观教育评价的制度公正。制定严格、公开、制度化的价值观教育评价规章，高校价值观教育评价机构要独立地开展评价，建设高素质的评价队伍，端正受评高校的态度和认识，不得弄虚作假。再次，秉承高校价值观教育评价的程序公正。评价方案和评价指标体系要依据国家价值观教育方针政策，要根据不同类型不同层次学校制定符合各类学校实际的评价方案。坚持"理论分析框架一致性原则、偏见抑制原则、精确性原则、可纠正原则、代表性原则、伦理性原则"[2]。高校价值观教育评价指标体系、评价过程和评价结果全部公开，建设价值观教育评价信息化平台，做到评价工作公开、公正、公平和透明。最后，努力达成高校价值观教育评价结果公正。引入评价监督机制、引入社会评价、外部评价、第三方评价并开展元评价，营造平等、民主、公正的评价文化氛围。评价结果及时向评价对象、社会和公众公开，把评价结果和教育资金投入、奖励等结合起来，有效调动高校积极性，形成外部约束机制。

---

[1]　杨运鑫，罗红：《教育评价的公正性及其促进》，《社会科学家》2013年第10期。
[2]　杨运鑫，罗红：《教育评价的公正性及其促进》，《社会科学家》2013年第10期。

二、深化评价基础理论研究和应用研究

高校价值观教育评价理论研究，不仅是对价值观教育评价认识的深化，也为构建、完善高校价值观教育评价长效机制提供持久的学理支撑。应以马克思主义理论和方法为指导，立足价值观教育实际，大力推进评价的理论研究。

（一）加强基础理论研究

深入研究高校价值观教育评价的基本内涵和实质，基本规律、重要地位和意义，深入分析价值观评价活动中各要素、各环节之间的相互联系，构建科学的评价体系。具体包括高校价值观教育评价的内涵、范围、类型、功能研究，评价的理论基础、依据、原则、规律、特征研究。

（二）重视实践应用研究

研究工作遵循理论—实践—理论理路，深化理论研究的同时应重视实践应用研究。为了解价值观教育计划和活动是否为学校和学生带来积极的变化，美国、澳大利亚的学者在价值观教育评价研究中开展了全国范围大规模评价和针对小型价值观教育项目的案例研究，此过程中他们将研究建立在实证数据的基础上，采用了科学取向的定量研究和彰显主体价值的质性研究、行动研究相结合的方法，对我国价值观教育评价研究具有重要的借鉴意义。首先，研究各地高校价值观教育评价的实践，分析取得的教育成效和经验，找到价值观教育评价中存在的问题及原因，思考、探索提高价值观教育实效的策略。其次，合理设计不同层次不同类型学校的评价指标体系和评价内容，着眼于长效机制的评价指标体系既是科学的、充满人文关怀的，又是开放的、可持续发展的，并且在评价实践中不断修正、完善。再次，在实践基础上创新评价方式方法。要立足于党和国家对价值观教育的要求和高校学生成长成才的实际需要，在实践中探索和尝试高校价值观教育评价的新方式新方法，以期达到评价的可视化、可操作、可推广、可延伸[①]。

三、积极运用现代化评价技术

评价技术是指为实现评价目的和功能而采用的评价技能、手段和工具。21世纪是高度信息化的时代，随着信息技术的普及和深入发展，特别是"互联网+"时代、"大数据时代"的来临，高校价值观教育评价应利用信息技术的智

[①]　冯刚：《思想政治教育工作质量评价的时代特征》，《思想教育研究》2018 年第 5 期。

能性、便捷性、交互性、开放性，为收集整理评价信息、破解评价困境、克服评价难题提供技术保障。高校价值观教育评价机制也要注重技术手段的更新换代。

（一）实现评价信息的数字化

高校价值观教育评价是对价值观教育活动及其效果进行的价值判断活动，它有赖于充分地收集资料和信息。若无评价信息或缺乏评价信息，评价就成了无本之木和无源之水①，信息技术的发展能够实现评价信息的数字化，可以从各种信息网络检索数据，并以光盘存储、数据压缩存储、磁存储等形式保存。信息高速公路、数字化信息处理技术、多媒体终端等智能化工具的应用，既为评价节省评价成本，也有利于促进评价完整性和科学化。

价值观教育评价是一项崭新的研究课题，目前尚未在高校中大规模开展，但有关大学生核心价值观认知、认同和践行的调查研究和实证分析已经普遍展开，从目前调查研究报告和文献中可以发现，存在调查形式单一、调查手段落后、调查人员缺乏专业化等困境，而借助网络信息系统、数字化信息处理技术、多媒体终端以及信息数据库等信息技术，可以打破区域限制，以低廉的成本为评价主体的多重选择提供技术条件，又可以使评价者足不出户就能进行评价，节省经济成本、提高评价效率。既可以代替人工统计、计算、分析的繁杂工作，也可以利用网络信息化技术手段建立评价专题网站、提供更为广阔的信息平台，为价值观教育评价提供方案设计、方法选择和人员培训等技术指导。

（二）充分利用大数据平台构建评价机制

自从 2011 年世界知名思想库麦肯锡（MGI）提出"大数据"一词，大数据就从计算机领域向各学科和领域渗透。大数据时代为高校价值观教育评价提供了崭新的思路，应牢固树立大数据思维方式，借大数据之力，推动评价机制的不断创新。有效的教育评价依赖于全面、可靠的评价数据。价值观教育评价研究的难点在于难以科学地计量或预测其认同、践行情况。如今大数据为解决这一难题提供了技术和方法的支撑。大数据时代，"学生利用互联网留下的数据足迹呈现出可视化的特点，从而帮助评价者清晰地看到其他评价方法所无法企及的全部信息，这就为深度挖掘和科学分析数据背后的隐含关系与思想观念创造了条件"②，为价值观教育评价研究提供一种新的研究范式，为价值观教育的科

---

① 王茂胜：《思想政治教育评价论》，中国社会科学出版社，2006，第 225 页。
② 郑燕林，柳海民：《大数据在美国教育评价中的应用路径分析》，《中国电化教育》2015年第 7 期。

学化奠定了坚实基础。应高度重视并主动开展对大量、多维数据信息的收集、存储、整理、分析；建立价值观教育数据中心和大数据应用团队；提高大数据与价值观教育的融合度，产生价值观教育数据化思想品；在学生海量信息分析、运用基础上，建立学生价值观发展档案，为价值观教育决策提供参考。[1]

（三）开发网上测评软件

开发价值观教育评价软件可解决高校价值观教育评价长期开展存在样本容量大、评价对象复杂多样、评价项目多、数据采集工作量大、要求高等难题。通过高校价值观教育评价软件的开发和运用既能够为价值观教育主管机构和研究机构跟踪采集并保存价值观教育质量的相关信息，又能为不断加强和改进价值观教育工作，提高价值观教育实效提供具有较高信度和效度的监测工具，为构建评价长效机制创造了条件。值得一提的是，张耀灿主持的教育部哲学社会科学研究重大课题攻关项目"高校思想政治理论课教育教学测评体系研究"开发研制出高校思想政治理论课教育教学质量监测系统软件，具有七大特色：先进的体系架构；开放的标准；较低的开发维护成本；界面友好，使用简便；客户端要求低；系统灵活且具有较高的安全性；功能强大的流程管理[2]。从而为高校价值观教育评价软件的开发提供可资借鉴的思路。价值观教育评价机制构建中要与计算机软件人才结合，开发价值观教育测评软件，推进评价的现代化。

四、营造评价文化

评价文化是关于评价的文化现象的总称，包括评价的理念、价值观、思想意识和群体文化氛围等。[3] 评价文化以显性或潜在的形式对评价工作产生深刻的影响。评价文化一旦形成，就会形成一种无形的约束力量，对高校价值观教育工作和大学生产生微妙的潜移默化的影响。评价文化的形成不是自发产生的，也不是一朝一夕就能形成的，要高校管理者、教师开展形式多样的宣传和持久的培养。为了高校价值观教育评价的顺利实施和推广，应自觉加强评价人文环境的创设，营造评价的良好人文氛围，发挥良好人文环境的优势。

（一）加强评价的社会参与，形成基于评价合力的评价网络

"世界各国和各地区教育发展的经验证明，学校发展的质量越来越多地依赖

---

[1] 张新梅：《大数据背景下高校思想政治教育的评价机制研究》，《鄂州大学学报》2017年第6期。

[2] 张耀灿，等：《高校思想政治理论课教育教学质量监测体系研究》，经济科学出版社，2014，第5页。

[3] 荀振芳：《大学教学评价的价值反思》，中国海洋大学出版社，2006，第209页。

于社会的广泛参与,只有全社会各方面力量的协调合作,才能建立起一个旨在提高教育质量的健全的学校网络,才能促进学校的成功。"① 高校价值观教育评价也不是孤立进行的,必须从封闭走向开放,与政府、学校、家庭、社会广泛合作,注重学校、家庭和社会的结合,关注家长、媒体、用人单位的评价,建立基于社会力量的第三方评价机构,形成评价合力,为评价创造良好的环境和条件。

(二)创造和建设"我要评"的评价文化

高校应充分认识评价的意义、作用和功能,提高高校自我要求评价的积极性、主动性,以积极的姿态参与到价值观教育评价中,按照价值观教育评价要求完成评价,找到问题,反思改进,积极配合相应上级评价部门和评价组织对高校的外部评价,使整个价值观教育评价有序、高效地开展。评价中要贯彻"以人为本"的理念,调动教师、大学生的积极性。"只有评价主体和评价客体认识和利益趋同的时候,教育评价才能对评价对象产生积极影响。"② 评价中坚持实事求是的原则,坚决反对弄虚作假。把评价文化作为校风的组成部分,借价值观教育评价的契机促进学校优良校风的形成。

第四节 本章小结

本章针对未来发展,提出构建高校价值观教育评价长效机制,回答了"如何保证高校价值观教育长期有效运行"的问题。首先,阐释高校价值观教育评价长效机制的内涵和构成,它是保证价值观教育评价活动长期正常运行并发挥预期功能的评价要素之间稳定的联系和运行方式,具有目标性、系统性、动态性、科学性。评价长效机制由组织领导机制、实施运行机制、监督管理机制、动力保障机制、反馈应用机制构成。其次,阐释构建长效机制的必要性,它是落实高校立德树人根本任务的需要,应对价值观教育评价特殊性和复杂性的需要,增强评价实效的需要,推广高校价值观教育评价的需要。最后,探索构建长效机制的路径。通过建立科学评价观,提供理念保障;通过深化研究,提供学理支撑;通过积极运用现代化评价技术,提供技术支持;通过营造评价文化,提供环境保证。

---

① 卢立涛,井祥贵:《促进发展性学校评价在我国实施的条件保障》,《教育科学研究》2011年第9期。
② 黄向敏,李佳孝:《高等学校教育评价存在的问题与对策初探》,《内蒙古师范大学学报》(教育科学版)2009年第7期。

结　论

　　高校社会主义核心价值观教育评价是高校价值观教育的重要环节，是落实高校立德树人根本任务的重要举措。通过综合研判高校价值观教育工作和效果，帮助我们真切地把握高校价值观教育的重要价值，为深入推进高校价值观教育工作提供思路，为教育工作者提供进一步工作的动力和建议，为大学生的全面发展提供外部引导和内生动力。必须增强高校价值观教育评价的自觉性、主动性和紧迫性，深入研究高校价值观教育评价重要意义、内涵、指标、标准、方法、机制等理论和实际问题，进而推动高校价值观教育评价工作的落实。通过本研究，得出如下结论：

　　（1）高校社会主义核心价值观教育评价是国家高等教育行政部门、教育督导和科研机构，依据一定的评价指标体系，按照一定的程序和方法，对高校社会主义核心价值观教育工作和效果进行价值判断的过程。这一界定包含以下四个基本含义：一是高校社会主义核心价值观教育评价的本质是"价值判断"；二是高校社会主义核心价值观教育评价的对象是"高校价值观教育工作和效果"，这也是评价一级指标的构成内容；三是高校价值观教育评价按评价指标体系进行；四是高校价值观教育评价要坚持定性与定量相结合的评价方法。

　　（2）高校价值观教育评价指标体系由评价指标、权重、评价标准构成。其中"高校社会主义核心价值观教育工作"和"高校社会主义核心价值观教育效果"构成 2 个一级指标，"组织领导""制度建设""教育教学""实践活动""文化建设""学生实效""校风校貌""社会效应"构成 8 个二级指标，二级指标下设 28 个三级指标。运用 AHP 方法确定了各指标的权重（见附录 C）。高校价值观教育评价标准是内容结构和形式结构的统一。从内容上，高校价值观教育评价标准有素质标准、职责标准、效能标准；形式上，高校价值观教育评价标准使用了期望评语标准和分等评语标准的结合。通过在×××省某高校进行实证研究证明了该指标体系的科学性和可操作性。

（3）高校价值观教育实效测评是测评大学生对社会主义核心价值观理性认知、情感认同和行为实践的程度和状况。高校价值观教育实效测评体系由三部分组成：测评对象的基本状态；教育实效测评量表；教育效果影响因素量表。使用实效测评量表进行调查测评的结果显示，总体上看×××省高校价值观教育效果较好，呈现出积极向上的发展态势，但在理性认知、情感认同、实践行为三个维度存在明显差异，部分大学生认知、认同、践行水平有待进一步提高。使用教育效果影响因素量表进行调查测评的结果表明，影响高校价值观教育效果的因素有：教育主体软化、教育客体差异化、教育内容表层化、教育方法单一化、教育载体开发利用不够、教育环体复杂化、教育机制的缺位。以系统论为视角，可以通过以下对策增强教育实效：以"工匠精神"打造教育者队伍；遵循思想政治素质形成规律强化受教育者的主体性；以"供给侧改革"思维优化教育介体；以隐性教育视角营造教育环境氛围；以制度保障夯实教育基础。

（4）高校价值观教育评价长效机制是保证高校价值观教育评价活动长期正常运行并发挥预期功能的评价要素之间稳定的联系和运行方式，具有目标性、系统性、动态性、科学性的特点，由组织领导机制、实施运行机制、监督管理机制、动力保障机制和反馈应用机制构成。其构建路径是，建立科学评价观提供评价理念保障、深化评价基础和理论应用研究提供学理支撑、积极运用现代评价技术提供技术支持、营造评价文化提供环境保障。

高校价值观教育评价研究尚处于探索阶段，本研究尝试做了多角度、多方面的创新，正是由于开创性的研究，增加了本课题研究难度，受本人经验和能力所限，研究还有不足之处，如评价指标体系的构建过程中若能邀请全国思想政治教育领域的专家和有经验的教师、辅导员、管理人员进行访谈和调查，必定会增加评价指标体系的科学性；高校价值观教育评价指标体系的实证研究，如能在不同高校之间进行比较研究，必定更能增加研究结果的说服力；高校价值观教育评价实效测评体系，如能针对学生专业、学校性质、生源地等区别制定更有针对性的测评体系，效果会更好，在后续的工作中，要进一步探索提高评价的信度和效度的对策，开展大规模的横向和纵向比较研究等，以期推动高校价值观教育评价研究的深入。

总之，开展高校价值观教育评价是贯彻习近平总书记关于社会主义核心价值观教育系列重要讲话新理念的实践深化，是落实《关于培育和践行社会主义核心价值观的意见》、《关于加强和改进新形势下高校思想政治工作的意见》、党的十九大精神的具体实践，是将高校价值观教育引向深化的有力手段。我们相信，有以习近平同志为核心的党中央的强有力领导，有高校各级党委的有力支持和广大学生的密切配合，高校价值观教育评价会转化为积极的实践成果，在习近平新时代中国特色社会主义思想引领下，大学生会成为社会主义核心价值观的坚定信仰者、积极传播者、模范践行者，成为担当民族复兴大任的时代新人。

参考文献

一、图书著作文献

[1] 马克思，恩格斯：《马克思恩格斯选集》（第 1 卷），人民出版社，1995。

[2] 马克思，恩格斯：《马克思恩格斯选集》（第 2 卷），人民出版社，1995。

[3] 马克思，恩格斯：《马克思恩格斯选集》（第 4 卷），人民出版社，1995。

[4] 马克思，恩格斯：《马克思恩格斯全集》（第 30 卷），人民出版社，1995。

[5] 中共中央马克思恩格斯列宁斯大林著作编译局：《马克思恩格斯文集》（第 1 卷），人民出版社，2009。

[6] 中共中央马克思恩格斯列宁斯大林著作编译局：《马克思恩格斯文集》（第 5 卷），人民出版社，2009。

[7] 中共中央马克思恩格斯列宁斯大林著作编译局：《列宁选集》（第 1 卷），人民出版社，1995。

[8] 中共中央马克思恩格斯列宁斯大林著作编译局：《列宁选集》（第 3 卷），人民出版社，1995。

[9] 毛泽东：《毛泽东选集》（第 2 卷），人民出版社，1991。

[10] 毛泽东：《毛泽东选集》（第 3 卷），人民出版社，1991。

[11] 毛泽东：《毛泽东文集》（第 7 卷），人民出版社，1999。

[12] 毛泽东：《毛泽东著作选读》（下册），人民出版社，1986。

[13] 邓小平：《邓小平文选》（第 1 卷），人民出版社，1994。

[14] 邓小平：《邓小平文选》（第 2 卷），人民出版社，1994。

[15] 邓小平：《邓小平文选》（第 3 卷），人民出版社，1993。

[16] 习近平：《习近平谈治国理政》，外文出版社，2014。

[17] 习近平：《习近平总书记系列重要讲话读本》，人民出版社，2016。

[18] 习近平：《决胜全面建成小康社会　夺取新时代中国特色社会主义伟大胜利——在中国共产党第十九次全国代表大会上的报告》，人民出版社，2017。

[19] 王茂胜：《思想政治教育评价论》，北京：中国社会科学出版社，2006 年。

[20] 沈壮海：《文化软实力及其价值之轴》，中华书局，2013。

[21] 张耀灿，郑永廷，吴潜涛等：《现代思想政治教育学》，人民出版社，2006。

[22] 张耀灿，陈万柏：《思想政治教育学原理》，高等教育出版社，2001。

[23] 刘新庚：《现代思想政治教育方法论》，人民出版社，2006。

[24] 张耀灿，等：《高校思想政治理论课教育教学质量监测体系研究》，经济科学出版社，2014。

[25] 孙崇文，伍伟民，赵慧：《中国教育评估史稿》，高等教育出版社，2010。

[26] 秦尚海：《高校德育评估论》，中国社会科学出版社，2006。

[27] 张凤华，梅萍，万美容，等：《高校思想政治理论课"05 方案"实施及测评的实证研究》，中国社会科学出版社，2011。

[28] 罗洪铁：《思想政治教育学原理》，西南师范大学出版社，2009。

[29] 陈玉琨：《教育评价学》，人民教育出版社，1999。

[30] 陈章龙，周莉：《价值观研究》，南京师范大学出版社，2004。

[31] 陈芝海：《大学生社会主义核心价值观教育研究》，光明日报出版社，2013。

[32] 余林：《青少年社会主义核心价值观研究》，科学出版社，2014。

[33] 马俊峰：《价值论的视野》，武汉大学出版社，2010。

[34] 李德顺：《价值论——一种主体性的研究》（第 3 版），中国人民大学出版社，2013。

[35] 仓道来：《思想政治教育学》，北京大学出版社，2004。

[36] 李纪岩：《当代大学生社会主义核心价值观培育研究》，山东人民出版社，2013。

[37] 田海舰，邹卫：《社会主义核心价值观论纲》，人民出版社，2010。

[38] 宋惠昌：《社会主义核心价值观专题解读》，中共中央党校出版社，2010。

[39] 吕叔湘，丁声树：《现代汉语词典》（第 7 版），商务印书馆，2016。

[40] 高地：《中国共产党社会主义核心价值观教育研究》，人民出版社，2013。

[41] 邱国勇：《社会主义核心价值观教育研究》，人民出版社，2014。

[42] 冯平：《评价论》，东方出版社，1995。

[43] 贺善侃，周德红：《价值·文化·科技——面向新世纪的价值哲学研究》，东华大学出版社，2004。

[44] 涂艳国：《教育评价》，高等教育出版社，2007。

[45] 陈玉琨：《中国高等教育评价论》，广东高等教育出版社，1993。

[46] 毛礼锐：《中国教育通史》，山东教育出版社，1995。

[47] 肖鸣政：《品德测评的理论与方法》，福建教育出版社，1995。

[48] 侯光文：《教育评价概论》，河北教育出版社，1996。

[49] 黄光扬：《教育测量与评价》，华东师范大学出版社，2002。

[50] 吴钢：《现代教育评价教程》，北京大学出版社，2008。

[51] 王致和：《高等学校教育评估》，北京师范大学出版社，1995。

[52] 李大健：《多维审视与理性涵育——大学生社会主义核心价值体系教育研究》，人民出版社，2015。

[53] 陈秉公：《21世纪思想政治教育工作创新理论体系》，吉林教育出版社，2000。

[54] 路丽梅，王群会，江培英，主编：《辞海》（上册），光明日报出版社，2012。

[55] 荀振芳：《大学教学评价的价值反思》，中国海洋大学出版社，2006。

二、翻译图书文献

[1] ［美］玛多娜·墨菲：《美国"蓝带学校"的品性教育——应对挑战的最佳实践》，周玲，张学文译，中国轻工业出版社，2002。

[2] 瓦托夫斯基：《科学思想的概念基础——科学哲学导论》，范岱年，吴忠，金吾伦译，求实出版社，1983。

[3] 泰勒：《课程与教学的基本原理》，施良方，译，人民教育出版社，1994。

[4] T. 胡森，T. N.，波斯尔斯韦特主编：《教育大百科全书》（1），张斌贤，等译，西南师范大学出版社，2006。

[5] L. 贝塔朗菲著：《一般系统论：基础、发展和应用》，秋同译，清华大学出版社，1987。

[6] 苏霍姆林斯基：《少年的教育和自我教育》，姜励群译，北京出版社，1984。

三、学术期刊文献

[1] 陈铭彬：《再论高校社会主义核心价值观教育的价值、困境与对策》，《西南民族大学学报》（人文社会科学版）2015年第5期。

[2] 陈钦华：《论大学生社会主义核心价值观的培育》，《黑龙江高教研究》

2013 年第 7 期。

　　[3] 鄢新萍：《以社会主义核心价值观引领大学生价值观教育的意义及路径选择》，《学校党建与思想教育》2013 年第 18 期。

　　[4] 罗敏，王振涛：《当代青年社会主义核心价值观态度分析》，《中国青年社会科学》2015 年第 4 期。

　　[5] 王国维，马天瑜：《当前社会主义核心价值观宣传教育面临的主要障碍》，《理论导刊》2013 年第 3 期。

　　[6] 宋金玲，张迪：《新时代培育和践行社会主义核心价值观的有效策略研究》，《北京交通大学学报》（社会科学版）2018 年第 2 期。

　　[7] 宋海琼：《近年来大学生社会主义核心价值观培育研究述评》，《辽宁师范大学学报》（社会科学版）2015 年第 4 期。

　　[8] 谭宇：《高校社会主义核心价值观教育思维方式的转换与调适》，《学校党建与思想教育》2016 年第 9 期。

　　[9] 王华敏，周双双：《主体性发挥与社会主义核心价值观教育的内在逻辑——基于大学生群体的教育研究》，《重庆大学学报》（社会科学版）2018 年第 1 期。

　　[10] 邹绍清：《论大数据嵌入青年社会主义核心价值观培育的战略契合及思维变革》，《马克思主义研究》2015 年第 6 期。

　　[11] 靳玉军，刘飒：《高校应利用隐性课程进行社会主义核心价值观教育》，《西南师范大学学报》（自然科学版），2015 年第 2 期。

　　[12] 王嫣：《教育生态学视野下的大学生社会主义核心价值观教育研究》，《学术探索》2015 年第 1 期。

　　[13] 韩同友，于建业：《责任伦理视阈下大学生社会主义核心价值观的培育》，《西南民族大学学报》（人文社会科学版）2016 年第 11 期。

　　[14] 王惠，韦东雪：《大学生社会主义核心价值体系接受过程的阶段划分及教育方法探微》，《学校党建与思想教育》（高教版）2014 年第 13 期。

　　[15] 黎庶乐：《后现代主义思潮影响下大学生社会主义核心价值观的培育》，《学术交流》2013 年第 5 期。

　　[16] 潘宛莹：《政治社会化视域下大学生社会主义核心价值观教育培育》，《思想理论教育导刊》2018 年第 6 期。

　　[17] 邓斌，罗亚莉：《大学生社会主义核心价值观认知模式调查研究》，《社会主义核心价值观教育研究》2016 年第 5 期。

　　[18] 朱俊奇，田甜：《社会主义核心价值观教育的影响因素及模式创新研

究——基于 35 所高校 5000 名学生"思政课"学习意愿的调查分析》,《思想政治教育研究》2017 年第 3 期。

[19] 马娟:《社会主义核心价值观在高校大学生中的传播及影响力——基于对广东省 30 所高校大学生的实证调查》,《思想政治教育研究》2017 年第 2 期。

[20] 涂亚峰,刘波,袁久红:《用社会主义核心价值观引领知识教育——基于对江苏高校现状的调查研究与对策分析》,《江苏高教》2018 年第 6 期。

[21] 肖国芳,彭术连:《高校拔尖创新人才培养中的社会主义核心价值观培育》,《学术论坛》2015 年第 5 期。

[22] 陈颜,张志坚,陈金龙:《民族高校大学生社会主义核心价值观教育认同模式研究》,《西南民族大学学报》(人文社科版) 2013 年第 10 期。

[23] 李光胜:《高职大学生社会主义核心价值观教育的制约因素》,《继续教育研究》2016 年第 11 期。

[24] 司文超:《内地高校港澳台学生社会主义核心价值观认同教育现状分析》,《学校党建与思想教育》2017 年第 20 期。

[25] 黄新建,许湘琴,姚欣妤,等:《用社会主义核心价值观引领校园文化建设探微》,《学校党建与思想教育》(高教版) 2015 年第 6 期。

[26] 汪庆华:《以社会主义核心价值观引领新型高校师生关系》,《中国高等教育》,2015 年第 8 期。

[27] 郑朝静:《论社会主义核心价值观引领下的高校志愿精神培育》,《思想教育研究》2015 年第 5 期。

[28] 姬广军,赵山朋:《社会主义核心价值观融入高校学生党建的思考》,《学校党建与思想教育（下）》2015 年第 6 期。

[29] 张天华,田慧颖:《社会主义核心价值观融入高校创业教育机理与机制研究》,《国家教育行政学院学报》2017 年第 4 期。

[30] 陈兵,鲁杰:《高校通识教育中嵌入社会主义核心价值观问题及对策》,《理论导刊》2018 年第 7 期。

[31] 房正:《高校培育和践行社会主义核心价值观要注重"典型引领"和"底线约束"》,《学校党建与思想教育》(高教版) 2014 年第 11 期。

[32] 吴翼泽:《感恩文化对大学生价值观养成的路径分析——以浙江财经大学为例》,《学校党建与思想教育》2015 年第 13 期。

[33] 陈晶:《基于大学生社会主义核心价值观培育的高校官方微博运行效用研究——以江苏省高校新浪官方微博为例》,《河南工业大学学报》(社会科

学版）2014 年第 4 期。

[34] 李大棚：《大学生生活中社会主义核心价值观培育研究——以马克思主义日常生活理论为视角》，《重庆邮电大学学报》（社会科学版）2016 年第 6 期。

[35] 陈慧，李芳：《在弘扬长征精神中提升大学生社会主义核心价值观教育实效性研究》，《思想政治教育研究》2017 年第 4 期。

[36] 王珊珊，邱均平：《中国教育评价研究的进展与趋势》，《重庆大学学报》（社会科学版）2014 年第 5 期。

[37] 王萍，高凌飚：《"教育评价"概念变化溯源》，《华南师范大学学报》（社会科学版）2009 年第 4 期。

[38] 张勇：《中国教育评价改革与国际教育评价发展趋势——兼谈国内教育评价改革经验》，《基础教育论坛》2017 年第 X 期。

[39] 朱丽，赵汉华：《我们需要什么样的教育评价》，《教育测量与评价》（理论版）2015 年第 6 期。

[40] 周廷勇，李庆丰：《高等教育评价的价值问题探究》，《国家教育行政学院学报》2011 年第 2 期。

[41] 康宏，全斌：《教育评价标准的价值反思——基于规范认识的视角》，《教育探索》2011 年第 7 期。

[42] 陈平辉：《现代教育评价方法的研究》，《华东理工学院学报》（社会科学版）2004 年第 3 期。

[43] 姜昕：《我国教育评价制度存在的问题及改进建议》，《教学与管理》（理论版）2017 年第 9 期。

[44] 陈莉欣，王丽：《教育评价的思考——以实然和应然相结合的角度》，《教育教学论坛》2017 年第 2 期。

[45] 宋璞，李战国：《国际高等教育评价研究之演进、前沿及其启思》，《黑龙江高教研究》2018 年第 1 期。

[46] 沈壮海，段立国：《思想政治教育测评研究的回顾与展望》，《思想教育研究》2014 年第 9 期。

[47] 刘秋圃：《高校德育评估科学化的思考》，《武汉理工大学学报》（社会科学版）2004 年第 4 期。

[48] 项久雨：《论思想政治教育价值评价的特点及其功能》，《学校党建与思想教育》2004 年第 3 期。

[49] 李春华：《论构建现代思想政治教育评价体系的基本原则》，《学校党

建与思想教育》2011年第11期。

[50] 赵静：《高校思想政治教育工作质量评价的基本原则》，《思想政治教育研究》2018年第2期。

[51] 项久雨：《论思想道德教育价值评价标准的逻辑结构》，《学校党建与思想教育》2002年第3期。

[52] 华为国，任小艳：《思想政治教育效果评价标准的理性审视》，《思想教育研究》2013年第8期。

[53] 刘晓华：《思想政治教育价值评价的特点与功能》，《学习与实践》2007年第9期。

[54] 万美容：《论评价对大学生思想政治教育质量提升的作用》，《思想政治教育》（上半月综合版）2015年第7期

[55] 刘晓双：《论大学生思想政治教育评价的理论基础》，《辽宁师范大学学报》（社会科学版）2008年第2期。

[56] 乔永忠：《论思想政治教育绩效评价及其指标体系建构》，《法制与社会》2007年第5期。

[57] 罗布江村，赵心愚，冯瑛，等：《大学生思想政治教育测评体系的构建原则与方法研究》，《四川师范大学学报》（社会科学版）2009年第6期。

[58] 蒋荣，代礼忠：《大学生思想政治教育实效性的测评研究》，《重庆大学学报》（社会科学版）2012年第4期。

[59] 吴林龙，王立仁，左淑静：《论学生思想政治教育实效测评标准的建构理路》，《临沂大学学报》2013年第1期。

[60] 王立仁，吴林龙：《德育实效标准研究》，《思想教育研究》2012年第9期。

[61] 吕潇俭，张红岩：《基于模糊数学模型的高校思想政治教育柔性化评价——以青海省3所高校为例》，《青海大学学报》（社会科学版）2014年第3期。

[62] 李怀杰：《思想政治教育大数据评价及其实践路径》，《思想理论教育》（上半月综合版）2017年第6期。

[63] 高静毅：《把握新时期高校思想政治教育质量评价的科学路径——"高校思想政治教育工作质量评价体系研究"开题研讨会综述》，《学校党建与思想教育》2017年第23期。

[64] 张力学，郭晓波，白振荣：《大学生社会主义核心价值观教育评价体系与激励机制》，《统计与管理》2016年第12期。

[65] 肖金明，陈为旭：《大学生社会主义核心价值观教育路径研究》，《教育评论》2015年第2期。

[66] 覃安基，潘柳虹：《试析评价大学生社会主义核心价值体系教育实效性的依据》，《学校党建与思想教育》2013年第1期。

[67] 曾永平：《论大学生社会主义核心价值观培育机制的构建》，《学校党建与思想教育》2018年第3期。

[68] 徐国立：《高校社会主义核心价值观教育的系统化路径》，《福州大学学报》（哲学社会科学版）2017年第2期。

[69] 王贺：《大学生社会主义核心价值观的认同与评价》，《高教发展与评估》2016年第5期。

[70] 王丹：《当代大学生价值观与价值选择状况的调查分析》，《思想理论教育》（上半月综合版）2018年第2期。

[71] 郝杰：《当今美国品格教育的实效性测评分析》，《外国教育研究》2012年第9期。

[72] 祝福恩，隋芳莉：《政治生态的四维结构及营造对策》，《探索》2016年第3期。

[73] 王玉樑：《论价值本质与价值标准》，《学术研究》2002年第10期。

[74] 张意忠：《教育评价价值取向研究》，《教育探索》2002年第10期。

[75] 马秋林，姚茂军，聂彩林，等：《高职院校马克思主义理论教学测评体系研究》，《学校党建与思想教育》2013年第10期。

[76] 黄蓉生：《习近平社会主义核心价值观思想论析》，《西南大学学报》（社会科学版）2018年第4期。

[77] 蔡敏：《论教育评价的主体多元化》，《教育研究与实验》2003年第1期。

[78] 陈洪丽，苗琳：《思想政治教育价值评价的科学化探析》，《吉林师范大学学报》（人文社会科学版）2008年第1期。

[79] 戚业国，杜瑛：《教育价值的多元与教育评价范式的转变》，《华东师范大学学报》（教育科学版）2011年第2期。

[80] 丁燕，巩克菊：《近5年来思想政治教育评价研究述评》，《山东青年政治学院学报》2011年第5期。

[81] 冷溶：《深刻领会习近平新时代中国特色社会主义思想的历史地位和丰富内涵》，《党的文献》2017年第6期。

[82] 王伟光：《当代中国马克思主义的最新理论成果——习近平新时代中

国特色社会主义思想学习体会》,《中国社会科学》2017年第12期。

[83] 余林,王丽萍:《大学生对社会主义核心价值观的内隐认同研究》,《西南大学学报》(社会科学版)2013年第5期。

[84] 吴林龙,王立仁:《当代德育实测评的反思与前瞻》,《广西社会科学》2014年第4期。

[85] 张耀灿:《构建社会主义核心价值观养成教育长效机制的思考》,《社会主义核心价值观研究》2015年第1期。

[86] 白强:《以"供给侧"改革思维推进大学生社会主义核心价值观教育》,《理论导刊》2017年第7期。

[87] 宣海江:《"90"后大学生群体价值取向实证研究》,《学校党建与思想教育》2015年第7期。

[88] 张会军:《大学生践行社会主义核心价值观的路径探讨》,《思想政治教育研究》2014年第3期。

[89] 史国君,龙永红,刘朝晖:《"三进三知":大学生思想政治教育协同新机制》,《江苏高教》2018年第9期。

[90] 冯刚:《互联网思维与思想政治教育创新发展》,《学校党建与思想教育》(高教版)2018年第3期。

[91] 王红:《"互联网+"时代大学生社会主义核心价值观培育路径》,《华南师范大学学报》(社会科学版)2018年第3期。

[92] 马福运:《新时期思想政治教育机制创新简论》,《河南师范大学学报》(哲学社会科学版)2009年第5期。

[93] 师帅朋,杨航征:《构建大学生思想政治教育长效机制的再思考》,《思想教育研究》2013年第1期。

[94] 冯刚,王振:《着眼于大学生成长发展需求,构建培育践行社会主义核心价值观长效机制》,《思想理论教育导刊》2017年第2期。

[95] 王学俭,李晓莉:《思想政治教育协同创新的育人机制探析》,《教学与研究》2015年第10期。

[96] 李晓虹,魏晓文:《高校社会主义核心价值观协同教育机制探析》,《思想理论教育导刊》2015年第10期。

[97] 张小云:《新时代工匠精神与高校思政课教师队伍建设初探》,《学校党建与思想教育》2018年第6期。

[98] 唐斌:《论思想政治理论课教师的"工匠精神"》,《思想教育研究》2017年第6期。

[99] 翟小满，杨宗友：《大学生社会主义核心价值观培育论——机理、过程与路径选择》，《重庆大学学报》（社会科学版）2018 年第 4 期。

[100] 熊钰：《高校网络思想政治教育理念的发展和完善》，《思想理论教育》（上半月综合版）2018 年第 7 期。

[101] 武兵，杨颖：《大学生认知和践行社会主义核心价值观教育现状及策略》，《教育理论与实践》2017 年第 21 期。

[102] 付安玲，张耀灿：《社会主义核心价值观隐性培育论纲》，《学习论坛》2016 年第 8 期。

[103] 吴刚：《构建高校培育践行社会主义核心价值观的具象化机制》，《学习与实践》2016 年第 2 期。

[104] 孙婷婷，骆郁廷：《图像时代的核心价值观认同教育》，《教学与研究》2016 年第 1 期。

[105] 王淑芹，刘畅：《我国核心价值观培育成效的反思与超越》，《马克思主义研究》2017 年第 2 期。

[106] 陈延斌：《高校要坚持不懈培育和践行社会主义核心价值观》，《马克思主义与现实》2017 年第 3 期。

[107] 车广吉，丁艳辉，徐明：《论构建学校、家庭、社会教育一体化的德育体系——尤·布朗芬布伦纳发展生态学理论的启示》，《东北师大学报》（哲学社会科学版）2007 年第 4 期。

[108] 侯劭勋：《互联网环境下大学生认同与践行社会主义核心价值观的思考》，《思想理论教育》（上半月综合版）2018 年第 4 期。

[109] 武峥，孟宪平：《高校网络主流意识形态建设路径创新研究——基于社会主义核心价值观培育的视角》，《广西社会科学》2017 年第 3 期。

[110] 冯刚：《思想政治教育工作质量评价的时代特征》，《思想教育研究》2018 年第 5 期。

[111] 占志勇：《系统论视域下高等教育运行机制之创新》，《学术交流》2012 年第 8 期。

[112] 项久雨：《以人为本：思想政治教育主客体关系的马克思主义人学之维》，《教学与研究》2016 年第 2 期。

[113] 张耀灿，曹清燕：《发展性评价：高校思想政治理论课教学测评的指导理念》，《思想理论教育导刊》2009 年第 5 期。

[114] 杨运鑫，罗红：《教育评价的公正性及其促进》，《社会科学家》2013 年第 10 期。

[115] 冯平：《思想政治教育工作质量评价的时代特征》，《思想教育研究》2018 年第 5 期。

[116] 邹绍清：《论大数据时代青年社会主义核心价值观研究方法的创新》，《西南大学学报》（社会科学版）2016 年第 1 期。

[117] 郑燕林，柳海民：《大数据在美国教育评价中的应用路径分析》，《中国电化教育》2015 年第 7 期。

[118] 张新梅：《大数据背景下高校思想政治教育的评价机制研究》，《鄂州大学学报》2017 年第 6 期。

[119] 卢立涛，井祥贵：《促进发展性学校评价在我国实施的条件保障》，《教育科学研究》2011 年第 9 期。

[120] 黄向敏，李佳孝：《高等学校教育评价存在的问题与对策初探》，《内蒙古师范大学学报》（教育科学版）2009 年第 7 期。

[121] Kaliannan, Maniam, Kennedy, Hilary. Learning through Conversation. Exploring and Extending Teacher and children's Involvement in Classroom Talk. *School Psychology International*. 32 (2010).

[122] Zhao Jing, Gallant, Dorinda. Student Evaluation of Instuction in Higher Education. Exploring Issues of Validity and Reliability. *Assessment & Education in Higher Education*. 37 (2007).

[123] Character Education Partnership. 11 Principles of Effective Character Education, http：// www. character. org / more‐resources/publications//，2011‐2‐16/2012‐01‐15

[124] CEP's 11 Priciples of Effective Character Education. http // info. Character. org / 11‐principles‐download.

[125] Kahle, L. R. Social Values and Sociel change. Adapation to Life in America. New York：Preager.

[126] Lowe, A. C. &W. Anthony. Hierarchical Relationship Between Values, Lifestyles, Possessions and Food, Consumption Among Being Adult Population. Journal of Asia Pacific Marketing, 2004.

[127] Person, Ann E., Emily Moiduddin, Megan Hagus, and Lizabeth M. Malone. Survey of Outcomes Measurement in Research on Character Education Programs (NCEE 2009—2006). Washington, DC：National Center for Education Evaluation and Regional Assistance. Institute of Education Sciences, U. S. Department of Education, 2009.

四、报纸类文献

［1］习近平：《习近平在全国高校思想政治工作会议上强调：把思想政治工作贯穿教育教学全过程　开创我国高等教育事业发展新局面》，《人民日报》2016年12月9日。

［2］《关于培育和践行社会主义核心价值观教育的意见》，《人民日报》2013年12月24日。

［3］李建华：《大学生涵养社会主义核心价值观的十大机制》，《光明日报》2014年12月31日。

［4］陈秉公：《如何认识社会主义核心价值观与社会主义意识形态的关系?》，《光明日报》2011年2月25日。

［5］《中共中央关于新形势下加强和改进党的建设若干重大问题的决定》，《人民日报》2009年9月28日。

［6］《关于培育和践行社会主义核心价值观教育的意见》，《人民日报》2013年12月24日。

［7］曹建文：《凝练核心价值观是时代重大课题——专访教育部社科中心副主任张剑》，《光明日报》2011年2月25日。

［8］习近平：《在庆祝中国共产党成立95周年大会上的讲话》，《人民日报》2016年7月2日。

［9］马建堂：《供给侧结构性改革的意义与途径》，《人民日报》2016年6月24日。

［10］侍旭：《高校思政教育也应有"供给侧改革"思维》，《光明日报》2016年3月16日。

［11］习近平：《做党和人民满意的好老师——同北京大学师生代表座谈时的讲话》《人民日报》2014年9月10日。

［12］张烁：《习近平在全国高校思想政治工作会议上强调：把思想政治工作贯彻教育教学全过程 开创我国高等教育事业发展新局面》，《人民日报》2016年12月9日。

［13］张烁：《习近平在全国教育大会上强调：坚持中国特色社会主义教育发展道路　培养德智体美劳全面发展的社会主义建设者和接班人》，《人民日报》2018年9月11日。

［14］李军林：《大学生社会主义核心价值观的培育践行路径》，《光明日报》2014年10月3日。

[15]《中共中央、国务院印发关于加强和改进新形势下高校思想政治工作的意见》，《人民日报》2017年2月28日。

[16] 冯刚：《提高国家文化软实力要努力传播社会主义核心价值观》，《光明日报》2014年1月29日。

[17] 孙琛辉：《新一轮本科教学评估，资源观荣退增值观上位》，《中国科学报》2012年6月20日。

五、学位论文类参考文献

[1] 赵祖地：《高校德育评估研究》，博士学位论文，南京师范大学，2014。

[2] 潘鸣：《社会主义核心价值体系建设机制论》，博士学位论文，苏州大学，2011。

[3] 孙建青：《当代中国大学生核心价值观教育问题研究》，博士学位论文，山东大学，2014。

[4] 秦尚海：《高校德育评估研究》，博士学位论文，武汉大学，2003。

[5] 杨飞云：《美国学校价值观教育研究》，博士学位论文，河南大学，2012。

[6] 韩丽颖：《当代大学生核心价值观研究》，博士学位论文，东北师范大学，2012。

后 记

书稿行至尾声，回想考博、读博、博士开题、论文写作、答辩长达9年的求学之路，我不禁感慨万千，其中付出的艰辛与汗水难以言表，各位师长、专家、同事、同学、家人给予我的教诲、帮助和关怀更让我终生难忘。

首先感谢我的导师祝福恩教授，从学位论文的选题、开题、写作、修改到定稿，恩师都给予我悉心的指导。我在学术上每一点进步都离不开导师耐心、细致的指导。老师高屋建瓴的理论视野、深厚扎实的理论功底、严谨治学的科学态度、颇具人气的讲课风格、勤奋敬业的精神都深深地感染着我，督促着我在求学和人生的道路上脚踏实地、刻苦钻研、不断前行。未来的学术生涯和教学工作中，我将谨记老师的教导，勤学上进，不辜负老师的教诲之恩。

感谢哈尔滨工程大学马克思主义学院的各位老师在我求学、论文开题和写作过程中给予的指导和帮助，各位老师严谨的治学态度和教书育人的学者风范让我终生难忘，成为我今后学习的榜样。

感谢博士学习期间我的同学和同门师哥、师姐、师妹们，正是我们在求学过程中的相互鼓励、相互帮助、相互学习才激励我完成博士论文的写作。感谢你们陪我度过人生中这段难忘的岁月，也给我留下最深刻的记忆。

感谢哈尔滨体育学院我的领导和同事在我读博期间给予我的支持和帮助，帮我承担教学任务，才保证论文的完成。

感谢家人给予我的理解和鼓励，正是家人的爱成为我坚实的后盾，也成为我持续努力的动力和源泉。

感谢我的学位论文开题、写作和答辩过程中提出修改意见的各位专家、教授，正是按照各位专家老师的宝贵意见修改、完善，本人的思维高度、广度、深度和学术研究水平得以更进一步。

最后，向所有在学习和生活中给予我帮助的老师、同学、同事、亲人致以深深的敬意和衷心的感谢！路漫漫其修远兮，吾将上下而求索！未来的日子里，我将会铭记感恩之念、感谢之情，奋马扬鞭、不断前行！

附录A

高校社会主义核心价值观教育评价指标调查问卷

您好："高校社会主义核心价值观教育评价"研究进入评价指标调查咨询阶段，请您根据"高校社会主义核心价值观教育评价初拟指标"（详见本调查表的最后一页）填写"评价指标咨询表"，感谢您的支持和帮助。

一、高校社会主义核心价值观教育评价设有"高校社会主义核心价值观教育工作"和"高校社会主义核心价值观教育效果"2个一级指标，您认为是否合理？

1. 合适性

A 不合适   B 较不合适   C 不确定

D 较合适   E 合适

如您认为不合适，请指出不合适的修改意见：

2. 覆盖性

A 有较大的遗漏   B 有遗漏   C 不确定

D 有较小的遗漏   E 很好，无遗漏

如您认为有遗漏，请指出具体遗漏：

3. 区别度

A 很不好区分   B 有些不太好区分   C 不确定

D 区分得较好   E 区分得很好

如您认为区分不好，请指出不好区分的地方：

222

二、"高校社会主义核心价值观教育工作"设有"组织领导""制度建设""教育教学""实践活动""文化建设"5个二级指标，您认为是否合理？

1. 合适性

A 不合适   B 较不合适   C 不确定

D 较合适   E 合适

如您认为不合适，请指出不合适的修改意见：

2. 覆盖性

A 有较大的遗漏   B 有遗漏   C 不确定

D 有较小的遗漏   E 很好，无遗漏

如您认为有遗漏，请指出具体遗漏：

3. 区别度

A 很不好区分   B 有些不太好区分   C 不确定

D 区分得较好   E 区分得很好

如您认为区分不好，请指出不好区分的地方：

三、"高校社会主义核心价值观教育效果"设有"学生实效""校风校貌""社会效应"3个二级指标，您认为是否合理？

1. 合适性

A 不合适   B 较不合适   C 不确定

D 较合适   E 合适

如您认为不合适，请指出不合适的修改意见：

2. 覆盖性

A 有较大的遗漏   B 有遗漏   C 不确定

D 有较小的遗漏   E 很好，无遗漏

如您认为有遗漏，请指出具体遗漏：

3. 区别度

A 很不好区分　　　　B 有些不太好区分　　C 不确定

D 区分得较好　　　　E 区分得很好

如您认为区分不好，请指出不好区分的地方：

四、您认为高校社会主义核心价值观教育评价三级指标设计是否合理？

1. 合适性

A 不合适　　　　　　B 较不合适　　　　　C 不确定

D 较合适　　　　　　E 合适

如您认为不合适，请指出不合适的修改意见：

2. 覆盖性

A 有较大的遗漏　　　B 有遗漏　　　　　　C 不确定

D 有较小的遗漏　　　E 很好，无遗漏

如您认为有遗漏，请指出具体遗漏：

3. 区别度

A 很不好区分　　　　B 有些不太好区分　　C 不确定

D 区分得较好　　　　E 区分得很好

如您认为区分不好，请指出不好区分的地方：

高校社会主义核心价值观教育评价初拟指标

一级指标	二级指标	三级指标
高校社会主义核心价值观教育工作 A1	组织领导 B11	领导体制 C111
		工作机制 C112
		条件保障 C113
	制度建设 B12	学校规章制度 C121
		教师规章制度 C122
		学生规章制度 C123
	教育教学 B13	思政课程 C131
		专业课程 C132
		日常宣传教育 C133
		网络教育 C134
		教育队伍 C135
	实践活动 B14	实践活动组织 C141
		实践活动内容 C142
		实践基地 C143
		实践考核 C144
	文化建设 B15	校风教风学风建设 C151
		校园物质文化 C152
		校园文化活动 C153
		榜样示范活动 C154
高校社会主义核心价值观教育效果 A2	学生实效 B21	理论认知 C211
		情感认同 C212
		实践行为 C213
	校风校貌 B22	精神风貌 C221
		校园秩序 C222
		师生反映 C223
	社会效应 B23	家长反馈 C231
		媒体反馈 C232
		用人单位反馈 C233

附录B

高校社会主义核心价值观教育评价指标权重调查表

　　您好："高校社会主义核心价值观教育评价"研究进入评价指标权重调查咨询阶段，请您根据"高校社会主义核心价值观教育评价指标相对重要性比较表"（详见本调查表的最后一页）填写"评价指标权重咨询表1—11"，感谢您的支持和帮助！

高校社会主义核心价值观教育评价一级指标权重配置咨询表1

	高校社会主义核心价值观教育工作 A1	高校社会主义核心价值观教育效果 A2
高校社会主义核心价值观教育工作 A1		
高校社会主义核心价值观教育效果 A2		

高校社会主义核心价值观教育评价指标"教育工作"权重配置咨询表2

	组织领导	制度建设	教育教学	实践活动	文化建设
组织领导					
制度建设					
教育教学					
实践活动					
文化建设					

高校社会主义核心价值观教育评价指标"教育效果"权重配置咨询表 3

	学生实效	校风校貌	社会效应
学生实效			
校风校貌			
社会效应			

高校社会主义核心价值教育评价指标"组织领导"权重配置咨询表 4

	领导体制	工作机制	条件保障
领导体制			
工作机制			
条件保障			

高校社会主义核心价值观教育"制度建设"指标权重配置咨询表 5

	学校规章制度	学生规章制度	教师规章制度
学校规章制度			
学生规章制度			
教师规章制度			

高校社会主义核心价值观教育"教育教学"指标重配置咨询表 6

	思政课程	专业课程	日常宣传教育	网络教育	教育队伍
思政课程					
专业课程					
日常宣传教育					
网络教育					
教育队伍					

高校社会主义核心价值观教育"实践活动"指标权重配置咨询表 7

	实践活动组织	实践活动内容	实践基地	实践考核
实践活动组织				
实践活动内容				

续表

	实践活动组织	实践活动内容	实践基地	实践考核
实践基地				
实践考核				

高校社会主义核心价值观教育"文化建设"指标权重配置咨询表 8

	校风教风学风建设	校园物质建设	校园文化活动	榜样示范活动
校风教风学风建设				
校园物质建设				
校园文化活动				
榜样示范活动				

高校社会主义核心价值观教育"学生实效"指标权重配置咨询表 9

	理论认知	情感认同	实践行为
理论认知			
情感认同			
实践行为			

高校社会主义核心价值观教育"校风校貌"指标权重配置咨询表 10

	精神风貌	校园秩序	师生反映
精神风貌			
校园秩序			
师生反映			

高校社会主义核心价值观教育"社会效应"指标权重配置咨询表 11

	家长反馈	媒体反馈	用人单位反馈
家长反馈			
媒体反馈			
用人单位反馈			

评价指标相对重要性比较表

指标的相对重要程度	指标相对重要程度的赋值
同等重要	1
略微重要	3
重要	5
重要得多	7
极端重要	9

注：2、4、6、8 数字表示两个程度的中间值。

附录C

高校社会主义核心价值观教育评价指标体系

一级指标	二级指标	三级指标	评价标准	评价等级				绝对权重	评价方法
				完全达到	基本达到	大部分达到	大部分达不到		
高校社会主义核心价值观教育工作	组织领导	领导体制	1. 高校党委主体责任明确，成立由党委书记担任组长的社会主义核心价值观教育领导小组，定期研究部署价值观教育工作，党委成员遵守政治纪律和政治规矩 2. 将"立德树人"作为学校根本任务，将社会主义核心价值观教育工作列入工作日程和党委（党组）中心组学习计划，并有工作部署和考核					0.049	查阅材料、听汇报
		工作机制	1. 有符合本校实际和自身特色、切实可行的价值观教育方案，组织实施并纳入教学督导 2. 社会主义核心价值观教育工作机构健全、职责明确，院系部有专人负责社会主义核心价值观教育工作，定期检查、考核，建立工作档案 3. 重视党员干部的理想信念、党性修养教育					0.035	查阅材料、访谈

230

续表

一级指标	二级指标	三级指标	评价标准	评价等级					绝对权重	评价方法
				完全达到	基本达到	大部分达到	大部分达不到			
高校社会主义核心价值观教育工作	组织领导	条件保障	1. 组织开展社会主义核心价值观教育工作队伍培训，有培训规划 2. 有社会主义核心价值观教育专项经费，用于购买资料、学生实践、教师培训、教育活动、奖励、科研立项等 3. 有社会主义核心价值观教育办公场所、研究组织和活动场所					0.022	查阅材料、实地考察
	制度建设	学校规章制度	1. 建立并规范执行学校礼仪（如升国旗仪式、成人仪式、入党入学仪式等） 2. 社会主义核心价值观纳入学校人才培养方案和具体培养方案 3. 把落实社会主义核心价值观教育情况及效果作为部门和干部年度考核的重要指标，对违背社会主义核心价值观言行的部门和干部在评奖评优晋级时一票否决					0.080	查阅材料
		教师制度建设	1. 师德考核、监督、评奖、激励和惩处制度健全，评奖、评优、评职中师德不合格者"一票否决" 2. 师德规范融入教育、教学、科研管理文件					0.037	查阅材料
		学生制度建设	1. 建立学生诚信档案，有相应的奖惩制度规定，并作为学生评奖评优综合素质测评的重要标准 2. 学生守则和行为规范融入社会主义核心价值观内容					0.026	查阅材料

231

续表

一级指标	二级指标	三级指标	评价标准	评价等级				指标权重	评价方法
				完全达到	基本达到	大部分达到	大部分达不到		
高校社会主义核心价值观教育工作	教育教学	思政课程	1. 围绕习近平新时代中国特色社会主义思想和社会主义核心价值观内容，针对学生实际规划思政课程，备课充分 2. 创新社会主义核心价值观教学方法，引导学生自我认识、自我提高，以喜闻乐见的方式授课，联系实际，启发互动 3. 社会主义核心价值观教育内容合理丰富，安排合理 4. 充分利用现代化教学手段开展社会主义核心价值观教学 5. 学生课堂纪律良好、兴趣浓厚，参与度高					C 034	查阅材料、座谈、听课
		专业课程	1. 专业课课程计划、教案中体现社会主义核心价值观内容 2. 专业课课程授课过程中融入社会主义核心价值观内容					C 012	查阅材料、听课、访谈
		日常宣传教育	1. 通过学校广播、报刊、橱窗等搭建多方位、多维度的社会主义核心价值观宣传平台 2. 经常以社会主义核心价值观为主题开展班会、党团生活会，定期组织集体学习社会主义核心价值观文本，以院、系或者专业班级为单位开展讨论、交流活动 3. 重视大学生心理健康和人格发展，积极帮助学生解决学习生活中合理诉求					C 018	查阅材料、实地考察、访谈

续表

一级指标	二级指标	三级指标	评价标准	评价等级				绝对权重	评价方法
				完全达到	基本达到	大部分达到	大部分达不到		
高校社会主义核心价值观教育工作	教育教学	网络教育	1. 校园网主页开设社会主义核心价值观教育专栏，宣传习近平新时代中国特色社会主义思想、社会主义核心价值观、党和国家政策路线方针政策等内容 2. 利用学校网站、QQ群、微信公众平台等经常推送社会主义核心价值观主题文章、先进人物事迹 3. 邀请专家、学者、辅导员等担任网络宣传员，设置师生互动栏目，积极开展网络对话与讨论 4 有专门的网络用户管理部门，网络舆情监控工作机制，配备专职工作人员					0.032	实地考察、查阅材料、座谈
		教师队伍	1. 坚定的共产主义理想信念和马克思主义信仰，政治立场、方向上与党中央保持一致 2. 热爱教师岗位，有高度的责任心、使命感和人格魅力 3. 以身作则，为人师表、尊重、关心、平等对待每一位学生 4. 深厚的专业素养和人文素养、较强的教学能力					0.041	座谈、听课
	实践活动	活动组织	1. 社会实践列入教育教学计划 2. 社会实践活动有具体方案、学生参与比例高					0.016	查阅材料、访谈

233

续表

一级指标	二级指标	三级指标	评价标准	评价等级				绝对权重	评价方法
				完全达到	基本达到	大部分达到	大部分达不到		
高校社会主义核心价值观教育工作	实践活动	活动内容	1. 积极开展暑期"三下乡"活动，将社会主义核心价值观教育内容与学雷锋活动、扶贫济困、应急救援、环境保护、无偿献血等公益活动相结合 2. 结合学校地缘优势和历史、文化、革命传统，开展形式多样的教育活动 3. 结合社会主义核心价值观内容开展寝室文化节、艺术节、读书节等形式多样的活动 4. 积极组织实施青年马克思主义者工程					0.016	查阅材料、访谈、听取汇报
		实践基地	1. 建立多种形式的实践平台和实习基地 2. 实施师生科研团队培育计划、产学研合作协同育人计划等项目					0.007	查阅材料、实地考察
		实践考核	1. 结合具体实践活动和学生实际开展形式多样的实践考核 2. 实践考核在学生总成绩中比例合理					0.014	查阅材料、访谈

一级指标	二级指标	三级指标	评价标准	评价等级				绝对权重	评价方法
				完全达到	基本达到	大部分达到	大部分达不到		
高校社会主义核心价值观教育工作	文化建设	校风教风学风建设	1. 校歌、校训、大学精神融入社会主义核心价值观内容 2. 日常教学管理严格，积极推进教学改革，全员育人氛围浓厚 3. 学生学习态度端正，积极上进					0.036	查阅材料、访谈
		校园物质文化	1. 校园建筑美观、和谐 2. 校园自然景观整洁、美丽					0.010	实地考察
		校园文化活动	1. 利用传统文化节日，开展传统文化普及活动 2. 开展高雅艺术进校园活动，并融入社会主义核心价值观内容 3. 打造以社会主义核心价值观为主题的诗歌、散文、动漫、视频、微电影等文艺作品，并进行展演、展播					0.025	查阅材料、听取汇报、访谈
		榜样示范活动	1. 选树在热爱祖国、敬业奉献、诚实守信、见义勇为等方面表现突出的楷模、优秀班集体、科研团队，主题巡演、歌咏、朗诵比赛等形式大力传颂"校园好声音" 2. 以先进事迹报告会、"校园好故事"					0.019	听取汇报、查阅材料

续表

一级指标	二级指标	三级指标	评价标准	评价等级				权重对应	评价方法
				完全达到	基本达到	大部分达到	大部分达到不到		
高校社会主义核心价值观教育效果	学生实效	理论认知	1. 熟知、熟记、理解社会主义核心价值体系和"三个倡导"的相关内容 2. 熟知、理解党的指导思想，习近平新时代中国特色社会主义思想，民族精神和时代精神，社会主义道德的核心、原则和内容，社会公德、职业道德、家庭美德、个人品德的相关内容					C 094	调查问卷
		情感认同	1. 认同"三个倡导" 2. 对中国特色社会主义道路充满信心，信任党的领导，信赖以习近平同志为核心的党中央 3. 有爱国热情，报国之志和理性爱国能力，有改革、创新思维 4. 学生品德修养良好、遵守基本道德规范、养成良好道德意识					C 076	调查问卷
		实践行为	1. 积极做社会主义核心价值观的践行者，按照社会主义核心价值观的要求去工作学习生活已经成为习惯 2. 爱国、敬业、诚信、友善在学习工作生活中有具体体现					C 084	调查问卷

续表

一级指标	二级指标	三级指标	评价标准	评价等级				绝对权重	评价方法
				完全达到	基本达到	大部分达到	大部分达不到		
高校社会主义核心价值观教育效果		精神风貌	1. 校园整体风貌好，积极向上 2. 有较强的凝聚力和荣誉感					0.044	实地考察、访谈
	校园风气	校园秩序	1. 校园秩序井然 2. 无重大事故和群体性事件					0.026	查阅材料、实地考察
		师生反映	1. 广大师生认同社会主义核心价值观教育工作，认为社会主义核心价值观教育工作措施得力、途径得当 2. 对领导干部、管理人员、工作人员评价高					0.024	调查问卷、访谈
		家长反馈	1. 家长充分肯定学校育人工作成绩 2. 家长充分肯定学生入校后思想行为进步					0.037	调查问卷、访谈
	社会效应	媒体反馈	1. 媒体正面报道多 2. 有先进集体和人物典型事迹报道					0.024	查阅材料
		用人单位反馈	用人单位对毕业生和实习生习生品德、素质、能力评价高，普遍好评					0.061	调查问卷、访谈

附录D

高校社会主义核心价值观教育实效测评调查问卷
（初测版）

【说明】请快速阅读以下条目，根据自己的实际看法在相应的空格中画√	完全不同意	比较不同意	不确定	比较同意	完全同意
1. 我已熟记社会主义核心价值观的基本内容（24字）					
2. 我考试时偶尔有作弊行为					
3. 我会为灾区和贫困地区的人捐款，尽管我并不富裕					
4. 安于现状、随波逐流未尝不可					
5. 我爱国，但为了自己的前途我会去国外发展					
6. 当出现地震等灾难时，我想捐款					
7. "为中华之崛起而读书"这句话已经过时					
8. 我已熟记党的指导思想					
9. 中国共产党的领导是中国特色社会主义最本质特征					
10. 为人民服务是社会主义道德的核心					
11. 使用外国品牌手机就是虚伪不爱国					
12. 中国特色社会主义理论体系能够指导中国走向国富民强之路					
13. 现代社会没有必要以"韦编三绝、悬梁刺股"的劲头去学习					
14. 我会学好专业课					

续表

【说明】请快速阅读以下条目，根据自己的实际看法在相应的空格中画√	完 全不同意	比 较不同意	不确定	比较同意	完全同意
15. 勤劳勇敢是中华民族精神的核心					
16. 中国特色社会主义理论包括毛泽东思想					
17. 对乘车、买东西插队不必大惊小怪					
18. 下苦功夫学习是我的一种生活方式					
19. 我有看时事政治新闻的习惯					
20. 我做过志愿者					
21. 帮助别人能够获得快乐					
22. 共产主义是渺茫的理想					
23. 习近平新时代中国特色社会主义思想是马克思主义中国化的最新成果					
24. 创新是科技人员的事儿					
25. 职业活动不仅是谋生的手段，也是人们奉献社会、完善自身的必要条件					
26. 振兴中华是科学家和政治家的事情，与我无关					
27. 干一行就应该爱一行专一行					
28. 集体主义是社会主义道德的原则					
29. 国家兴亡匹夫有责					
30. 中国共产党是中国人民和中华民族的主心骨					
31. 学习生活中，我喜欢尝试新方法，学习新理论					
32. 振兴中华，从我做起					
33. 我会将我的职业当成事业					
34. 做事出了差错或不顺利，我习惯于先责怪别人而不是反省自己					
35. 在以习近平同志为核心的党中央的领导下，我国一定会夺取新时代中国特色社会主义的伟大胜利					

【说明】请快速阅读以下条目，根据自己的实际看法在相应的空格中画√	完 全不同意	比 较不同意	不确定	比较同意	完全同意
36. 没有共产党的领导，中华民族也能实现伟大复兴					
37. 大学生应担当起实现中华民族伟大复兴的历史重任					
38. 资本主义制度还是比中国特色社会主义制度优越					
39. 我获得过科技发明、科研论文、专业技能比赛之类的奖励					
40. 如果撒谎会让我获得利益且不被揭发，我会这样做					
41. 习近平新时代中国特色社会主义思想回答了新时代坚持和发展什么样的中国特色社会主义、怎样坚持和发展中国特色社会主义这个重大时代课题					
42. 中国传统文化糟粕多，精华少					
43. 艰苦奋斗是老一辈革命家的事儿，与我无关					
44. 践行社会主义核心价值观（24 个字）对我来说有难度					
45. 网络空间应该是自由的，想说什么就说什么					
46. 与资本主义价值观相比，社会主义核心价值观没有吸引力					
47. 中国特色社会主义是我们的共同理想					
48. 按照社会主义核心价值观的要求去学习生活已经成为我的习惯					
49. 我爱国，但更爱西方高度发达的物质文明					

【说明】请快速阅读以下条目，根据自己的实际看法在相应的空格中画√	完全不同意	比较不同意	不确定	比较同意	完全同意
50. 中国人民是具有伟大创造精神、伟大奋斗精神、伟大团结精神、伟大梦想精神的人民					
51. 只要自己生活安定幸福，国家大事对我来说不太重要					
52. "敢为天下先"是一种鲁莽的行为					
53. 为人民服务只适于党员干部，不需要推广到全体人民					
54. 写论文、作业时我有过抄袭、伪造实验、修改数据等行为					
55. 我在家从不帮助父母做家务					
56. 开展培育和践行社会主义核心价值观教育活动非常有必要					
57. 我会用心做好每一件事					
58. 每看到五星红旗升起时，我心中自豪感便会油然而生					
59. 舍己为人是不合道理的事情					

附录E

高校社会主义核心价值观教育效果影响因素
调查问卷（初测版）

因素	【说明】以下是社会主义核心价值观教育相关问题的一些陈述，请在和您看法一致的选项画对号	非常不赞同	不赞同	不好说	赞同	非常赞同
教育主体	1. 思政课教师大都具有坚定的马克思主义信仰、敬业精神和人格魅力					
	2. 思政课教师大都具有深厚的马克思主义理论素养、专业素养和较强的教学能力					
	3. 思政课教师大都尊重关爱学生、严格要求学生					
	4. 思政课教师能将枯燥的社会主义核心价值观教育理论转化为喜闻乐见、通俗易懂的知识					
	5. 思政课教师授课时敢于直面社会热点和矛盾，对学生思想问题及时引导、解惑					
	6. 辅导员或班主任师德高尚，关心学生，讲究思想政治工作方法和艺术，能将社会主义核心价值观内容融入班会等活动中					
	7. 专业课教师师德高尚、授课中会结合专业对学生进行社会主义核心价值观教育					
	8. 思政课教师是影响社会主义核心价值观教育效果的最重要因素					

因素	【说明】以下是社会主义核心价值观教育相关问题的一些陈述，请在和您看法一致的选项画对号	非常不赞同	不赞同	不好说	赞同	非常赞同
教育介体	9. 思政课教材枯燥乏味，可读性不强					
	10. 思政课社会主义核心价值观教学内容与现实社会、大学生实际紧密联系					
	11. 考核方式单一，不能考查学生社会主义核心价值观认知、认同、践行的真实状况					
	12. 社会主义核心价值观教学中学生没有主体地位					
	13. 社会主义核心价值观教学能够与学生积极互动，运用启发式、讨论式和研究性教学					
	14. 学校会利用网站、微信、微博与学生互动，了解学生思想、征求学生意见、解决学生思想困惑和生活困难等问题					
	15. 社会主义核心价值观教学仍是"填鸭式""满堂灌"					
	16. 社会主义核心价值观教学能够有效地利用多媒体等先进教学手段					
	17. 学校会在传统节日、纪念日、校庆日、开学、毕业时开展活动					
	18. 思政课实践活动形式丰富，效果好					
	19. 学校有校外社会实践教育基地或实习实训基地，开展创新创业教育等实践活动					

续表

因素	【说明】以下是社会主义核心价值观教育相关问题的一些陈述，请在和您看法一致的选项画对号	非常不赞同	不赞同	不好说	赞同	非常赞同
教育介体	20. 学校会开展名师讲堂、志愿服务、公益活动、益智发明、勤工俭学等活动					
	21. 学校会开展各种先进典型评选活动，并很好地发挥了引领示范作用					
	22. 学校社团、广播站、共青团、学生会等团体经常开展活动，并融入社会主义核心价值观教育					
	23. 目前的社会实践活动形式单一，可参与性不强、效果不好					
	24. 学校会利用宣传橱窗、电子屏、灯箱等宣传社会主义核心价值观相应内容					
	25. 教育方式方法是影响社会主义核心价值观教育效果的最重要因素					
教育环体	26. 学校文化活动设施齐全，能够有效利用					
	27. 校园各种规章制度健全，奖惩分明，执行效果好					
	28. 学校校风、教风、学风好					
	29. 学校有校歌校训并融入社会主义核心价值观教育					
	30. 现实社会官员腐败、分配不公等现象影响社会主义核心价值观教育的效果					
	31. 市场经济利益驱动影响社会主义核心价值观教育效果					

因素	【说明】以下是社会主义核心价值观教育相关问题的一些陈述，请在和您看法一致的选项画对号	非常不赞同	不赞同	不好说	赞同	非常赞同
教育环体	32. 西方国家抹黑中国、诋毁中国形象等宣传影响社会主义核心价值观教育效果					
	33. 网络电视等新闻媒体负面报道影响社会主义核心价值观教育效果					
	34. 家庭是否和睦、温馨会影响社会主义核心价值观教育效果					
	35. 用人单位更专注毕业生的专业技能、学习成绩，不关注人文素养、思想政治素质，会影响大学生社会主义核心价值观的学习效果					
	36. 周围同学喜欢谈论国家大事，有助于提高社会主义核心价值观教育效果					
	37. 环境是影响社会主义核心价值观教育效果的最重要因素					
教育客体	38. 我一直不喜欢思想政治教育之类的课程					
	39. 社会主义核心价值观教育相关课程不如我的专业课重要，对我未来工作意义不大					
	40. 我平时经常浏览时政新闻的网页、报纸、电视或阅读政治类的书籍					
	41. 我喜欢上思政课，可以帮助我树立正确的世界观、人生观、价值观					
	42. 我喜欢参加各种形式的社会实践活动、志愿者活动					
	43. 个人喜好是影响社会主义核心价值观教育效果最重要的因素					

附录F

高校社会主义核心价值观教育实效测评调查问卷（最终版）

亲爱的同学，您好！

非常感谢您参与我们的调查，本调查完全采取匿名的方式，按您的真实想法回答，这对我们的研究意义重大。

谢谢合作！

一、基本情况

【说明】请在符合您情况的选项前画√

1. 性别：A 男　　　B 女
2. 政治面貌：A 中共党员　　　B 共青团员　　　C 民主党派　　　D 其他
3. 专业：A 理工类　　B 文史类　　C 艺术体育类　　D 医药类　　E 其他
4. 所在年级：A 大一　　　B 大二　　　C 大三　　　D 大四或大五　　F 研究生
5. 生源所在地：A 大城市　　　B 中小城市　　　C 乡镇　　　D 农村

二、高校社会主义核心价值观教育效果量表

【说明】请快速阅读以下条目，根据自己的实际看法在相应的空格中画√	完全不同意	比较不同意	不确定	比较同意	完全同意
1. 我已熟记社会主义核心价值观的基本内容（24个字）					
2. 我考试时偶尔有作弊行为					
3. 我会为灾区和贫困地区的人捐款，尽管我并不富裕					

续表

【说明】请快速阅读以下条目，根据自己的实际看法在相应的空格中画√	完全不同意	比较不同意	不确定	比较同意	完全同意
4. "为中华之崛起而读书"这句话已经过时					
5. 中国共产党的领导是中国特色社会主义最本质的特征					
6. 为人民服务是社会主义道德的核心					
7. 现代社会没有必要以"韦编三绝、悬梁刺股"的劲头去学习					
8. 勤劳勇敢是中华民族精神的核心					
9. 社会主义核心价值观把涉及国家、社会、公民的价值要求融为一体					
10. 中国特色社会主义理论包括毛泽东思想					
11. 对乘车、买东西插队不必大惊小怪					
12. 下苦功夫学习是我的一种生活方式					
13. 我有看时事政治新闻的习惯					
14. 我做过志愿者					
15. 习近平新时代中国特色社会主义思想是马克思主义中国化的最新成果					
16. 职业活动不仅是谋生的手段，也是人们奉献社会、完善自身的必要条件					
17. 我会将我的职业当成事业					
18. 做事出了差错或不顺利，我习惯于先责怪别人而不是反省自己					
19. 在以习近平同志为核心的党中央的领导下，我国一定会夺取新时代中国特色社会主义的伟大胜利					
20. 资本主义制度还是比中国特色社会主义制度优越					
21. 艰苦奋斗是老一辈革命家的事儿，与我无关					

续表

【说明】请快速阅读以下条目，根据自己的实际看法在相应的空格中画√	完全不同意	比较不同意	不确定	比较同意	完全同意
22. 网络空间应该是自由的，想说什么就说什么					
23. 中国特色社会主义是我们的共同理想					
24. 按照社会主义核心价值观的要求去学习生活已经成为我的习惯					
25. 我爱国，但更爱西方高度发达的物质文明					
26. 中国人民是具有伟大创造精神、伟大奋斗精神、伟大团结精神、伟大梦想精神的人民					
27. 只要自己生活安定幸福、国家大事对我来说不太重要					
28. "敢为天下先"是一种鲁莽的行为					
29. 写论文、作业时我有过抄袭、伪造实验、修改数据等行为					
30. 我在家从不帮助父母做家务					
31. 开展培育和践行社会主义核心价值观教育活动非常有必要					
32. 我会用心做好每一件事					
33. 每看到五星红旗升起时，我心中自豪感便会油然而生					

附录G

高校社会主义核心价值观教育实效测评体系观测点及题项设计

一级指标	二级指标	观测点	题项设计
社会主义核心价值观理性认知	总体认知	社会主义核心价值体系和24字的熟知、熟记、理解	1. 我已熟记社会主义核心价值观的基本内容（24个字） 2. 社会主义核心价值观把涉及国家、社会、公民的价值要求融为一体
	马克思主义指导地位认知	党的指导思想的地位及内容的熟知、理解	1. 我已熟记党的指导思想 2. 习近平新时代中国特色社会主义思想是马克思主义中国化的最新成果
	中国特色社会主义基本理论和共同理想认知	对中国特色社会主义理论的熟知、理解	1. 中国共产党的领导是中国特色社会主义最本质特征 2. 中国特色社会主义理论包括毛泽东思想
	民族精神、时代精神认知	民族精神和时代精神熟知、理解	1. 勤劳勇敢是中华民族精神的核心
	社会主义道德认知	熟知社会主义道德的核心、原则内容；理解社会公德、职业道德、家庭美德、个人品德的相关内容	1. 职业活动不仅是谋生的手段，也是人们奉献社会、完善自身的必要条件 2. 为人民服务是社会主义道德的核心

续表

一级指标	二级指标	观测点	题项设计
社会主义核心价值观情感认同	总体认同	对 24 个字的认同	1. 开展培育和践行社会主义核心价值观教育活动非常有必要
	政治信仰	对党的科学理论的信仰、对中国特色社会主义道路的信念、对党的领导的信任、对以习近平同志为核心的党中央的信赖	1. 共产主义是渺茫的幻想 2. 在以习近平同志为核心的党中央的领导下，我国一定会夺取新时代中国特色社会主义的伟大胜利 3. 资本主义制度还是比中国特色社会主义优越
	爱国情感	爱国热情、报国之志和理性爱国能力	1. "为中华之崛起而读书"已经过时 2. 我爱国，但更爱西方高度发达的物质和精神文明 3. 只要自己生活安定幸福，国家大事对我来说不是太重要 4. 每当看到五星红旗升起时，我心中的自豪感便会油然而生
	改革创新意识	改革创新意识认同	1. "敢为天下先"是一种鲁莽的行为
	道德意识	个人品德修养、基本道德规范的遵守、良好道德意识的养成	1. 现代社会没有必要以"韦编三绝、悬梁刺股"的劲头去学习 2. 对乘车、买东西插队不必大惊小怪 3. 网络空间应该是自由的，想说什么就说什么 4. 艰苦奋斗是老一辈革命家的事儿，与我无关

续表

一级指标	二级指标	观测点	题项设计
社会主义核心价值观行为表现	总体践行	社会主义核心价值观在日常行为中的体现	1. 按照社会主义核心价值观的要求去工作学习生活已经成为我的习惯
	爱国行为	爱国在学习生活中的行为体现	1. 我有看时事政治新闻的习惯
	敬业行为	敬业在学习生活中的行为体现	1. 下苦功夫学习是我的一种生活方式 2. 我会将我的职业当成事业 3. 我会用心做每一件事
	诚信行为	诚信在学习生活中的行为体现	1. 我考试时偶尔有作弊行为 2. 写论文、作业时我有过抄袭、伪造实验、修改数据等行为
	友善行为	友善在学习生活中的行为体现	1. 我会为灾区和贫困地区的人捐款，尽管我并不富裕 2. 我做过志愿者 3. 做事出了差错或不顺利，我习惯于先责怪别人而不是反省自己 4. 我在家从不帮助父母做家务

附录H

高校社会主义核心价值观教育效果影响因素调查问卷（最终版）

因素	【说明】以下是社会主义核心价值观教育相关问题的一些陈述，请您在和您看法一致的选项画对号	非常不赞同	不赞同	不好说	赞同	非常赞同
教育主体	1. 思政课教师大都具有坚定的马克思主义信仰、敬业精神和人格魅力					
	2. 思政课教师大都具有深厚的马克思主义理论素养、专业素养和较强的教学能力					
	3. 思政课教师大都尊重关爱学生、严格要求学生					
	4. 思政课教师能将枯燥的社会主义核心价值观教育理论转化为喜闻乐见、通俗易懂的知识					
	5. 思政课教师授课时敢于直面社会热点和矛盾，对学生思想问题及时引导、解惑					
	6. 辅导员或班主任师德高尚，关心学生，讲究思想政治工作方法和艺术，能将社会主义核心价值观内容融入班会等活动中					
	7. 专业课教师师德高尚、授课中会结合专业对学生进行社会主义核心价值观教育					
	8. 思政课教师是影响社会主义核心价值观教育效果最重要的因素					

续表

因素	【说明】以下是社会主义核心价值观教育相关问题的一些陈述，请您在和您看法一致的选项画对号	非常不赞同	不赞同	不好说	赞同	非常赞同
教育介体	9. 思政课社会主义核心价值观教学内容与现实社会、大学生实际紧密联系					
	10. 社会主义核心价值观教学中学生没有主体地位					
	11. 社会主义核心价值观教学能够与学生积极互动，运用启发式、讨论式和研究性教学					
	12. 学校会利用网站、微信、微博与学生互动，了解学生思想、征求学生意见、解决学生思想困惑和生活困难等问题					
	13. 社会主义核心价值观教学能够有效地利用多媒体等先进教学手段					
	14. 学校会在传统节日、纪念日、校庆日、开学、毕业时开展活动					
	15. 思政课实践活动形式丰富，效果好					
	16. 学校有校外社会实践教育基地或实习实训基地，开展创新创业教育等实践活动					
	17. 学校会开展名师讲堂、志愿服务、公益活动、益智发明、勤工俭学等活动					
	18. 学校会开展各种先进典型评选活动，并很好地发挥了引领示范作用					
	19. 学校社团、广播站、共青团、学生会等团体经常开展活动，并融入社会主义核心价值观教育					

253

续表

因素	【说明】以下是社会主义核心价值观教育相关问题的一些陈述，请您在和您看法一致的选项画对号	非常不赞同	不赞同	不好说	赞同	非常赞同
教育介体	20. 目前的社会实践活动形式单一，可参与性不强、效果不好					
	21. 学校会利用宣传橱窗、电子屏、灯箱等宣传社会主义核心价值观相应内容					
	22. 教育方式方法是影响社会主义核心价值观教育效果的最重要因素					
教育环体	23. 学校文化活动设施齐全，能够有效利用					
	24. 校园各种规章制度健全，奖惩分明，执行效果好					
	25. 学校校风、教风、学风好					
	26. 学校有校歌校训并融入社会主义核心价值观教育					
	27. 现实社会官员腐败、分配不公等现象影响社会主义核心价值观教育的效果					
	28. 西方国家抹黑中国、诋毁中国形象等宣传影响社会主义核心价值观教育效果					
	29. 网络电视等新闻媒体负面报道影响社会主义核心价值观教育效果					
	30. 家庭是否和睦、温馨会影响社会主义核心价值观教育效果					
	31. 周围同学喜欢谈论国家大事，有助于提高社会主义核心价值观教育效果					

续表

因素	【说明】以下是社会主义核心价值观教育相关问题的一些陈述，请您在和您看法一致的选项画对号	非常不赞同	不赞同	不好说	赞同	非常赞同
教育客体	32. 环境是影响社会主义核心价值观教育效果的最重要因素					
	33. 我一直不喜欢思想政治教育之类的课程					
	34. 社会主义核心价值观教育相关课程不如我的专业课重要，对我未来工作意义不大					
	35. 我平时经常浏览时政新闻的网页、报纸、电视或阅读政治类的书籍					
	36. 我喜欢上思政课，可以帮助我树立正确的世界观、人生观、价值观					
	37. 我喜欢参加各种形式的社会实践活动、志愿者活动					
	38. 个人喜好是影响社会主义核心价值观教育效果的最重要因素					

附录I

高校社会主义核心价值观教育实效测评调查问卷得分统计表

题项	得分百分比（%）				
	1	2	3	4	5
1. 我已熟记社会主义核心价值观的基本内容（24个字）	1.6	2.9	7.2	17.9	70.5
2. 我考试时偶尔有作弊行为	1.8	6.7	5.4	19.7	66.4
3. 我会为灾区和贫困地区的人捐款，尽管我并不富裕	2.0	2.2	16.6	39.8	39.4
4. "为中华之崛起而读书"这句话已经过时	2.0	4.3	8.1	17.0	68.7
5. 我已熟记党的指导思想					
6. 中国共产党的领导是中国特色社会主义最本质的特征	2.0	2.9	11.2	20.8	63.1
7. 为人民服务是社会主义道德的核心	3.6	4.0	9.4	21.9	61.1
8. 现代社会没有必要以"韦编三绝、悬梁刺股"的劲头去学习	3.6	11.0	15.2	26.6	43.6
9. 勤劳勇敢是中华民族精神的核心	60.9	20.6	5.4	4.0	9.2
10. 社会主义核心价值观把涉及国家、社会、公民的价值要求融为一体	2.0	1.8	6.3	27.1	62.9
11. 中国特色社会主义理论包括毛泽东思想	57.5	16.3	6.5	3.6	16.1
12. 对乘车、买东西插队不必大惊小怪	2.5	5.1	5.1	19.9	67.3
13. 下苦功夫学习是我的一种生活方式	2.5	10.1	20.8	32.2	34.5
14. 我有看时事政治新闻的习惯	4.0	15.9	15.9	31.3	32.9
15. 我做过志愿者	12.5	6.5	5.8	21.7	53.5

续表

题项	得分百分比（%）				
	1	2	3	4	5
16. 共产主义是渺茫的理想	2.5	5.1	10.5	18.1	63.8
17. 习近平新时代中国特色社会主义思想是马克思主义中国化的最新成果	1.1	1.3	5.8	19.0	72.8
18. 职业活动不仅是谋生的手段，也是人们奉献社会、完善自身的必要条件	1.3	1.8	10.1	29.1	57.7
19. 我会将我的职业当成事业	0.9	3.1	13.0	24.4	58.6
20. 做事出了差错或不顺利，我习惯于先责怪别人而不是反省自己	1.8	5.6	11.0	19.5	62.2
21. 在以习近平同志为核心的党中央的领导下，我国一定会夺取新时代中国特色社会主义的伟大胜利	0.2	1.3	6.3	21.5	70.7
22. 资本主义制度还是比中国特色社会主义制度优越	5.4	4.7	15.2	16.8	57.9
23. 艰苦奋斗是老一辈革命家的事儿，与我无关	0.4	0.7	3.8	11.9	83.2
24. 网络空间应该是自由的，想说什么就说什么	2.5	1.3	4.5	20.6	71.1
25. 按照社会主义核心价值观的要求去学习生活已经成为我的习惯	2.2	3.1	17.9	31.8	45.0
26. 我爱国，但更爱西方高度发达的物质文明	2.7	11.2	16.8	31.1	38.3
27. 中国人民是具有伟大创造精神、伟大奋斗精神、伟大团结精神、伟大梦想精神的人民	0.9	1.8	5.1	18.6	73.6
28. 只要自己生活安定幸福、国家大事对我来说不太重要	1.3	3.4	7.2	21.3	66.9
29. "敢为天下先"是一种鲁莽的行为	2.7	2.0	14.1	25.3	55.9
30. 写论文、作业时我有过抄袭、伪造实验、修改数据等行为	1.3	8.7	11.4	16.6	62.0
31. 我在家从不帮助父母做家务	0.4	2.0	3.8	13.9	79.9

续表

题项	得分百分比（%）				
	1	2	3	4	5
32. 开展培育和践行社会主义核心价值观教育活动非常有必要	0.9	2.5	5.8	19.7	71.1
33. 我会用心做好每一件事	0.9	1.8	11.0	22.1	64.2
34. 每当看到五星红旗升起时，我心中自豪感便会油然而生	0.2	0.2	5.1	20.1	74.3

附录 J

高校社会主义核心价值观教育效果影响因素调查问卷得分统计表

因素	题项	得分百分比（%）				
		1	2	3	4	5
教育主体	1. 思政课教师大都具有坚定的马克思主义信仰、敬业精神和人格魅力	1.3	3.1	10.3	27.1	58.2
	2. 思政课教师大都具有深厚的马克思主义理论素养、专业素养和较强的教学能力	1.8	2.5	7.2	30	58.6
	3. 思政课教师大都尊重关爱学生、严格要求学生	1.3	3.1	9.4	28.4	57.7
	4. 思政课教师能将枯燥的社会主义核心价值观教育理论转化为喜闻乐见、通俗易懂的知识	2.2	2.9	12.5	28.4	53.9
	5. 思政课教师授课时敢于直面社会热点和矛盾，对学生思想问题及时引导、解惑	3.1	1.8	7.8	31.5	55.7
	6. 辅导员或班主任师德高尚，关心学生，讲究思想政治工作方法和艺术，能将社会主义核心价值观内容融入班会等活动中	3.1	4	7.6	28.2	57
	7. 专业课教师师德高尚，授课中会结合专业对学生进行社会主义核心价值观教育	0.9	1.8	7.8	28	61.5
	8. 思政课教师是影响社会主义核心价值观教育效果的最重要因素	1.6	6.5	9.8	32	49.9

因素	题项	得分百分比（%）				
		1	2	3	4	5
教育客体	9. 思政课社会主义核心价值观教学内容与现实社会、大学生实际紧密联系	5.4	5.4	10.1	27.7	53.5
	10. 社会主义核心价值观教学中学生没有主体地位	6.5	14.1	17.2	23.9	38.3
	11. 社会主义核心价值观教学能够与学生积极互动，运用启发式、讨论式和研究性教学	1.3	5.8	15.2	27.3	50.3
	12. 学校会利用网站、微信、微博与学生互动，了解学生思想、征求学生意见、解决学生思想困惑和生活困难等问题	5.1	8.9	13.9	25.1	47
	13. 社会主义核心价值观教学仍是"填鸭式""满堂灌"	8.1	14.3	19.9	21.5	36.2
	14. 社会主义核心价值观教学能够有效地利用多媒体等先进教学手段	1.8	2.7	7.6	32.2	55.7
	15. 学校会在传统节日、纪念日、校庆日、开学、毕业时开展活动	4	4.7	9.6	27.1	54.6
	16. 思政课实践活动形式丰富，效果好	2.9	7.2	18.8	26.6	44.5
	17. 学校有校外社会实践教育基地或实习实训基地，开展创新创业教育等实践活动	2.7	5.8	15	25.7	50.8
	18. 学校会开展名师讲堂、志愿服务、公益活动、益智发明、勤工俭学等活动	1.3	4.9	8.9	29.1	55.7
	19. 学校会开展各种先进典型评选活动，并很好地发挥了引领示范作用	2.5	3.8	13.4	27.5	52.8
	20. 学校社团、广播站、共青团、学生会等团体经常开展活动，并融入社会主义核心价值观教育	1.6	4	9.8	33.3	51.2
	21. 目前的社会实践活动形式单一，可参与性不强、效果不好	15.7	17.9	18.1	19.9	28.4

续表

因素	题项	得分百分比（%）				
		1	2	3	4	5
教育客体	22. 学校会利用宣传橱窗、电子屏、灯箱等宣传社会主义核心价值观相应内容	1.6	2.9	8.9	33.6	53
	23. 教育方式方法是影响社会主义核心价值观教育效果的最重要因素	2	3.6	12.1	33.1	49.2
教育环体	24. 学校文化活动设施齐全，能够有效利用	2.9	6.5	12.3	30.9	47.4
	25. 校园各种规章制度健全，奖惩分明，执行效果好	3.8	5.6	12.8	29.8	48.1
	26. 学校校风、教风、学风好	1.6	3.8	12.3	33.1	49.2
	27. 学校有校歌校训并融入社会主义核心价值观教育	1.1	2.7	9.8	34	52.3
	28. 现实社会官员腐败、分配不公等现象影响社会主义核心价值观教育的效果	7.2	4.7	14.8	28.2	45.2
	29. 西方国家抹黑中国、诋毁中国形象等宣传影响社会主义核心价值观教育效果	8.7	9.6	18.1	29.5	34
	30. 网络电视等新闻媒体负面报道影响社会主义核心价值观教育效果	11.2	9.6	15	30	34.2
	31. 家庭是否和睦、温馨会影响社会主义核心价值观教育效果	3.8	3.6	9.4	36.2	47
	32. 周围同学喜欢谈论国家大事，有助于提高社会主义核心价值观教育效果	1.6	4.3	13.9	31.8	48.5
	33. 环境是影响社会主义核心价值观教育效果的最重要因素	2.9	5.4	13.2	33.1	45.4

续表

因素	题项	得分百分比（%）				
		1	2	3	4	5
教学客体	34. 我一直不喜欢思想政治教育之类的课程	6.7	11.4	14.1	28.2	39.6
	35. 社会主义核心价值观教育相关课程不如我的专业课重要，对我未来工作意义不大	4.9	9.8	13.6	26.8	44.7
	36. 我平时经常浏览时政新闻的网页、报纸、电视或阅读政治类的书籍	2.5	8.5	23	29.5	36.5
	37. 我喜欢上思政课，可以帮助我树立正确的世界观、人生观、价值观	3.8	7.4	18.8	29.8	40.3
	38. 我喜欢参加各种形式的社会实践活动、志愿者活动	2.5	4	15	31.8	46.8
	39. 个人喜好是影响社会主义核心价值观教育效果的最重要因素	8.5	13.6	19.2	24.8	33.6